U0661371

高等职业教育“十二五”规划教材
教育部高等学校高职高专汽车类专业教学指导委员会推荐精品课程教材

汽车推销技巧

（理实一体化教程）

（第二版）

主　编　姬　虹
副主编　李林燕　李　娟　周建军

上海交通大学出版社

内容提要

本书以项目为导向，以能力训练为重点，系统介绍了汽车推销的原理与技巧，内容包括：汽车推销概述，汽车推销员的职责和基本要求，汽车推销心理，汽车推销模式，寻找顾客，顾客接近，价格谈判，顾客异议及处理，推销成交，汽车推销管理等。

图书在版编目(CIP)数据

汽车推销技巧：理实一体化教程. —2版／姬虹主编. —上海：上海交通大学出版社，2016(2019重印)
ISBN 978-7-313-08578-8

Ⅰ. ①汽… Ⅱ. ①姬… Ⅲ. ①汽车—推销—教材
Ⅳ. ①F766

中国版本图书馆CIP数据核字(2012)第111351号

汽车推销技巧
(理实一体化教程)
(第二版)

主　　编：姬　虹
出版发行：上海交通大学出版社　　地　　址：上海市番禺路951号
邮政编码：200030　　电　　话：021-64071208
印　　制：常熟市文化印刷有限公司　　经　　销：全国新华书店
开　　本：787mm×1092mm　1/16　　印　　张：14
字　　数：339千字
版　　次：2012年9月第1版　2016年6月第2版　　印　　次：2019年2月第4次印刷
书　　号：ISBN 978-7-313-08578-8／F
定　　价：36.00元

高等职业教育“十二五”规划教材

教育部高等学校高职高专汽车类专业教学指导委员会推荐精品课程教材

顾问

陈　宇　中国就业促进会副会长、北京大学中国职业研究所所长、教授、博导
王建平　中国人才交流协会汽车人力资源分会常务副会长、秘书长
余卓平　中国汽车工程学会常务理事、同济大学汽车学院院长、教授、博导
王优强　教育部高等学校高职高专汽车类专业教学指导委员会秘书长、教授、博导
陈关龙　上海交通大学汽车工程学院常务副院长、教授、博导
荀逸中　上汽集团华域汽车有限公司副总经理
任　勇　东风日产乘用车公司副总经理
阮少宁　广州元丰汽车销售服务有限公司董事长

委员

尹万建　王秀贞　董继明　姬　虹　曹景升　李　英　王大鹏　赵树国　闫忠孝　孙　雷
苗全生　李美丽　刘学明　张　志　闫忠孝

本书编写委员会

主　编　姬　虹
副主编　李林燕　李　娟　周建军

序

我国作为世界汽车生产和消费大国，汽车产业的高速发展和汽车消费的持续增长，为国民经济的增长产生了巨大拉动作用。近年来，我国汽车专业职业教育事业取得了长足发展，为汽车行业输送了大量的人才。随着汽车产业的迅猛发展，社会对汽车专业人才提出了更高的要求。进一步深化人才培养模式、课程体系和教学内容的改革，提高办学质量，培养更多的适应新时代需要的具有创新能力的高技能、高素质人才，是汽车专业教育的当务之急。

作为汽车专业教育的重要环节，教材建设肩负着重要使命，新的形势要求教材建设适应新的教学要求。职业教育教材应针对学生自身特点，按照技能人才培养模式和培养目标，以应用性职业岗位需求为中心，以素质教育、创新教育为基础，以学生能力培养、技能实训为本位，使职业资格认证内容和教材内容有机衔接，全面构建适应21世纪人才培养需求的汽车类专业教材体系。

本书作者既有来自汽车专业教学一线的老师，也有来自行业和企业的专家，他们根据自己长期从事实际工作的经验，对人才培养模式和教学方法进行了新的探索和总结，并形成这一系列特点明显的创新教材。我觉得，该系列教材有以下两个值得关注的亮点：

一是教材编写形式新颖。该系列教材按照理实一体化教学模式进行编写，在整个教学环节中，理论和实践交替进行，让学生在学中练、练中学，在学练中理解理论知识、掌握技能，达到学以致用的效果。

二是教材内容生动活泼。书中提供了大量详细、实用的案例，也穿插讲述了相关知识和技巧，引导学生积极参与教和学的过程，激发学生学习的热忱，增强学生学习的兴趣。

我衷心希望通过本系列教材的出版为我国高等职业教育汽车类专业教材的编写探索一个新的模式，也期待本系列教材的出版为我国汽车类专业人才培养和教育教学改革起到积极的推动作用。

北京大学中国职业研究所所长
中国就业促进会副会长
中华职业教育社专家委员会副主任
中国就业培训技术指导中心学术委员会主任

陳宇

（教授，博导）

序

前　　言

伴随着经济全球化的到来，产品同质化趋势日益明显，市场竞争日趋激烈。近几年，我国的汽车产量迅速增大，世界各知名汽车企业纷纷进入中国汽车市场，促进了国内汽车技术的发展。汽车技术的不断更新，使得汽车销售服务行业发生了新的变化，从事汽车技术服务与营销的专业人员需要在汽车推销技巧方面与时俱进，突出汽车推销的特殊性。

本书从高职高专应用型复合型人才的培养目标出发，以满足顾客需求为中心，以实际汽车推销工作过程为主线，设计了整个内容体系。在总结多年汽车推销教学的经验的基础上，结合众多汽车推销人员的实践心得，全面阐释了汽车推销活动运作的基本原理和实施技巧。本书根据推销课程实践性强的学科特点，打破传统的单一知识、叙述型的教材模式，尝试编写包括任务描述、工作剖析、工作载体、工作实施等在内的复合结构型教材。力争通过学习，使学生不但掌握汽车推销的基本理论，还具有寻找潜在顾客、接近顾客、说服顾客的能力。本书内容新颖，条理清晰，语言严谨，既可作为高等专科学校、职业技术学院和成人高校市场营销类专业学生的通用教材，也可用作企业推销管理工作者培训用书或企业推销人员的业务参考书。

本书由河南职业技术学院姬虹担任主编，河南职业技术学院李林燕、李娟、周建军担任副主编，由姬虹统稿。本书共分十个项目，参与本书编写工作的有：河南职业技术学院姬虹（项目三、五、十），河南职业技术学院李林燕（项目一、六、七），河南职业技术学院李娟（项目二、四、九），河南职业技术学院周建军（项目八）。

在编写过程中，我们参阅了大量的文献资料，在此，对这些文献资料的作者表示诚挚的感谢。

限于编者的水平，书中难免有不妥之处，敬请广大读者批评指正。

目　录

项目一

汽车推销概述

任务一　认识汽车推销
任务二　汽车推销的一般过程

项目理解

任务一：坐等顾客上门买车的“守株待兔”式的销售方式，其销量十分有限，所以，汽车销售员必须走出去主动开拓市场，即推销。

任务二：汽车推销是颇具创造性的工作，适用于任何条件的推销方法是不存在的，但是在推销过程中却包含着一定的程序。遵循这个程序，能够让汽车推销有序地开展，能够帮助汽车推销员提高销售量。

任务一　认识汽车推销

任务描述

随着我国市场经济的发展，推销这一行业在中华大地上得到了迅猛发展，在满足人们的需要、繁荣社会经济方面发挥着重要的作用。汽车推销是一个活动过程，汽车推销人员的推销手段重在帮助或说服客户，推销的目的是促成顾客购买汽车的行为。

工作剖析

在汽车企业竞争日益激烈的今天，各企业都重视推销，依赖推销，把推销的成功与否看成企业生死存亡的关键。汽车推销是一门艺术，同时也是一种技巧。

工作载体

有人认为汽车推销就是耍嘴皮子、吹牛，有人认为汽车推销是高明的骗术，还有人认为汽车推销就是拉关系。这些说法都表明对汽车推销的认识存在偏差。同时还有人认为，汽车推销就是汽车市场营销，其实这两个概念是不能混为一谈的。

相关知识

一、推销的含义

“推销”是一个古老而又年轻的名词。说古老，是因为推销自有商品交换以来就存在，它与商品交换紧密相连。说年轻，是因为社会化大生产和商品经济高度发展之后，它才得以充分发展。随着经济发展的脚步快速向前，“推销”的内涵也得到了极大地丰富。何谓推销？国内外专家学者对“推销”定义的分析、阐述约有180多种。为在深入地进行研究之前，这里先举出其中较有影响的几种定义。

美国市场营销协会：推销是用人为或非人为的方法协助和说服顾客购买某种产品或劳务，并依照对出售者具有商业意义的意见采取有利的行动。

澳大利亚推销学会：推销是说服人们需要推销人员所推销的商品、劳务或意见，是一种具有发现和说服双重作用的工具，也就是要发现人们的需要和欲望，并说服他们采用被推销的商品或劳务，以满足其需要。

戈德曼(欧洲推销专家)：所谓推销，就是要使顾客深信，他购买你的产品会得到某些好处。

原一平(日本推销之神)：推销就是热情，就是战斗，就是勤奋地工作，就是忍耐，就是执着地追求。

在中国营销界，所谓推销，是指推销人员在一定的推销环境里，运用各种推销技术和推销手段，说服一定的推销对象的活动，同时也是达到推销人员自身特定目的的活动。

上述观点各有其独到之处，都是从各自不同的角度、用不同的理论解释问题。我们可以从以下两种角度来理解推销的定义。

广义推销，是指推销主动发起者一方，主要通过信息传递的方式，使推销对象接受并实施推销内容的活动与过程。这一定义概括了所有可以被认为属于推销的行为和活动，不限于商品交换，也不限于人员推销，而是泛指人们在社会生活中，通过一定形式传递信息，让他人接受自己的意愿和观念，或购买商品和服务。

狭义推销，是指推销人员在一定的推销环境里，运用各种推销技术和推销手段，说服推销对象接受推销客体的活动过程。

在本书中，我们对汽车推销定义的理解主要把握以下几点。

(一) 汽车推销是一种活动过程

汽车推销既是一种传递信息的过程，又是一种传播文明的过程；既是卖的过程，又是买的过程；既是心理活动过程，又是商品交换过程。

从现代信息论的角度讲，汽车推销就是一种信息过程，汽车推销者和购买者都需要传递、接收、储存、加工、反馈和整理信息。从推销活动的社会历史作用来看，汽车推销就是一种传播社会文明的过程，在推销过程中，推销人员必须向推销对象传播各种科学技术知识，而且推销品本身就是知识的结晶之一，是人类文明的化身之一。

从推销心理学角度讲，推销就是顾客购买活动的心理过程。一般来说，顾客总是先接受推销信息，认识和了解推销品，产生购买欲望后再做出购买行为。汽车推销人员必须利用顾客的购买心理，采取相应的推销策略。

从汽车推销活动的发展过程来看，一般要经过寻找顾客、约见顾客、接近顾客和说服顾客等几个阶段，还包括售前服务、售中服务和售后服务各个过程。更具体地说，现代汽车推销过程是一个寻找顾客、审查顾客资格、准备接近顾客、接近顾客、与顾客面谈、处理顾客异议直至最后成交的过程。

从现代推销学角度讲，成交并不意味着整个推销过程的结束。一旦达成交易、卖出推销品，汽车推销人员还应该继续为顾客提供各种售后服务。可见，汽车推销过程是一个循环往复、永无止境的过程。同时，推销也是一个错综复杂的过程，会受到多种因素的影响。

（二）汽车推销的手段重在帮助或说服

汽车推销人员的任务就是要说服推销对象，要让推销对象接受汽车推销人员所推销的产品。因此，汽车推销人员要了解顾客心理，利用推销技巧（手段）帮助顾客解决问题，说服顾客接受相关产品。

（三）汽车推销的目的是促成购买行为

促成购买行为是汽车推销人员的任务，因此，汽车推销人员必须在客观上让顾客乐意接受商品。推销学研究的核心是“满足需求”，强调在确认顾客需求的前提下才可以尽量运用说服的手段使顾客购买。汽车推销人员要想完成推销任务，达成推销目的，就必须考虑购买人员或推销对象的购买动机和购买目的，从而设法满足顾客的需要，帮助顾客解决问题。因此，世界著名推销专家海因兹·M·戈德曼（Heinz. M. Gold man）认为：所谓推销，就是要使顾客深信，他购买你的产品是会得到某些好处的，也就是说，要推销商品的使用价值或实际利益。

二、推销要素

推销要素是指使汽车推销活动得以实现的必要因素，即推销人员、推销对象和推销品。它是现代推销活动中基本的、内在的因素，缺一不可。其中，推销人员和推销对象是推销主体，推销品是推销客体。商品推销的过程，是各个推销要素之间的运动过程。在推销活动中，推销人员是第一主体，推销对象是第二主体，两大主体既对立又统一。推销人员向推销对象提供其所需的推销客体，追求的是商品价值的最大体现；推销对象通过洽谈和购买，从推销人员那里获取推销客体，追求的是商品的使用价值。任何一方要想实现自己的追求都必须以关心对方追求的实现为前提，并且，推销人员要比推销对象更积极主动，才能保证推销活动的顺利进行。推销品是推销客体，是商品、劳务，它本身不会转移，只有在买卖双方的推动下才会实现其转移，实现其商品价值和使用价值。汽车推销的构成要素就是汽车推销人员、顾客（或客户、购买者等）和汽车以及与汽车有关的产品和附属产品。

（一）汽车推销人员

汽车推销人员是指主动向别人推销汽车产品的推销主体，主要是指专门从事商业性汽车销售的职业推销人员。汽车推销人员的主要任务是通过走访顾客了解顾客的困难与问题，为顾客提供服务，说服顾客购买企业的汽车产品。要成功实现推销的目的，汽车推销人员首先要成功地推销自己，使顾客在乐意接受汽车推销人员的基础上接受推销人员所推销的汽车产品。

汽车推销人员是推销活动的第一主体，其行为是否合理、有效，决定了推销过程的最终结果。

他们不仅是推销活动的主动发起者，而且是整个推销过程的推动者和控制者。作为企业与顾客之间的桥梁和纽带，推销人员肩负着为企业推销产品或服务、为顾客提供服务的双向任务。汽车企业的销售工作离不开推销人员，顾客的购买行为也离不开汽车推销人员。汽车推销人员应通过自己积极主动的努力去在满足顾客需要的同时实现企业销售的目标。

(二) 推销对象

推销对象又称顾客、客户、购买者等，是接受推销人员推销的主体，是汽车推销人员推销活动的目标、说服的对象。从现代推销学的意义上讲，推销对象是指具有购买决策权或者具有影响购买决策的力量并且直接参与购买过程的有关人员，包括各类采购人员、购买决策人以及其他有关人员。一般来说，推销对象可以分为四类：一是年龄、性别、教育水平、收入水平、经历、性格、职业各异的个人购买者；二是不同规模、不同经营范围的为转卖或加工后转卖而购买商品的中间商；三是各种各样的为生产或管理的需要而购买生产设备、原材料和辅助材料的生产企业；四是政府机关、学校、社团等各种非营利性组织。

在现代社会，推销环境发生了巨大的变化。推销对象不仅以购买人员的身份参与推销过程，其中许多人还以生产决策人的身份参与推销过程，成为名副其实的推销主体。而且，购买活动本身的技术要求越来越高，各行各业的大批专家直接参与购买活动，制订购买决策，甚至直接参与推销洽谈，选购推销品，形成一种专家购买的局面，这就对传统的推销方式提出了挑战。

(三) 推销品

推销品是汽车推销人员推销的目标，主要包括汽车商品、汽车服务等，是推销活动的客体。它可以是有形的汽车商品，也可以是无形的汽车服务等。作为推销活动的基本要素，推销品必然会影响推销活动的各个方面和环节，如推销品的性质、质量、技术含量、体积等都关系到推销活动的具体方式、难易程度等。因此，要保证推销活动的顺利实施，买卖双方都要研究推销客体，了解推销品的特性、用途、维修保养等各方面的知识。

三、汽车推销的特点

(一) 特定性

汽车推销是企业在汽车市场环境中为汽车产品寻找买主的商业活动，必须先确定谁是需要汽车产品的潜在顾客，然后再有针对性地向推销对象传递信息并进行说服。因此，汽车推销是有特定对象的，或者说是向特定顾客进行推销的。任何一位推销人员的任何一次推销活动，都具有这种特定性。

(二) 灵活性

虽然汽车推销具有特定性，但影响市场环境和推销对象需求的不确定性因素很多，因为环境与需求都是千变万化的。汽车推销活动必须适应这种变化，灵活运用推销原理和技巧，恰当地调整推销策略和方法。可以说，灵活机动的战略战术是汽车推销活动的一个重要特征。

(三) 双向性

推销不仅是一个商品转移的过程，同时还是一个信息双向沟通的过程。在汽车推销活动中，一方面，汽车推销人员应向顾客提供相关企业及售后服务等信息，促使顾客采取购买行动；另一方面，汽车推销人员又要通过对顾客的观察 、调查和与顾客的接触、交谈，了解顾客对汽车企业和推销汽车产品的态度、意见及要求，并及时反馈给企业，为企业领导的正确经营决策提供依据。

（四）互利性

现代推销是一种互惠互利的活动，必须同时满足推销主体双方的不同要求，否则难以达到推销的目的。在汽车推销过程中，推销人员不仅要考虑到自己有利可图，还要考虑到购买一方有利可图，这就要求汽车推销人员要从双方的利益出发进行推销，尤其要把握好顾客的购买目的和购买动机，帮助顾客解决问题，设法满足顾客的需要。只有对双方有利，才能实现买卖双方的“双赢”。

（五）说服性

推销的中心是人不是物，说服是推销的主要手段，是推销的核心。为了争取顾客的信任，让顾客接受企业的汽车产品，采取购买行动并重复购买，汽车推销人员必须耐心地将汽车产品的特点和优点向顾客做宣传、介绍，促使顾客接受汽车推销人员所推销的观点、汽车产品或服务。

四、汽车推销准则

汽车推销准则，是基于对汽车推销规律的认识所概括出来的推销活动的依据和规则，它是汽车推销活动的指导思想和基本原则。汽车推销人员掌握正确的推销准则，可使推销活动有所遵从，减少推销失误，提高推销成效。

（一）顾客导向原则

顾客导向是现代汽车市场营销观念的客观要求。它强调以市场需求为中心，以满足顾客需要为出发点，在满足顾客对产品或服务需要的同时，实现推销的长期目的。“顾客是企业的生命之泉”，失去顾客的企业是无法生存下去的。美国市场营销学专家菲利普·科特勒指出：“顾客需要我们帮助他们解决问题。而一位有效的销售人员就是知道顾客的难处并知道如何帮助他们解决困难的人。”因此，顾客导向意味着汽车推销人员必须摒弃以企业为中心的传统推销观念，通过分析研究，明确顾客的需求所在，并通过推销活动来满足顾客对汽车产品或服务的需求。

需要，是指没有得到某些基本满足时的感受状态。汽车推销人员不仅要了解推销对象是否怀有具备支付能力的需求，而且要了解推销对象的具体需求是什么，要熟悉自己的顾客，既要了解他们的一般需要，又要了解他们的特殊需要，要把顾客的需要放在第一位，向其推销适当的汽车产品或服务。

现代汽车市场经济的发展，客观上要求汽车推销人员树立以需求为中心的顾客导向。为此，汽车推销人员必须做到以下几点：

(1) 注重调查研究，发现顾客的真实需求。只有了解顾客的需求，才有可能通过企业的营销努力，适应和满足顾客的需求，使产品推销和满足需求结合起来。

(2) 注重信息的传递和反馈，成为企业与顾客沟通的纽带。一方面，将企业与产品的有关信息传递给顾客，便于购买者比较、选择，作出购买决定。另一方面将市场信息反馈给企业，有利于调整企业的经营方向，使企业经营既能发挥自身优势，又能满足市场需求。

(3) 注重汽车产品的推销策略，促进产品销售。根据顾客的需要，在适当的时间、地点，以适当的价格、适当的方式向消费者提供他们所需要的产品，在满足顾客需要的同时，达到推销产品的目的。

(4) 注重销售服务，免除顾客的后顾之忧。根据顾客的需要，向顾客提供售前、售中、售后的信息服务和技术服务，使顾客买得高兴、用得放心。

(二) 互惠互利原则

互惠互利原则，是指在汽车推销过程中推销员要以交易能为双方都带来较大的利益，或者能够为双方都减少损失为出发点，不能从事伤害一方或给一方带来损失的推销活动。要知道，任何顾客都关心自己的利益。顾客之所以进行购买，就在于交易后得到的利益大于或等于他所付出的代价。因此，汽车推销人员在推销活动中要设法满足自己和顾客双方所追逐的目标，实现"双赢"是培养长久客户之计，是顾客不断购买的基础和条件，也是取得顾客口碑传颂效果的基础和条件。要成为受欢迎、被期待的推销人员，就必须设法为客户提供利益，也就是设法使顾客从购买中得到其预期的好处。

推销人员在把握互惠互利原则时，切不可将其理解为对顾客的让利或赠奖利诱。实际上，与顾客对产品功能的需要和对产品使用价值之外的多种需要相对应，顾客追求的利益也是多方面的。推销人员在努力实现互惠互利原则时，必须善于认识顾客的核心利益，并与顾客加强沟通。

正确运用互惠互利原则开展推销活动，就必须在推销之前分析交易活动的结果能给顾客带来的利益。顾客追求的利益，既有物质的，也有精神的，不同的顾客对同一商品会产生不同标准的价值判断，对需求强烈的商品，价值判断较高，反之则较低。商品不同，带给顾客的利益也不同。不同的顾客对商品价值的评判会有高低。要在准确判断推销品给顾客带来的利益的基础上找到双方利益的均衡点，开展"双赢"推销活动。在进行利益判断时，一个优秀的推销人员，不仅要看到当前的推销利益，而且要看到长远的推销利益；不仅要看到直接的推销利益，还要看到间接的推销利益。推销人员要多因素综合评价利益均衡点，不能以某一次交易的成功与否来判断推销的利益，要坚持用能给顾客带来的利益引导顾客成交。充分展示商品或服务能给顾客带来的利益，是引导顾客购买的重要途径。这种展示越充分、越具体，顾客购买的可能性就越大。

(三) 诚信为本原则

诚信的基本含义为诚实、不疑不欺，在人际交往中言而有信、言行一致、表里如一，在推销过程中不提供伪劣产品，不从事欺骗性活动，不传播虚假信息。诚信推销作为推销原则，对推销人员提出了以下具体要求：

1. 信守承诺

信守承诺就是遵守自己的诺言。所谓"一诺千金"，此乃取信于人的核心。推销过程中，常见的承诺误区主要表现为盲目承诺、含糊承诺、不负责任地承诺等。承诺不仅有明确的承诺，如合同、协议、函电、行为表示，而且有隐含的承诺，如质量承诺、退换承诺，这些都是信誉问题。诚信不仅要信守书面的、口头的承诺，而且要信守隐含的承诺。例如，作为国际惯例的产品召回制度，就是信守隐含承诺的典型表现。信守承诺必须体现"敢作敢为"的精神，在由于某种原因不能履行承诺的情况下，承诺者必须按有关法律、法规规定，及时通知对方或作出解释，并在必要时主动赔偿损失，承担责任，直至接受惩罚。

2. 信任对方

只有信任对方，才能得到对方的信任。推销员在推销过程中的谨慎、小心是必要的，所谓"防人之心不可无"。但是，建立在充分掌握信息基础上的推销，人为设置障碍却是不可取的。猜疑、过多犹豫、不信任对方本身就是诚信缺失的表现，而不择手段地耍奸弄猾更是有失道德水准，结果往往是弄巧成拙。因此，推销人员必须具有大将风范，以己之信任换取对方的信任，实现诚信推销。

3. 以诚相待

诚信与保守商业秘密并不矛盾，诚实的意义在于不欺诈。中国传统商业倡导的“生意不成仁义在”，正是以诚相待的写照。对于推销人员来说，抱定推销的诚意，尊重顾客，学会赞美，善于换位思考，从顾客的立场、角度出发来考虑问题，报价合理，讨价适当，热心当好顾客的参谋等，都是富有诚意的表现。以诚相待不仅有利于优化交易气氛，消除隔阂，而且可以得到顾客的回报。实际上，推销的成功，有许多正是由于推销员的以诚相待，让顾客获得充分信任，从而对推销员抱有感激之情而回报以多次购买、推荐与介绍新的顾客等，而这正是我们所需要的。

（四）说服诱导原则

说服诱导意指推销员以语言和行为将自己的意见通过各种方式传递给顾客，主动引导推销过程朝推销员所预期的效果发展。几乎所有的推销专家都认为，推销是一种十分讲究技巧与方法的活动。推销的技巧和方法又具体体现在推销员说服与劝导的能力上，推销员通过有效的劝导，使顾客愿意接受推销员的拜访，愿意倾听推销员的推销陈述，使顾客充分地了解推销员希望他了解的东西，使推销的进程能按推销员的意愿推进。经由有效说服，方能有效地消除顾客异议，建立顾客对推销员及其推销品的信心。说服与诱导是现代推销的基本手段。在现代市场经济条件下，推销员与顾客是平等的两个交易主体，推销员既不能强迫顾客购买推销商品，也不能靠乞求获得订单，更不应使用欺骗的手段取得推销成果。

五、汽车推销工作的特性

汽车推销是一种富含机遇与挑战的工作，是一种需要毅力、热情和进取精神的工作，与其他工作相比较，它具有如下特性。

（一）人文性

推销是一项与人打交道的工作，讲究人际交往的亲和力和说服力，推销人需要培养自己良好的表达能力和社交能力。

（二）技术性

推销人须了解和掌握产品、企业、生产、技术、市场、人际交往及与业务相关的理论知识和现场实际知识，培养自己的推销技能。

（三）回报性

推销是一种获得高报酬的可能性比较大的职业。推销员投入的是热情、精力和时间，报酬与业绩成正比，可能得到的经济收入比较高。

（四）发展性

推销有比较好的个人发展空间，因为以销售额为主的推销业绩评价起来明确具体，推销员的工作成绩容易被肯定，人才被发现与晋升的机会比较多。此外，销售工作中经历的磨炼和锻炼也是人生受用不尽的宝贵财富。

六、汽车推销与汽车市场营销的关系

通常人们认为，汽车市场营销就是汽车推销，把汽车推销与汽车市场营销混为一谈。也有人认为汽车市场营销与汽车推销是完全不同的，是各自独立的活动。这些都是片面的看法。其实，汽车市场营销与汽车推销既有密切的关系，又有一定程度上的区别。

(一) 汽车市场营销与汽车推销的区别

现代汽车企业的市场营销活动,包括汽车市场营销调研、选定目标市场、产品开发、定价、分销、促销以及售后服务等,是一个含义比汽车推销更广的概念。推销仅是市场营销活动的一部分。菲利普·科特勒指出,推销不是市场营销的最重要部分,推销只是"市场营销冰山"的尖端。汽车推销是汽车企业的市场营销人员的职能之一,但不是其全部的职能。这是因为,如果汽车企业的市场营销人员能搞好市场营销研究,了解到购买者的需要,按照购买者的需要来设计和生产适销对路的产品,同时合理定价,搞好分销、促销等市场营销工作,那么,这些产品就能轻而易举地推销出去。

实际上,汽车市场营销与汽车推销存在较大的区别。汽车市场营销重视买方的需要,认真考虑如何更好地满足消费需求,根据顾客的需要设计产品,讲求产品质量,增加颜色品种;根据顾客的需要定价,使顾客愿意接受;根据顾客的需要确定分销渠道,处处方便顾客;根据顾客的需要进行促销,及时传播受消费者欢迎的市场信息。而传统的汽车推销还没有把促销当作市场营销的一个组成部分,重视的是卖方的需要,以销售现有的产品、实现企业盈利为主要目标。可见,市场营销的出发点是市场(需求),传统汽车推销的出发点是企业(产品);市场营销以满足消费者的需要为中心,传统汽车推销以销售企业现有的产品为中心;市场营销采用的是整体营销手段,传统汽车推销侧重于推销技巧。

现代汽车推销观念视汽车推销为汽车营销组合的组成部分,是动态的、系统的营销活动过程的一个环节,同时也是汽车市场营销不可缺少的重要机能。

(二) 汽车推销是汽车市场营销的重要机能

不论人们对推销的地位、作用如何评说,销售毕竟是市场营销最根本的重要手段。日本著名企业家松下幸之助曾说过:"营销是为了卖得更好。"推销的重要性,首先是由于销售是社会再生产的中心环节,只有通过销售才能实现从产品到商品的转化,解决社会总产品的实现问题,使社会再生产和扩大再生产顺利进行。其次,由于生产与消费存在时间与空间的差异,并且由于消费需求千门万类、日新月异,生产者难以做到完全适应需求的变化,在质与量上使生产与消费完全一致。最后,生产者与消费者之间的信息沟通,既不充分也不及时,使得同一商品往往是脱销与积压并存,此处积压、彼处脱销。

以上各点说明,在生产社会化高度发展的市场经济条件下,汽车生产者力求通过大批量生产去降低成本,赢得竞争优势,流通就必须面向全国乃至于世界市场,要求产品能销售到一切对它存在有效需求的地域,这无疑需要把汽车推销作为汽车营销组合的重要一环。只有成功的推销,才能真正做到在适当的时间、适当的地点,以买主乐意接受的价格和方式,把适合需要的汽车产品或服务送到顾客手中。这种成功的推销,既可以是把已生产出来的产品尽快销售出去,也可以尽量争取企业经过努力能够保证基于订单的供给。在需求相对稳定的情况下,按订单生产无疑最有利于消除生产与消费之间的种种矛盾,也最有利于提高汽车营销各环节的效率和经济效益。但在更多的情况下,生产者并不能完全按订单生产,很多产品生产出来后有待推销,或是中间商按需求预测去订货,货到后也需要推销。

工作回顾

(1) 汽车推销的含义。

(2) 汽车推销的特点、原则以及与汽车营销的区分。

工作实施步骤

(一) 工作要求

根据以下案例所反映的内容来回答相关问题。

(二) 工作实施的步骤

【案例一】

美国著名的福特汽车公司,每年拥有250万顾客,为了了解他们的需求,公司定期邀请一些顾客与产品设计人员和汽车推销员讨论产品及销售服务等问题,并专门设计一种软件数据系统,供各部门经理和雇员详细了解掌握顾客的意见。一次有位顾客抱怨说,乘坐福特汽车不愿在后排,因为后排空间太小,腿伸不开,很不舒服。听到这个意见后,公司立即将前排座位下部进行了调整改进,加宽了前后排之间的距离。这一举动赢得了顾客的普遍称赞,同时使福特汽车更加畅销。

问题一:结合汽车推销的基本理论,分析福特公司这种做法好在哪里?

问题二:美国福特汽车公司的汽车为什么变得更加畅销?

【案例二】

1928年7月29日,李嘉诚先生出生于广东潮安县一个书香门第。1939年抗战期间,李嘉诚随父亲李云经从潮安逃到香港。到香港后李嘉诚父亲因体弱染疾。11岁的李嘉诚在读完两年小学后便辍学,在他舅舅的南洋钟表公司做杂工,分担家庭重担。1943年,李嘉诚的父亲英年早逝,他没有给李嘉诚留下一文钱,相反给他留下了一副家庭生活的重担和一笔沉重的债务。14岁的李嘉诚凭着毅力、韧性和真诚在港岛西营盘的春茗茶楼找到一份工作。他每天5点左右赶到茶楼,每天工作15个小时以上。在茶楼工作时,李嘉诚在努力做好每一件事的同时,给自己定了两门必修功课:其一是时时处处揣测茶客的籍贯、年龄、职业、财富、性格等,以便找机会验证;其二是揣摩顾客的消费心理,既待人真诚又投其所好,让顾客在高兴之余乐意掏腰包。李嘉诚对顾客的消费需求和习惯了如指掌。如谁爱吃虾饺,谁爱吃干蒸烧卖,谁爱吃肠粉加辣椒,谁爱喝红茶绿茶,什么时候上什么茶点,他心中都有一本账。因此李嘉诚练就了一套既能赢得顾客,又能让顾客乖乖掏钱的本领。

后来,李嘉诚到一家五金厂做铁桶推销员。每天他起得最早,第一个来到厂里,挑着铁桶沿街推销。靠着一双铁脚板,他走遍了香港的角角落落,从不放弃任何一笔可做的生意。李嘉诚凭着坚韧不拔的耐心、干练和坚毅建立起了销售网络,既赢得了顾客的信任,也深受老板的器重。一次推销遭遇失败,使李嘉诚看到了铁桶的穷途末路及塑胶制品的蒸蒸日上。从此,他做了一名塑胶产品推销员,在塑胶产品推销中大显身手。在推销生涯中李嘉诚淘得了第一桶"金",同时也练就了其作为企业家的才能。1950年,22岁的李嘉诚慧眼独具地创立了长江塑胶厂。之后,他又悄悄去意大利学艺,成为"塑胶花大王",后来他的塑胶花抢占了欧美市场。20世纪70年代,李嘉诚再次捕捉到商机,先行在房地产业站住脚,演绎了小蛇吞大象的商界奇迹,成为香港房地产大王,荣任和记黄埔、长江实业等大型财团董事局主席。李嘉诚先生花了半个多世纪的时间,终于建立了今天的王国。在美国《时代》杂志评选的全球最具影响力的二十五位商界领袖中,他排名第九,成为香港历史上首位"千亿富翁”，被誉为华人首富。

问题一：如何成为一名成功的推销员？

问题二：上述案例给你哪些启示？

思考与训练

（1）汽车推销具有哪些特点？

（2）汽车推销应遵循哪些原则？

（3）如何理解汽车推销的定义？

任务二　汽车推销的一般过程

任务描述

在现代汽车推销中，既须灵活又须遵循一定的程序。这种程序能够在实际工作中对汽车推销人员的销售实务起到一定的规范作用。

工作剖析

汽车推销是一项具有创造性的工作，汽车推销人员往往根据顾客的需求以及其他因素随机应变。但是任何行业都有相关的工作流程或者说工作过程，汽车推销过程就包含着以下工作过程：寻找顾客，顾客接近，推销洽谈，处理异议，推销成交，售后服务，信息反馈。

工作载体

有个报童在一个小镇上卖报纸，他很努力，生意还不错。但有一天，又来了一个报童，于是两人成了竞争对手。第一个报童更加努力地去卖报，但收入却少了许多，而新来的那个报童卖的报纸越来越多。原来，新来的那个报童非常聪明，他不仅沿街叫卖，还更多地跑茶馆、酒店，去了之后就将报纸先给读者，等所有地方都跑完了，他再回去收钱。时间长了，大家都习惯了这种方式。这样一来，他占有了最佳卖报时间，等第一个报童来叫卖的时候，大家手上早已有了报纸。所以，第一个报童卖的报纸越来越少，一个月以后就坚持不下去了，市场因此也完全被第二个报童占领了。

相关知识

汽车推销是颇具创造性的工作，任何条件下都有效的推销方法是不存在的。但在推销过程中包含着一定的程序。汽车推销过程可以分解为以下几个步骤：寻找顾客→顾客接近→推销洽谈→处理异议→推销成交→售后服务→信息反馈。

一、寻找顾客

寻找潜在顾客是汽车推销工作的第一步，它是指寻找有可能成为购买者的顾客。这里所说的潜在顾客是既具备一定购买能力，又具有购买决策权，并且还应当具有购买动机和欲望的人。同时具备上述三个条件才能称为潜在顾客。汽车推销人员从事推销，首先应该明确向谁推销。

汽车推销人员应建立作为开发与进攻目标的潜在顾客的名单及档案，并加以分类，要收集有关客户尽可能详尽的信息。客户名单应包括以下部分：第一，必须不断地寻找新的潜在顾客，防止推销活动停滞不前。如果只满足于原有的数量可观、关系良好的客户，忽视新客户的开发，必然会把新市场拱手让给竞争者。第二，对于因各种原因未继续合作的老客户，他们有的已成为竞争者的客户，但其中也有等待推销人员再次造访的老主顾。推销人员应鼓起勇气再次拜访他们，弄清他们与企业不继续合作的原因，力求有可能比竞争对手更好地满足他们的需要。现有客户永远是推销的重要目标，是扩大市场占有率的基础和起点，也是推出新产品、新创意或推广新用途的首选目标。推销人员在努力开发新客户的同时，必须对老客户给予必要的关注，因为同老客户打交道毕竟比同一个陌生的顾客打交道要容易得多。在建立客户档案的基础上，访问前还必须在所有潜在客户中寻找最有可能购买的顾客。选择顾客主要是找出具有支付能力和特定需求，并影响购买决策的人选。

二、顾客接近

顾客接近是为直接推销活动作好准备的一个过程，包括接近准备、约见客户和接近客户三个步骤。接近准备要求事先了解清楚自己的顾客，了解和熟悉所推销的汽车产品和服务，了解竞争对手及其产品。约见客户是汽车推销人员征求客户同意接见洽谈的过程，当汽车推销人员做好必要的准备工作和安排后，即可约见客户。汽车推销人员可以通过电话、信函或见面接触等方式与顾客约见。约见是接近客户的开始，约见能否成功是推销成功的一个先决条件。并非每一个客户都是那么容易让你轻易拜访的。现在很多公司的办公室门口贴有“谢绝推销”、“闲人免进”等字条，因此拜访客户前最好先预约。征得客户同意约见后，即到了接近客户这一关。应利用好首次与顾客见面的最重要的 30 秒，吸引顾客的注意力和兴趣，为以后的活动打下良好基础。

三、推销洽谈

推销洽谈是整个推销过程进入实质性阶段的标志，也是关系到整个推销活动成败的关键环节。这是汽车推销人员运用各种方式、方法、手段与策略去弄清顾客需求之所在，并说服顾客购买的过程，也是推销人员向顾客传递信息并进行双向沟通的过程。在推销洽谈过程中，汽车推销人员要充分调动情感、智力因素，发挥能动性与创造性，善于运用各种推销技巧，对顾客的各种问题给予满意的答复。

四、处理异议

在推销活动中，顾客对推销人员所作的各种推销努力和传递的各种推销信息，会有不同的反应，或是积极响应、同意购买，或是迟疑观望、提出异议。顾客异议是推销活动中必然出现的现象。美国一位著名的科学家说过:“全世界的失败,有25%只要继续下去就可以成功,成功的最大阻碍是放弃。”汽车推销工作也是如此。从某种角度来说,汽车推销员的成功都是从遭受拒绝开始的。遭受拒绝是成功推销之母。所以,汽车推销员应该认识到,客户提出异议是很正常的,要把客户的异议看成是推销的真正开始,要针对客户异议的类型,事先准备好标准应对方案,并在实际中灵活运用。

五、推销成交

推销成交是顾客接受汽车推销人员及其推销演示并立即购买推销品的过程。成交是整个推销活动的高潮。此时,汽车推销员应有两种思想准备,即顺利成交和成交失败。所以,要善于捕捉成交信号,及时成交,随时成交。推销员要克服自身的心理障碍,掌握自然成交的策略,不要逼迫客户购买,要保留一定的成交余地,适时诱导客户主动成交,让客户觉得成交是他们自己的主意。

六、售后服务

达成交易并不意味着汽车推销过程的结束,售后服务同样是汽车推销工作的一项重要内容。成交以至收款、交货后,售货方能否兑现其承诺,使顾客满意,就彰显了厂商的信誉。例如,履行新车第一次免费保养、质保、免费洗车等服务承诺,搞好索赔处理,以及定期或不定期的访问客户,实行跟踪服务等,都是关系买方利益和卖方信誉的售后服务工作。

七、信息反馈

汽车推销人员每完成一项推销任务,不仅要搞好售后服务,进行推销工作检查与总结,还必须继续保持与客户的联系,加强信息的收集与反馈。及时反馈推销信息,既有利于企业修订和完善营销决策,改进产品和服务,也有利于更好地满足顾客需求,争取更多的“回头客”。

工作回顾

汽车推销的一般过程。

工作实施步骤

(一) 工作要求

根据以下案例所反映的内容来回答相关问题。

(二) 工作实施的步骤

约翰逊就要结束他在大学的市场学专业的学习了。他的父亲是底特律一家大型二手车行的老板,他很想让自己的儿子帮助他管理这个生意。这样,约翰逊就面临着两种选择:或是去帮助父亲管理生意,或是走一条也许是自己该走的路——去为某家大型制药企业做推销员。他的父亲在经营方面已取得相当的成功。他认为如果再有儿子的帮忙,生意一定会锦上添花。约翰逊找来了几位朋友,想听听他们对这件事的看法。有的说:“二手车推销员不值一提,他们不过是一些只会施展高压手腕的骗子。”还有的说:“去说服别人购买他们并不需要的那些旧货吗?”约翰逊听了这些话后感到很烦恼。

请你帮助他分析一下：约翰逊应该如何做才能使自己所学的现代推销学知识应用于二手车推销?

思考与训练

(1) 汽车推销的一般工作过程如何?

(2) 汽车推销过程的主要内容有哪些?

项目二

汽车推销员的职责和基本要求

任务一　汽车推销员的职责
任务二　汽车推销员的职业素质
任务三　汽车推销员的礼仪

项目理解

任务一：当今市场经济日臻完善，商品推销已摆脱传统模式，不同商品的各种类型的推销人员在经济发展中各显身手。我国的汽车市场发展迅速，汽车经济呈现出了前所未有的繁荣，竞争也进入白热化状态。因此，现在的汽车市场对推销人员的要求更加严格，要求汽车推销人员承担更多的职责。为了能够更好地适应汽车市场的发展，更快地成为一名现代的汽车推销人员，我们必须了解现在的工作岗位对从业人员提出的要求，以更快更好地熟悉工作岗位。

任务二：在市场竞争异常激烈的今天，汽车企业的经营者意识到企业的销售比生产更为重要。要使企业的销售具有优势，企业必须建立一支精锐的汽车推销团队。要成为一名称职的汽车推销人员，首先必须具备与工作岗位相适宜的综合素质。汽车推销人员的综合素质关系到汽车企业的生存和发展，那么到底什么样的人适合从事推销工作，汽车推销人员应该具备怎样的职业素质呢？这是我们本章关注的主要问题。

任务三：礼仪作为一种道德规范，是人类文明的重要表现形式。它作为一种交际规范，是对顾客表示尊重的体现。现代推销是文明推销。汽车推销人员流动性大，接触面广，对社会的影响较大。因此，要特别注意礼仪、礼节，时刻注意自己的衣着打扮和举止谈吐，讲究待人接物的礼节。

任务一　汽车推销员的职责

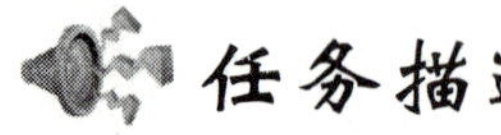

对于一名现代的汽车推销员，需要完成的工作已不仅仅是销售汽车产品。为了能更好地适应现在的汽车市场，成为一名合格的汽车推销员，还需要承担更多的工作责任。

工作剖析

汽车推销人员的职责是指作为汽车推销人员必须完成的工作和承担的相应责任。如果我们依然沿用传统的推销模式，一味地把销售汽车产品作为工作的全部，势必会遭到市场的淘汰。

工作载体

江铃汽车推销员岗位职责

(一) 工作内容

(1) 在指定的区域内进行用户走访，开展汽车推销业务。

(2) 掌握指定区域内江铃品牌车的市场行情及动态。

(3) 做好市场调查和预测工作，有计划地开拓经营区域和市场。

(4) 严格执行江铃汽车销售的政策和价格。

(5) 了解用户的意见和要求，及时反馈信息。

(6) 每月写出工作总结，报告销售经理。

(7) 接受公司指派的其他业务任务。

(二) 责任与权限

(1) 对违反区域销售负责。

(2) 对违反价格销售负责。

(3) 对公司指定其保管的重要资料安全负责。

(4) 有权制止其指定区域内违反江铃车销售政策的行为。

相关知识

汽车推销人员的职责

汽车推销人员的职责是指作为汽车推销人员必须完成的工作和承担的相应责任。汽车推销人员是汽车产品推销活动的主体，是汽车企业与顾客联系的桥梁和纽带，他既要对企业负责，又要对顾客负责。因此，汽车推销人员要承担的职业责任不仅仅与汽车企业有关，还与顾客有关。

(一) 收集信息

汽车推销人员是联系汽车企业与汽车市场、汽车企业与顾客的桥梁与纽带，便于获取多方面的信息，如汽车产品的最新需求动态、竞争者状况及顾客对汽车产品或汽车企业的评价等。这些信息可以为企业制订正确的营销策略提供可靠的依据，也有助于推销人员借以提高自身的业务能力。因此，及时地获取与反馈这些信息是汽车推销人员的一项重要职责。汽车推销人员要自觉地充当汽车企业的信息收集员，深入到市场与顾客之中，有意识地了解、收集市场信息。

通常，汽车企业要求汽车推销人员收集、总结的信息主要包括：

(1) 市场供求关系的现状及其变化趋势。

(2) 消费者特征、消费结构方面的情况。

(3) 顾客需求的现状及变化趋势。

(4) 顾客对产品的具体意见和要求。

(5) 顾客对企业销售政策、售后服务等的反映。

(6) 同类产品的竞争状况。

(二) 协调关系

建立、维持和发展业务关系和人际关系，可以获得更多的销售机会。汽车推销人员运用各种管理手段和人际交往手段，建立、维护和发展与潜在顾客及与老顾客之间的业务关系和人际关系，以便获得更多的销售机会，扩大汽车企业产品的市场份额，这也是推销人员的重要职责。

汽车推销人员将产品推销出去，并不是推销工作的结束。顾客在使用产品的过程中，对产品会有一定的评价。这些评价会直接关系到汽车企业及产品的声誉，对老顾客的再购买行为和新顾客的购买行为产生极为重要的影响。推销成功后，能否保持和重视与顾客的联系，是关系到推销活动能否持续发展的关键。因此，汽车推销人员必须与顾客建立一种长期的、友好的关系，同时也不忘巩固老顾客，并通过与老顾客的良好关系发展新顾客。

(三) 销售商品

销售商品是指汽车推销人员将企业生产出来的商品，从生产者手中转移到消费者手中，满足消费者的需要，为企业再生产创造条件。这是汽车营销人员最基本的职责，也是推销工作的核心环节。

(四) 提供服务

商品推销活动本身就是为顾客提供服务的过程。“一切以服务为宗旨”，是现代推销活动的出发点和立足点。在现代汽车市场上，缺乏服务的产品只是半成品。汽车推销人员不仅要为顾客提供满意的商品，更重要的是为顾客提供各种周到和完善的服务。未来企业的竞争日趋集中在非价格因素上，而非价格竞争的主要内容就是服务。在市场竞争日益激烈的情况下，服务往往成为能否完成销售目标的关键因素。

汽车推销人员所提供的服务主要包括售前、售中和售后服务。

1. 售前服务

是指在正式推销工作之前为潜在顾客所提供的服务。只有做好推销前的服务工作，推销才有成功的可能性。推销前的服务工作是指在商品未售出之前进行的一系列准备工作，它主要包括：调查了解顾客的需要情况，为顾客提供必要的产品样本和使用说明书，为顾客的购买提供必要的咨询服务等。售前服务是成功推销的前提，是达成交易的基础。

2. 售中服务

是指在推销商品的过程中，由公司或推销人员为顾客所提供的服务，主要是为顾客在购买商品和运输方面提供方便条件。它主要包括：为顾客提供运输、保管、装卸以及融资、保险、运输等方面的帮助。售中服务是推销成功的关键，尤其是在产品差异和价格差别不大的情况下，顾客会选择那些能提供额外服务的汽车企业产品。

3. 售后服务

是指汽车作为商品被销售出去以后，由制造商、销售商、维修商和配件商等服务商为顾客及其拥有的汽车提供全过程、全方位的服务。它主要包括：汽车金融服务、汽车维修服务、汽车保险服务、汽车配件服务、汽车美容装饰服务、旧车交易服务，以及汽车租赁、汽车停车、汽车信息等服务。任何顾客在购买商品后，在使用商品的过程中会对购买行为进行总结，对汽车企业及产品作出评价，这种总结和评价会对汽车产品以后的推销产生很大的影响。因此，只有搞好售后服务，消除顾客的不满意，强化顾客的满意，才能提高推销的知名度和美誉度，不断稳固老顾客，开发新顾客。

（五）建立形象

汽车推销人员通过销售过程中的个人行为，使顾客对企业产生信赖或好感，并促使这种信赖和好感向市场扩散，从而为企业赢得广泛的声誉，建立良好的形象。可以说，汽车推销人员的行为完全代表着企业的行为。推销人员形象的好坏，直接关系到顾客的购买行为。良好的形象不仅是推销成功的关键，而且更是企业成功的关键。

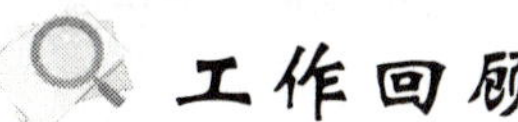

汽车推销人员的职责包括收集信息、协调关系、销售商品、提供服务和建立形象等。

工作实施步骤

（一）工作要求

调查了解当地各汽车品牌4S店的推销岗位职责要求。

（二）工作实施的步骤

(1) 确定调查地点，选择几个比较有代表性的汽车品牌。

(2) 根据要求进行相关信息收集。

思考与训练

汽车推销人员的职责有哪些？

汽车4S店对汽车销售人员的要求

每个品牌汽车4S店的管理制度都不尽相同，但是对汽车销售员的要求却有大部分的相同或相似之处。汽车4S店管理制度中，对汽车销售员的要求比其他岗位人员都要严格得多。因为汽车销售员在销售过程中代表的是整个4S店乃至整个汽车销售公司。大部分汽车4S店对汽车销售员的要求都包括以下几个方面：

1. 着装

汽车4S店管理制度一般要求所有的员工都必须穿正装，但对汽车销售员的要求尤为严格。一般人会认为4S店只是要求员工在店里对着装有要求，出店之后任由自己穿着。但对于汽车销售员，无论是在4S店店面还是出去见客户，都必须穿黑色或深蓝色正装，男销售员穿黑色皮鞋打领带，女销售员必须穿黑色高跟鞋并打领带。汽车销售员代表的是4S店的形象，所以无论是在店里还是出去见客户，都必须穿得正式。

对于违反规定者，汽车4S店管理制度都明确了相应的惩罚。汽车销售员如果被发现没有穿全套正装的任意一件，第一次发现在当月工资中扣除50元，第二次发现扣100元，一个月累计超过三次没有穿正装扣发当月所有的奖金。外出见客户穿休闲装被发现一次，当月的奖金全部扣除，一个月超过三次则解除劳动合同。

2. 上班时间不得接听与工作无关的电话

对于上班时间不得接听与工作无关的电话，几乎所有的公司都有规定，但在汽车4S店管理制度中对汽车销售员却最严格。4S店中其他岗位上班接听与工作无关的电话，被发现第一、第二次只是口头警告批评。但是汽车销售员第一次被发现就罚款50元，第二次罚款100元，第三次被发现扣除所有的奖金。这一制度之所以对汽车销售员格外严格，是因为随时都可能有客户打电话给销售员，而电话占线无疑有可能给公司带来损失。

3. 不得接受客户赠送、邀请或者擅自送礼给客户

汽车4S店管理制度中明确规定，汽车销售员一律不能接受客户赠送、邀请或者送礼给客户。客户赠送任何东西都不能接受，同时也不得擅自邀请客户外出吃饭、唱卡拉OK，以及其他所有受贿形式的消费活动。如果汽车销售员被发现违反汽车4S店管理制度中的这一条，第一次发现扣除当月所有的奖金，第二次通告批评，第三次则解除劳动合同。汽车4S店之所以如此严格要求，是要汽车销售员之间保持一个公平竞争的状态，并且保护客户的最大权益。汽车4S店管理制度中要求，汽车销售员不得使用任何非法手段竞争，拉拢客户，从而推销汽车。

汽车4S店管理制度对汽车销售员有些方面的要求似乎过于苛刻，但这无论对4S店本身还是对汽车销售员，都是有益无害的。对4S店，只有严格管理，才能让员工工作合乎规范，从而让4S店运营更加顺畅。对汽车销售员来说，严格的制度能让他们对自己要求更高，工作更加合乎规范，同事间的关系也更加和谐。

任务二　汽车推销员的职业素质

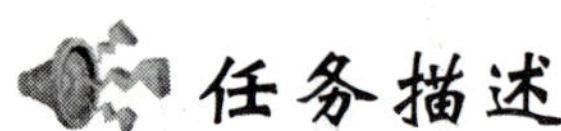

任务描述

要想成为一名合格的汽车推销员，必须具备与工作岗位相符的职业素质。它包括思想、心理、身体以及知识等多方面的要求。

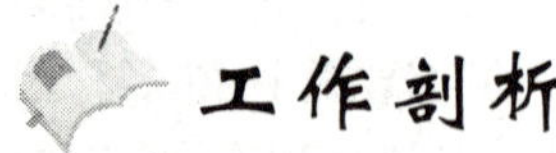

工作剖析

推销人员的职业素质，是指推销人员胜任推销工作的综合能力。汽车推销人员之间业绩的差距，很大程度上是由其自身素质条件的差异决定的。具有了优秀的素质，才有可能拥有优秀的成绩。

工作载体

日本企业界曾经做过调查得出结论：成绩差的推销员都是因为不爱自己的职业，或不爱自己的企业，或不爱自己推销的产品，总之是因缺乏内在动力而造成的；成绩好的推销员都有

一个共同点，即爱企业、爱工作、爱推销的产品。

相关知识

汽车推销员的职业素质

(一) 思想素质

1. 具备现代的推销观念

推销观念是指汽车推销人员对推销活动的基本看法和在推销实践中遵循的指导思想。在推销活动中，汽车推销人员要摒弃"以企业为中心"的传统推销观念，树立和坚持"以顾客为中心"的现代推销观念。

2. 热爱本职工作，有强烈的事业心

热情是汽车推销员最重要的品德之一，是成功的动力。强烈的事业心是成功的首要条件，它包括对工作满怀热情，富有进取心，为企业和顾客的利益着想，积极的人生态度和创业、敬业精神。

一位专家说过："所有优秀的推销员都有一个共同点——有成为杰出人士的无尽动力！"如上文所说，日本企业界曾经做过调查得出结论：成绩差的推销员都是因为不爱自己的职业，或不爱自己的企业，或不爱自己推销的产品，总之是因缺乏内在动力而造成的；成绩好的推销员都有一个共同点，即爱企业、爱工作、爱推销的产品。

一个优秀推销员应对自己的推销事业具有自豪感。这种自豪感源于严肃认真的责任感和充分发挥才能的强烈愿望，没有这种自豪感和事业心，很难成为一个优秀的推销人员。

(二) 知识素质

俗话说，"不怕口袋空空，就怕脑袋空空"。为此，推销员要具备丰富的专业知识。当然，这里所说的专业知识并不是仅仅指与汽车相关的知识，它还包括企业知识、产品知识、市场知识、顾客知识等多方面的内容。

1. 企业知识

作为汽车推销人员应熟悉所在企业的多方面情况，如企业发展历史，企业的规模和生产能力、经营方针，企业的组织结构和领导层，企业的管理制度和企业文化等。

2. 产品知识

汽车产品是一种特殊的商品，其价格昂贵，技术含量较高，而且在使用过程中，还需要不断投入费用以保证正常使用，随着使用时间的加长，汽车的价值发生贬损。因此，顾客在购买汽车产品时，都是非常谨慎的，考虑因素较多，购买周期可能要比其他普通商品长。

汽车推销员应了解汽车产品的基本构造和原理、规格、技术性能、维修保养知识，产品为消费者带来的价值，产品的品牌价值、性价比，产品的服务特征，产品的特殊优势(卖点)等等。

3. 市场知识

主要包括：

(1) 顾客信息。顾客的特征、经济状况、购物习惯，顾客对商标、品牌、商店的偏好，对新产品的反应等。

(2) 市场供求信息。现有市场需求量、销售量、供求平衡状况；同行业竞争者在市场中的地位、作用及优劣势比较；国内外市场需求的变化发展趋势等。

(3) 商品经营效果信息。企业经营中所采用的各种营销策略的效果，如包装的改变，价格的改变，销售渠道的变化等。

(4) 同行业竞争对手的信息。如对手的销售价格及竞争产品的更新状况、分销渠道及网点设置，竞争对手促销手法的变化，竞争对手目标市场及市场占有率的变化等。

4. 顾客知识

了解顾客的特点、兴趣爱好、职业、工作性质、购买动机、购买习惯、购买条件、购买决策等。

此外，与专业知识相关的还有法律知识、财会知识、人际关系知识、经济地理知识、市场情报学知识等。

(三) 心理素质

1. 健全的性格

作为一名优秀的推销员，其工作表现一般应为待人热情、诚实可信、态度和蔼、性格外向、言辞流利、举止适当等。因此，汽车推销人员一定要注重对自己性格的培养，使自己具有一个适合推销工作的性格。要乐观面对在工作过程中出现的问题，旺季和淡季的收入落差、激烈的竞争状态等等。

2. 坚强的意志

汽车推销是一项挑战性很强的工作。有人说，汽车推销员要有三倍于常人的耐力和意志力。在工作过程中，汽车推销员会碰到很多困难，如果没有坚强的意志，就很难去克服困难完成工作。尤其是汽车产品的价格较高，少则几万，多则几千万，销售难度较大。在推销工作中，最可怕的敌人不是竞争对手，而是自己。意志消沉、缺乏信心才是阻碍成功的敌人。失败并不可怕，可怕的是在失败面前垂头丧气，怨天尤人。“有志者事竟成”才是汽车推销员的正确心态。

(四) 身体素质

强健的身体是推销事业成功的基础和重要保证。在汽车推销工作中，推销员要开发新顾客和维系老顾客，奔波于路途中和各种交际应酬，要向顾客解说，帮助顾客购车和办理相关手续，工作强度非常大，因此必须要有健康的体魄和旺盛的精力，才能胜任这份工作。

工作回顾

汽车推销人员应具备的素质是多方面的，包括思想、知识、心理和身体等多方面的要求。

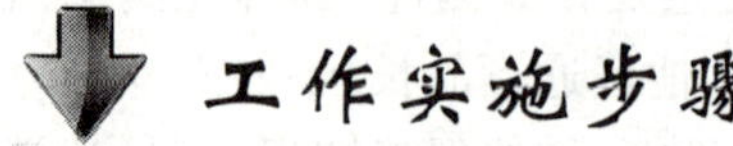

工作实施步骤

(一) 工作要求

调查当地汽车4S店汽车推销人员的素质状况。

(二) 工作实施的步骤

(1) 选择调查地点。

(2) 制作与主题相符的问卷，作为调查工作完成借助的资料工具。

(3) 根据调查要求和问卷内容执行此次任务。

思考与训练

汽车推销人员应具备哪些素质?

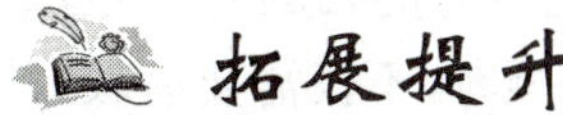

拓展提升

汽车推销员应具备的基本能力

作为一名合格的推销员,除了要具备岗位要求的各项素质,还应该有一定的能力要求。

1. 观察能力

汽车推销人员必须具备敏锐的观察能力,这是汽车推销人员深入了解顾客心理活动和准确判断顾客特征的必要前提。没有敏锐的观察能力,就不可能使用有效的销售技巧。顾客为了从交易过程中获得尽可能多的利益,往往掩盖自己的某些真实意图。顾客的每一个行动背后,总有其特定的动机和目的。顾客在交易过程中也会或多或少地使用各种购买技巧。只有具备敏锐的观察能力,才能透过表象,看问题的实质。对汽车推销人员来讲,只有具备敏锐的观察能力,才能更好地了解销售环境,更多地寻找顾客,更好地掌握购买者的行为特征,进而开展有效的销售活动。

2. 记忆能力

记忆能力是指对经历过的事物能记住,并在需要时回忆起来的能力。汽车推销人员的工作繁杂,需要记住的东西很多,如顾客的姓名、职务、单位、电话、兴趣爱好,商品的性能、特点、价格、使用方法,对顾客的许诺、交易条件、洽谈时间、地点,交通工具、车船时刻等。如果汽车推销人员在客户面前表现出记忆不佳,客户会对他产生不信任感。这无疑会为销售工作设置障碍,影响工作效率。

记忆能力的好坏固然与天赋有很大关系,但更重要的是后天的训练。能否取得充分的记忆效果,很大程度上取决于记忆技巧和不断地自我训练。只要持之以恒,坚持不懈地训练,是能够提高记忆力的。

3. 思维能力

思维是人的理性认识活动,就是在表象、概念的基础上进行综合分析、判断、推理等认识活动的过程。汽车推销人员应具有的思维品质包括:思维的全面性,即能从不同角度看问题,如立体思维、多路思维;思维的深刻性,即能站得高,看得远,把问题的本质能看透;思维的批判性,即能不盲从,敢于坚持真理;思维的独立性,即能独立思考,不受干扰,不依赖现成的答案;思维的敏捷性,即能反应快,遇事当机立断;思维的逻辑性,即能考虑问题条理清楚,层次分明。

4. 交往能力

交往能力是指人们为了某种目的而运用语言或者非语言方式相互交换信息、实行人际交往的能力。汽车推销人员在工作中要与各种各样的人打交道,有效的交往,会密切自己与顾客的关系,增加获得信息的渠道,提高销售效率。

交往能力不是天生的,是在销售实践中逐步培养的。要培养高超的交往能力,汽车推销人员必须努力拓宽自己的知识面，做到天文地理、文韬武略都懂得一点；同时，要掌握必要的社交礼仪、礼节常识，如日常交往时、聚会时的礼貌、礼节等；汽车推销人员还应敢于交往，主动与人交往，不要封闭自己，应利用各种机会提高自己的社交能力。

5. 劝说能力

劝说是销售工作的核心。汽车推销人员应有良好的劝说能力，劝说能力的强弱是衡量汽车推销人员水平高低的一个重要标准。汽车推销人员要说服别人、说服顾客，不仅需要有较好的说话艺术，更重要的是要掌握正确的原则。其中最重要的原则就是“抓住顾客的切身利益，展开劝说工作”。也就是说，在销售商品的过程中，要重视对顾客切身利益的考虑，而不要把说服的重点放在夸耀自己的产品上。只有这样，顾客才会对所销售的产品产生兴趣，销售才会有成效。

6. 演示能力

在销售过程中，汽车推销人员要使顾客对所销售的产品感兴趣，就必须使他们清楚地认识到购买这种产品以后，会得到什么好处。因此，汽车推销人员不仅要在洽谈中向顾客介绍产品的具体优点，同时还必须向顾客证明产品确实具有这些优点。产品演示是向顾客证明产品优点的极好方法。熟练地演示所销售的产品，能够吸引顾客的注意力，使他们对产品直接产生兴趣，这是一种“活广告”。如果可能，应尽一切努力做好演示工作。如果所销售的产品是不能随身携带的，汽车推销人员可以借助宣传材料、目录或其他工具，向顾客宣传介绍所销售的产品。越来越多的产品信息，无法用语言准确地传递，而必须借助于产品演示。如果用语言准确地表述，专业性太强，汽车推销人员不一定能说清楚，顾客也难以理解，产品演示就会使这个介绍过程既准确又明了。产品演示是一项专业销售技术，要求汽车推销人员必须掌握要点，形成自己独特的技巧。

7. 核算能力

利用科学的方法和手段对销售工作绩效及销售计划执行情况进行必要的核算评估，是销售技术的重要组成部分。汽车推销人员必须有良好的核算能力，这是汽车推销人员提高工作效率的重要手段。通过核算，分析销售工作及业务的效果，并从中探索规律，总结经验教训，为进一步改进和制订新的销售计划作出科学决策。销售核算的内容很多，主要包括销售核算、利润核算及劳务核算等。

此外，销售工作还可以通过其他多种数量标准进行评估，如每日拜访次数、订车量、成交量、销售与拜访次数比、毛利、巡回时间等，这些数量标准都可以定量表示，很容易进行比较。

8. 应变能力

应变能力是指在遇到意想不到的情况时，能使自己在不利的形势下扭转局势，或在遇到突发事件时能处乱不惊，以自己的果断和果敢挽救可能出现或已出现的失误。这要求汽车推销人员应有灵活的头脑，能冷静、果断地处理问题。在销售活动中，销售方法必须随顾客的改变而改变，没有一种方法对任何顾客都是绝对有效的。销售的商品也不是一成不变的，企业的发展必然使经营范围不断扩大，需求的变化也导致产品的更新换代，销售应该不断适应这些变化。每次销售活动总是受各种因素的影响，如顾客态度和要求的变化，竞争者的加入，企业销售政策的变更，对方谈判人员及方式的更换等，这些变化往往会在销售进程中出现意想不到的曲折，销售人员对此必须采取灵活的应变措施，才能确保达到预定的目标。

任务三　汽车推销员的礼仪

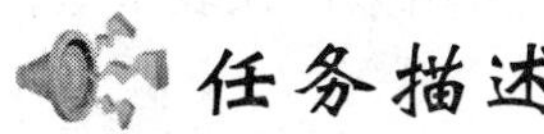

任务描述

现代推销学要求推销人员在推销商品前，先要推销自己。只要推销人员能够成功推销自己，给顾客留下良好的印象，让顾客愿意与自己接触，让顾客喜欢欣赏，推销工作可以达到事半功倍的效果。而要成功地推销自己，推销人员就必须注重推销礼仪的运用。

工作剖析

良好的个人形象向客户传递一种信息，即优质的产品与卓越的服务，而这种信息传递的结果就是顾客信任度的明显提升。推销过程中对礼仪的正确运用，不仅能塑造汽车推销员完美的个人形象，还会给顾客留下良好的第一印象，使推销员在一开始就赢得顾客的好感，帮助推销工作的完成。

工作载体

有一位汽车4S店人员几乎已经成功地说服了他的客户，可是当他们站到办公室的吧台前谈具体事宜时，他的站姿却坏了事：他歪歪斜斜地站在那里，一只脚还不停地点地，好像打拍子一样。这位客户觉得汽车4S店人员是在表示不耐烦和催促。于是，他就用“下一次再说吧”把这位汽车4S店人员打发走了。汽车4S店人员的不雅站姿，使得本该成功的交易一下子凝固了下来，这就是举止无礼的后果。

相关知识

汽车推销员的礼仪

汽车推销人员在与顾客交往时，给顾客的第一印象十分重要。第一印象一旦形成，便很难改变。对汽车推销人员来说，第一印象犹如生命一样重要。第一印象往往决定交易的成败，顾客一旦对其产生好感，自然也会对销售的产品有好感。如何把握与顾客初次见面的短暂时机，创造一个良好的第一印象呢？汽车推销人员的仪表、举止、谈吐等方面的表现就显得格外重要。

(一) 仪表礼仪

汽车推销人员在与顾客见面之初，顾客首先看到的是其仪表，如容貌和衣着等。汽车推销人员能否得到顾客的尊重、好感、承认和赞许，仪表起着重要的作用。要给人一个良好的第一印象，就必须从最基本的做起，首先要注意仪表给人的第一印象。

仪表不仅仅是汽车营销人员的外表形象问题，也是内在涵养的表现和反映，良好的形象是得体外表与丰富内涵的统一。当然，对汽车营销人员来说，注意仪表并不是非要穿戴什么名贵衣物不可，也不是要刻意讲究，一般只要做到朴素、整洁、自然、大方即可。

汽车推销员要定期理发，经常梳理，胡须要刮净，指甲要修剪，鼻毛应剪短，防止头皮屑的产生。要常洗澡，去除体臭，保持面部干净。总之，外貌整洁、干净、利落，会给人以仪表堂堂、精神焕发的印象。

对汽车推销员来说，衣服与饰物穿戴搭配得体的话，会给顾客留下美好的印象。汽车推销员的服饰应以稳重大方、整齐清爽、干净利落为标准，遵循T(时间)P(地点)O(场合)原则。首先要注意时代特点，体现时代精神；其次要注意个人性格特点；再次应符合自己的体形。具体要注意的方面很多，比如，无论是西装还是各种便服，在颜色、式样上要协调、得体，衣服干净、熨平，尽量不要把杂物、打火机等放入口袋，以免衣服变形。

对于饰品的佩戴，如项链、戒指、手镯、眼镜、皮带、打火机等，要符合自己的身份，不需要太多；女性汽车推销员尤其要注意，不要戴太多的饰品等。

(二) 举止礼仪

无论是在什么场合，汽车推销人员都要做到不卑不亢、不慌不忙、举止得体、有礼节。

如果去拜访顾客，进门前，先按门铃或轻敲门，站在离门稍远一点的地方等候，无人或未经主人允许，不要擅自进入室内。见到顾客时，要点头微笑致意。如果还有其他人在场，应主动表示问候或点头示意。在拜访过程中，不可随意动顾客的东西。汽车推销员应等顾客坐定后，方可坐下。坐下时，应坐在椅子上，身体稍往前倾。当顾客起身或离席时，应同时起立示意。站立时上身稳定，双手安放两侧，不要背手。顾客初次见面或告辞时，汽车推销人员应先向对方表示打扰的歉意，感谢对方的交谈和指教，离开时应诚恳地表示“非常高兴能够认识您!”

另外，要养成良好的卫生习惯，克服各种不雅举止，避免出现下列问题：不停地眨眼；摸鼻子、抠鼻孔；眉梢上扬；折手指发出声音；咬嘴唇、舔嘴唇；搔头；挖耳；耸肩；吐舌头；脚不停地抖动或用脚敲击地面发出响声；不停地看表；面部表情给人不舒服的感觉，如太过严肃等；东张西望，不听顾客讲话；手足无措，将东西掉到地上等。

(三) 谈吐礼仪

作为一名汽车推销人员，说话清楚流利是最起码的要求，而要成为一名优秀的汽车推销员，必须掌握一些基本的交谈原则和技巧，遵守谈吐的基本礼仪。在拜访顾客或其他一些交际场合中，汽车推销人员与顾客交谈时态度要诚恳热情，措辞要恰当得体，语言要文雅谦恭，不含糊其辞、吞吞吐吐，不信口开河、出言不逊，要注意倾听，要给顾客说话的机会，“说三分，听七分”，这些都是交谈的基本原则。具体要注意以下几个方面：说话音量要适当，要注意交谈时的眼神及动作，交谈中要给对方说话机会，以及要注意对方的禁忌。

(四) 日常交往礼仪

1. 遵守时间，不得失约

这是汽车推销员在与顾客交往中极为重要的礼节。应严格按照约定的时间准时赴约，迟到或过早都不好。特殊情况迟到，应表示歉意。尽量不要失约，失约是非常失礼的行为。

2. 介绍礼仪

介绍是销售交际中常见的环节，介绍的礼节是通往交际大门的钥匙，是社交场合中相互了解的基本方式，它包括为他人作介绍或相互之间的自我介绍。

为他人作介绍时，有一个基本原则，即应该受到特别尊重的一方有优先了解权。因此，为他人介绍的先后顺序应当是：先向身份高者介绍身份低者；先向年长者介绍年幼者，先向女士介绍男士等。汽车推销人员使用自我介绍的情况较多。自我介绍一般包括姓名、职业、单位、籍贯、经历、年龄、特长和兴趣等内容。汽车推销人员与顾客初次见面，为使谈话很快进入正题，介绍前三项就足够了。

3. 握手礼仪

握手是社交场合中运用最多的一种礼节。汽车推销人员与顾客初次见面，经过介绍后或介绍的同时，握手会拉近汽车推销人员与顾客间的距离。但握手是有讲究的，不加注意就会给顾客留下不懂礼貌的印象。

一般情况下，握一下即可，不必用力。握手的顺序应由主人、年长者、身份高者、女士先伸手。汽车推销人员在与顾客握手时，要主动热情、自然大方、面带微笑，双目要注视顾客，切不可斜视或低着头，可根据场合，一边握手，一边寒暄致意，如"××您好"、"谢谢"、"再见"等等。对年长者和有身份的顾客，应双手握住对方的手，稍稍欠身，以表敬意。

4. 电话礼仪

电话是汽车推销员与顾客交往中常用的工具，汽车推销员应最大限度地利用电话。在使用电话时应注重礼节。首先，要注意自己讲话的音量和音质，尽量给人以愉快的感觉，要饱含感情，不能与对方争吵。其次，打电话的关键是要掌握如何说、怎么说、说些什么，这里面是有学问的。打电话要牢记"5WIH"，即 When(什么时候)，Who(对象是谁)，Where(什么地点)，What(说什么事情)，Why(为什么)，How(如何说)。电话拨通后，要简洁地把话说完，尽可能省时省事，否则易让顾客产生厌恶感，影响通话的质量甚至与顾客的关系。

5. 名片使用礼仪

名片是汽车推销人员必备的一种常用交际工具。汽车推销人员在和顾客面谈时，递给顾客一张名片，不仅是很好的自我介绍，而且与顾客建立了联系。这种方式既方便又体面，但不能滥用，要讲究一定的礼仪。否则，会给人留下草率、马虎的印象。

一般来说，汽车推销人员初次见到顾客，首先要以亲切的态度打招呼，并报上自己的公司名称，然后将名片递给对方。名片夹应放在西装上衣的口袋里，而不应从裤子口袋里掏出。递、接名片时最好用双手，或右手递，左手接。递名片时，名片的正面应对着对方，名字向着顾客，最好拿名片的下端，让顾客易于接。接过对方的名片后，应认真看一遍，然后放入口袋或公事包里。在接过名片时，要面带微笑。

综上所述，汽车推销员的礼仪与推销效果有着密切的联系，推销员只有时刻注意自己的仪表、举止、谈吐以及日常交际的要求，才能保证推销活动有个良好的开端并顺利进行。

工作回顾

汽车推销礼仪涉及汽车推销员的仪表、举止、谈吐以及与顾客的日常交往等多方面。

(1) 汽车推销员的仪表应以朴素、整洁、自然、大方为标准，以 TPO 原则为穿衣指导，力求通过令人乐于接受的仪表给顾客留下良好的第一印象。

(2) 汽车推销员的举止要做到不卑不亢、不慌不忙、举止得体、有礼节。

(3) 汽车推销员与顾客交谈时态度要诚恳热情，措辞要准确得体，语言要文雅谦恭，不含糊其辞、吞吞吐吐，不信口开河、出言不逊，要注意倾听等等。

(4) 汽车推销员与顾客在日常交往时应注意的礼仪也很多,这些规范会使顾客对汽车推销员产生好感,帮助推销工作的进行。

工作实施步骤

(一) 工作要求

在某一场合,根据推销礼仪要求选择汽车推销员适合的服装搭配。

(二) 工作实施的步骤

(1) 根据 TPO 原则,确定时间、地点和场合。

(2) 从这三方面考虑,选择合适的服装搭配。

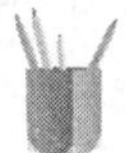

思考与训练

(1) 汽车推销员应具有哪些基本的仪表礼仪?

(2) 在与顾客接触过程中,汽车推销员应注意哪些举止和谈吐方面的礼仪?

(3) 日常交往中,汽车推销员应注意哪些礼仪?

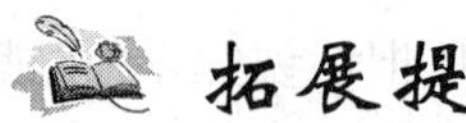

西装的穿着礼仪

西装是男士的正装、礼服。在大多数社交活动中,男子都穿西装。西装可分工作用的西装、礼服用的西装、休闲西装等。对一般人来说,同样一套西装装配上不同衬衫、领带,差不多就可以每天穿着并应付多数的交际活动了。在各种类别的服装中,男子穿西装的讲究最多,因此,下面着重介绍一下这方面的常识。

1. 西装款式与场合

现在男子常穿的西装有两大类,一类是平驳领、圆角下摆的单排扣西装;另一类是枪驳领、方角下摆的双排扣西装。另外,西装还有套装(正装)和单件上装(简装)的区别。套装要求上下装面料、色彩一致,这种两件套西装再加上同色同料的背心(马甲)就成为三件套西装。套装如作正式交际场合的礼服用,色调应比较深,最好用毛料制作。在半正式交际场合,如在办公室参加一般性的会见,可穿色调比较浅一些的西装。在非正式场合,如外出游玩、购物等,最好是穿单件的上装,配以其他色调和面料的裤子。

2. 西装穿着要领

穿双排扣的西装一般应将纽扣都扣上。穿单排扣的西装,如是两粒扣的只扣上面的一粒,三粒扣的则扣中间的一粒。在一些非正式场合,可以不扣纽扣。穿西装时衬衫袖口一定要扣上。西装的驳领上通常有一只扣眼,这叫插花眼,是参加婚礼、葬礼或出席盛大宴会、典礼时用来插鲜花用的。在我国,人们一般无此习惯。西装的衣袋和裤袋里,不宜放太多的东西,最好将东西放在西装左右两侧的内袋里。西装的左胸外面有个口袋,这是用来插手帕用的,起装饰作用,在此胸袋里不宜插钢笔或放置其他东西。

3. 西装与衬衫

穿西装时，衬衫袖应比西装袖长出1～2厘米，衬衫领应高出西装领1厘米左右。衬衫下摆必须扎进裤内。若不系领带，衬衫的领口应敞开。在正式交际场合，衬衫的颜色最好是白色的。

4. 西装与领带

领带是西装的灵魂。凡是参加正式交际活动，穿西装就应系领带。领带长度以到皮带扣处为宜。如穿马甲或毛衣时，领带应放在它们后面。领带夹一般夹在衬衫的第四、五个纽扣之间。

5. 西装与鞋袜

穿西装时不宜穿布鞋、凉鞋或旅游鞋。庄重的西装要配深褐色或黑色的皮鞋。袜子的颜色应比西装深一些，花色要尽可能朴素大方。

女子的西式服装样式、花色繁多。不仅如此，即使许多男式服装女子也可以穿用，如夹克衫、牛仔装等等。按传统要求，在正式的交际场合，女子一般应穿礼服。但现在多数西方国家对女子的穿着要求并不十分严格，在一般的交际场合女子可穿各式各样的裙子，在正式一点的场合则穿西服套裙。

项目三

汽车推销心理

项目理解

任务一：汽车推销人员一般是向某一特定的顾客推销特定的汽车产品或服务。在汽车推销人员与顾客的接触和交往中，双方都会对对方产生一定的印象和看法，形成各自独特的心理状态。因此，对于汽车推销人员来说，既要了解自己，更要了解顾客；既要了解自己的企业和汽车产品，更要了解顾客心理活动的规律，这样才能自觉运用相关的推销理论和适当的推销模式，增强推销工作的科学性。

任务二：汽车推销过程中，汽车推销人员主要面对的是顾客，怎样才能够说服顾客来购买自己的产品，这需要一定的工作技巧。但是任何有关的推销技巧都是建立在掌握了顾客的购买心理基础之上的。

任务三：推销方格理论认为，推销员在进行推销工作时，心里应该有两个目标：一是完成销售任务，把产品卖出去；二是与顾客建立良好的人际关系，以便日后开展业务活动。在具体的汽车推销活动中，推销人员追求以上两个目标的心理态度就构成了推销方格。

任务一　汽车推销心理概述

任务描述

汽车推销过程中推销员和顾客错综复杂的心理表现都是由双方的心理特征决定的，汽车推销心理是指汽车推销活动中的客观现实在汽车推销员与顾客头脑中的反映。

工作剖析

对于汽车推销人员来说，既要了解自己，更要了解顾客；既要了解自己的企业和汽车产品，更要了解顾客心理活动的规律，这样才能自觉运用相关的推销理论和适当的推销模式，增强推销工作的科学性。把握好这些心理活动的规律和特征，有助于推销员有针对性地、创造性地开展推销工作，顺利地完成推销任务，实现企业的经营目标。

工作载体

某品牌汽车推销员小张正在推销A、B两款车型，而此时他想卖出A款车，因此他在跟顾客王先生交谈时这样说：

"您看这两款车你喜欢哪款呢？现在A款车只剩这一台了，并且前两天已经被人看上了，要我替他留着，因此你还是看看B款车吧，其实这款也是很不错的。"

顾客王先生当然两款车都要看，而推销员的话在王先生心中留下深刻的印象，产生了一种"A款车已经被人订购，肯定不错"的感觉，相比之下，他就觉得B款车不如A款车。最后，顾客王先生带着几分遗憾走了。

过了几天汽车推销员小张带着喜悦的心情给顾客王先生打电话，告诉他："你现在可以买到A款车了，你真是很幸运，正巧以前订购A款车的顾客资金一时周转不过来，我劝他不如暂缓购车，我那天看你对A款车有意，就特地给你留下来了。"

听到这话，顾客王先生当然也很庆幸自己的运气。因此，双方很快就达成交易。

相关知识

一、推销心理概念

推销心理是指推销活动中的客观现实在推销员与顾客头脑中的反映。在推销活动中，推销员和顾客对客观现实的反映各不相同，从而形成不同的心理现象。把握好这些心理活动的规律和特征，有助于推销员有针对性地、创造性地开展推销工作，顺利地完成推销任务，实现企业的经营目标。

二、汽车推销心理特征

汽车推销过程中推销员和顾客错综复杂的心理表现都是由双方的心理特征决定的，汽车推销心理具有互动性、趋同性、差异性和不对等性。

(一) 互动性

汽车推销过程是推销员和顾客双向沟通协商的过程，彼此的心理是相互影响、相互制约的。各自不同的心理表现，都会给对方的心理带来微妙的影响，并影响到推销结果。所以，在汽车推销活动中，了解推销心理的互动性，对企业和推销员来说非常重要。在实际汽车推销中，要求企业和推销员不能自顾自地进行推销工作。比如，有时推销员过分热情会对顾客产生较大的心理压力，从而导致推销的失败；有时推销员过于疏远又会使推销员无法顺利地实现推销目标。推销心理的互动性要求汽车推销员在推销工作中要用自己的热情去鼓舞顾客，用自己的知识去说服顾客，用自己的信心去感染顾客，同时能准确地分析顾客的各种行为表现及其反映的心理信息。

(二) 趋同性

推销心理的表现千差万别、各不相同，但又是有规律可循的，我们可以从各自不同的推销心理表现中找出其共性，从而找出其内在的规律，即趋同性。比如，顾客的性格在籍贯上表现出一定的趋同性，南方的顾客性格普遍较为含蓄、精细，北方的顾客性格普遍较为直率、粗犷。另外，在社区消费中，推销心理也具有较强的趋同性。推销心理的趋同性要求汽车推销员能够正确运用顾客的共性有效地展开工作。

(三) 差异性

推销心理具有趋同性，同时也具有差异性，这主要是汽车推销员和顾客的个体差异造成的。汽车推销员和顾客在不同的自然和社会环境中形成了不同的心理特征，对客观现实的反映就有着各自不同的认识，这主要体现为年龄、性别、文化、宗教、民族和地域等方面的差异。比如，在汽车推销活动中，年轻人接受新产品较快，老年人接受新产品较慢。特别是对于时尚和流行的产品，这种心理差异就更大。在消费心理上，中国人在购买家庭用车时往往喜欢一些三厢的轿车，不喜欢两厢的轿车，认为两厢的车有头无尾寓意不好；而欧洲一些国家的人在购买轿车的时候却非常喜欢购买两厢的车辆。推销心理的差异性要求汽车推销员在工作中根据具体的顾客来进行推销，并树立"推销无定式"的理念。

(四) 不对等性

推销心理的不对等性主要表现为推销员和顾客在信息交流过程中的心理表现的不对等性。虽然推销员与顾客在推销活动中存在互动，但由于个性、环境、时机和观念等的差异，彼此的心理表现出不对等性。例如，在有科技含量的新商品的推销中，推销员通过各种方式来教育、引导顾客，但许多顾客却一时难以接受。

三、汽车推销人员心理

推销员是指从事商品、服务推销工作的人员。汽车推销员是推销汽车商品的专业人士，是销售前线的职员，有如战场上的士兵，其功能是推销汽车产品及服务等。汽车推销员心理是指推销活动在推销员头脑中的反映。在汽车推销活动中，推销员面对顾客，表现出各种各样的心理活动和现象。汽车推销员的职业心理，对推销工作有着非常重要的影响，其与顾客心理共同构成了推销活动双向互动的整体过程。

(一) 汽车推销员的心理素质

良好的心理素质，能使汽车推销员准确地发现或协助买主发现其真正的需求，并设法证实推销的汽车产品符合买主的需求，促使买主接受推销产品，化解买主不急于购买的心理，运用能引起买主注意和兴趣的方法，促使买主作出购买决定，所以推销员的心理素质是决定推销成败至关重要的因素。汽车推销员的心理素质主要表现在容忍力、毅力、幽默感等方面。

容忍是一种宽容忍耐的心理。人所能承受的心理负荷是有一定限度的，当外界刺激，即心理冲击超过一定限度时，会产生心理突变，这个原理就是著名的"心理容量原理"。心理容量是一个变量。容忍，就是心理容量的扩大，正如俗话讲的"虚怀若谷"、"宰相肚里能撑船"。能忍受挫折的打击，或承受超过一定限度的外界刺激，仍保持个人心理活动正常的适应能力，叫做挫折容忍力强。扩大其心理容量，提高其挫折容忍力，则能保持容忍大度。如在日本被誉为"推销之神"的原一平为了一笔大交易，曾在 4 年内拜访同一顾客 70 多次，每次都被一老人挡驾。后来，他了解到那位老人就是他要拜访的这家公司的总经理。他忍住了心中的愤怒，重新拜访，终于感动了这位目标顾客，达到了创纪录的推销成果。

毅力，是一种坚强持久的意志。一个有毅力的人，为了达到预定目标，在执行决定的前进道路上，不论遇到什么艰难险阻，都能始终百折不挠、坚定不移。

幽默又叫诙谐，它能使人超脱、生气勃勃，具有影响力。幽默感在人际交往中往往是打破僵局、摆脱困境的润滑剂，具有出奇制胜的力量。

除此之外，推销员还应有与心理素质相关的业务素质，如敏锐的洞察力、丰富的市场知识、高超的社交能力及基本的法律知识等。

(二) 汽车推销员心理品质构成

1. 情感品质

情感是指人对客观事物是否符合其需要所产生的态度体验，是人脑对客观事物与人的需要之间关系的反映。构成推销员情感形态的基本因素有以下几种。

(1) 美感，是指人根据某种美的需要，对一定的客观事物进行评价所产生的情感，是对事物美的体验。美感总有直觉性，即物体的颜色、形状、线条以及声音等方面的特点在美感的产生中起重要作用。美感产生的源泉并不只限于事物的外部特点，最终起决定作用的是事物的内容。

(2) 理智感，是指人根据某种认识和追求真理的需要，对一定的客观事物所产生的情感。理智感是人在对客观世界的认识过程、科学探索和智力活动中产生的爱憎分明感。例如，人在认识客观世界、有感于发明创造时所产生的喜悦和愉快；在突然遇到与某些熟知的规律相矛盾的事实时所产生的疑惑、惊讶等。推销员在推销实践中必须具备理智感。

(3) 道德感，是指人们根据一定的社会道德需要和规范，评价自己或别人的言行时所产生的情感，是取决于人的行为、举止、思想、意图是否符合社会道德行为准则而产生的情绪体验。如果将“顾客是上帝”作为道德行为标准，推销员的道德感就是对顾客负责，对顾客有一种义务感、友谊感和责任感，并把这些道德准则贯穿于行为、举止、思想和意图之中，对顾客做到“问心无愧”，并从中体验到满意、喜悦、自豪的情感；反之，在没有为顾客尽到责任和义务时，也能体验到惭愧和内疚的情感，这就是推销员所具有的道德感。

2. 意志品质

意志是指为了实现预定目的而自觉努力的一种心理过程和行动过程，其品质具有积极的能动性和制约性。构成推销员意志品质的基本因素有以下几种。

(1) 自觉性，是指人们在行动中具有明确的目的性，并充分认识行动的社会意义，使自己的行动服从社会环境要求的品质。例如，推销员在推销活动中应自觉遵守各项纪律和职业操守等。

(2) 果断性，即具有很强的自信心，处事有胆有识，善于观察事物的变化，明辨是非，能毫不犹豫地执行决定。推销员在处理各种情况和突发事件时，要求能理性分析并迅速果断地作出决定。

(3) 坚毅性，即能够经受长期困难磨炼及心理和生理的紧张状态，遇到任何艰难险阻不气馁，遇到任何挫折不灰心。推销员在遇到困难和挫折时要不灰心、不气馁。

(4) 自制力，即能冷静地分析各种事物和情况，忍受委屈、痛苦乃至折磨和凌辱，而不放弃自己所追求的目标。推销员在面对不利于自己的情形时，仍能耐心、稳妥地处理各项事务。

3. 能力品质

能力品质是指直接影响人顺利有效完成活动的主观因素和个性心理特征。能力不仅是人的心理活动形成和发展的重要内部要素，而且是人得以顺利地完成各项实践活动必备的主观条件。

能力有一般能力和特殊能力之分。一般能力包括观察能力、记忆能力、注意能力、思维能力、想象能力、判断能力、表达能力等，这也是通常所说的智力；特殊能力，如色彩的鉴别能力等，它们只有在特殊活动领域中才发挥作用。一般能力和特殊能力有机地结合在一起，就构成了人的能力品质。推销员除了具备一般能力以外，为了适应推销工作，应特别强调观察能力、注意能力、表达能力等的培养。

(三) 汽车推销员的职业心理

1. 服务心理

为顾客服务、让顾客满意是现代营销观念的核心组成部分。汽车推销员的服务心理是指推销员在推销活动中以顾客为中心，根据顾客的需要，千方百计地为顾客提供各种良好服务的指导思想。汽车推销员的服务心理是顾客的客观要求，是增强企业竞争力的重要手段，是提高经济效益的重要途径。推销员要提供全方位服务，作为第一线的推销员，直接面对顾客，其言谈举止、服务态度和质量直接体现了社会文明程度和企业形象，所以推销员需要加强服务心理的培养和锻炼，通过运用服务艺术来实现个人乃至企业的销售目标。

2. 交际心理

汽车推销员的工作就是与顾客打交道，没有一定的交际能力是寸步难行的。推销员在与顾客沟通的过程中，应注意商业礼仪，注重顾客管理，增强公关能力，才能通过高质量的服务得到社会的认同，为企业带来效益，为企业树立形象，所以推销员合乎要求的交际心理是推销过程中必不可少的。

3. 宽容心理

汽车推销员在推销活动中难免会遇到一些推销异议。推销异议的存在并不可怕，它是一种必然现象，是顾客对商品感兴趣的指示剂，是企业改进市场营销工作的催化剂。这时，作为汽车推销员应冷静、宽容地对待这些推销异议，避免矛盾扩大化。因为顾客是企业的衣食父母，所以现代企业纷纷推出“顾客至上”、“顾客是上帝”、“顾客永远是正确的”等口号。就汽车推销员而言，更应该树立宽容心理，克服个人情绪，最大限度地满足顾客的需求，以期更好地实现企业的销售目标。

现代汽车产品的推销要求推销人员承担更多的职责，从而要求推销人员要具有更优良的素质。如何使自己成为一个具备优秀心理素质的推销人员，以承受社会和企业的重托与厚望，这是每一个推销人员或即将成为推销人员的人都要认真思考的问题。

工作回顾

(1) 推销心理的概念。

(2) 汽车推销心理的特征、汽车推销人员的心理素质以及职业心理。

工作实施步骤

(一) 工作要求

根据以下案例所反映的内容来回答相关问题。

(二) 工作实施的步骤

某天，一个顾客在宜家注意到它的收银台处放着一个大桶，里面装着雨伞，这些雨伞比人们常用的要大，足足可以为三个人遮风挡雨，颜色鲜艳，是宜家的标准色蓝与黄，上面还有一个大大的宜家标志。其做工精良，结实的布面、钢骨和舒适的木头手柄——正是那种下雨时人们所需要的雨伞。

雨伞的旁边挂着一个小牌子：

宜家雨伞

晴天——10 美元

雨天——3 美元

看到这里，你也许会不由得暗自为宜家叫好。

下雨天人们才需要雨伞，按照常识，聪明的零售商会将雨伞涨价，以获得更高的利润。但是宜家更聪明，他们希望你在需要的时候能够享受这把大伞所带来的方便，从而记得并告诉别人这把雨伞不同寻常的低价。他们希望你能将这把宜家伞与你所购的物品一起带回家，以常常记得宜家。此举就是反常理而为之，为你的顾客提供超低价的及时服务，你的短期销售收入也许会稍微少一点儿，但长期的营业收入却会不断地增长！

归根结底，他们希望，至少你会再次光顾宜家。有他们如此悉心的照顾，你当然会再次光顾！

请同学们问问自己：我的顾客“下雨时”会受到什么伤害(汽车抛锚、需要紧急救援)？他们是否愿意为你所提供的特殊的应急服务付出更高价格？在我们面临眼前利益和长远利益矛盾的时候，我们选择了什么呢？为客户做了什么呢？我们是小得大失还是小失大得？

思考与训练

(1) 汽车推销心理有哪些特征？具有哪些特点？

(2) 什么是汽车推销人员的职业心理？

任务二 顾客的购买心理

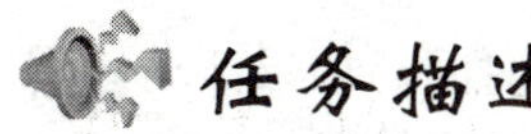

任务描述

在汽车推销过程中，汽车推销人员面对的主要是顾客，怎样才能够说服顾客来购买自己的产品？这需要一定的工作技巧。但是任何有关的工作技巧，都是建立在抓住了顾客的购买心理的基础之上的。

工作剖析

顾客的购买过程是指顾客从产生某种购买欲望到最终完成购买行为的全部过程。在这个过程中，顾客的心理活动是逐渐展开的，其表现又是多样的。

工作载体

加德纳正准备把他的汽车开进车库。由于近来天气很冷，斜坡结了厚厚的一层冰，给汽车驾驶带来了一定的困难。这时候，一位懂礼貌的过路人顺势走过来帮忙，他又打手势又指方向，帮着使汽车顺利地绕过了门柱。他又过来问加德纳："你有拖绳吗?"加德纳回答说："没有。"然后加德纳又补充道："可能没有。不过，我一直想买一条，但总是没有时间。是否你的汽车坏了?"过路人回答说："不是的，我的车没有坏，但我可以给你提供一条尼龙拖绳。经实验，它的拉力是五吨。"这个过路人的问话即刻引起了加德纳的注意，并且使他意识到他确实需要一条拖绳。

相关知识

一、顾客的购买动机

为什么有的人愿意买昂贵的名牌轿车，而有的人即使腰缠万贯也爱买普通的轿车？为什么有的人即便一字不识也要买精装的全套经典名著？这取决于他们的购买动机。他们是出于一种什么样的心理而产生选购此类而非他类商品的动机呢？

(一) 动机的概念

动机就是激发和维持个体进行活动，并导致该活动朝向某一目标的心理倾向或动力，也就是直接推动个体进行活动的内部驱动力。作为活动的一种动力，动机具有以下三种功能。

1. 激发功能

动机能激发机体产生某种活动。有动机的机体对某些刺激，特别是当这些刺激和当前的动机有关时，其反应更易受激发。例如，饥饿者对与食物有关的刺激、干渴者对与水有关的刺激反应特别敏感，易激起觅食或觅水活动。

2. 指向功能

动机使机体的活动针对一定的目标或对象。例如，在成就动机的支配下，人们可以放弃舒适的生活条件而到艰苦的地方去工作。动机不同，人们活动的方向和所追求的目标也不同。

3. 维持和调节功能

当活动发生以后，动机维持着这种活动，并调节着活动的强度和持续时间。如果活动达到了目标，动机促使机体终止这种活动。如果活动尚未达到目标，动机将驱使机体维持(或加强)这种活动，或转换活动方向以达到某种目标。

在具体的活动中，动机的上述功能的表现是很复杂的。不同的动机可以通过相同的活动表现出来。不同的活动也可能由相同或相似的动机支配，并且人的一种活动还可以由多种动机支配。例如，学生按时复习功课、完成作业的活动，其学习动机可能是不同的：有的可能是理解到自己肩负的责任，有的可能是想考取好学校，有的可能是出于个人的物质要求，有的可能是怕老师的检查和父母的责骂等。又如，成就动机可以促使学生在不同的学习领域(学习、文娱、体育等)进行积极的活动。因此，在考察人的行为活动时，必须先揭示其动机，才能对其行为作出准确的判断。

（二）动机的产生

动机作为人的一切行动的内在直接原因，是在需要的基础上产生的。动机的产生必须具备两个条件：一是有一定强度的需要，二是具有满足需要的目标和诱因。当需要处于萌芽状态，在客观上也缺乏满足的目标或诱因条件出现时，需要才能转化为动机，成为个体活动的原因。比如夏天来临，有的女士想买裙子，但这仅仅是意念上的需要，只有当她看到理想的品牌、花色或款式时，这种对裙子的需要才变成购买动机。

（三）购买动机的分类

1. 一般购买动机

从顾客购买商品的原因和驱动力而言，顾客的购买动机可分为生理性购买动机和心理性购买动机两大类。

（1）生理性购买动机。生理性购买动机是指顾客由于生理本能的需要而产生的购买动机。顾客作为生物意义上的人，为了满足、维持、保护、延续、发展自身的生命，必然会产生激励其购买能满足其需要的商品动机，而这些动机多数是建立在生理需要的基础上的。在这类动机的驱使下，顾客的消费行为个体之间差异较小，具有明显、简单、稳定、重复的特点，比较容易实现。如市场上常见的支付能力弱的顾客群体，其购买一般都投向基本生活资料，优先满足生理上的需要。

（2）心理性购买动机。心理性购买动机是指顾客由于心理需要而产生的购买动机。它主要是由后天的社会或精神需要所引起，是消费者除本能以外，为满足、维持社会生活，进行社会生产和社会交际，在社会实践中实现自身价值等需要而产生的各种购买动机。心理性购买动机较之生理性购买动机更为复杂多变。对于个体而言，生理性购买动机在实现的途径、达到满足的程度上有较大的差异。

2. 具体购买动机

实际购买活动中，顾客购买商品的心理活动是非常复杂的，其需要和欲望是多方面的，因而形成了形形色色的具体购买动机。研究顾客的具体购买动机，有助于营业员掌握顾客购买行为的内在规律性，并采取有效的措施加以引导。具体购买动机有以下这些：

（1）求实购买动机。求实购买动机是以追求使用价值为主要目的的购买动机。具有这种购买动机的顾客特别注重商品的实际效用、功能和质量，讲求经济实惠和经济耐用，而不太注重商品的外观。这类购买动机在顾客群中最具普遍性和代表性。

（2）求新购买动机。求新购买动机以追求商品的新颖、奇特、时尚为主。具有这种购买动机的顾客特别重视商品的款式、颜色、造型是否符合时尚或与众不同，而不太注重商品的实用程度和价格高低。

（3）求美购买动机。求美购买动机是以追求商品的艺术价值和欣赏价值为主要目标的购买动机。具有这种购买动机的顾客特别重视商品本身的色彩美、造型美、艺术美，以及对人体的美化作用，对环境的装饰作用，对人的精神生活的陶冶作用，而对商品本身的实用价值不太重视。

（4）求名购买动机。求名购买动机是以追求名牌商品、高档商品或仰慕某种传统商品的名望为主要购买目的的购买动机。具有这种购买动机的顾客特别注重商品的商标、品牌、档次及象征意义，而不太重视商品的使用价值。

（5）求廉购买动机。求廉购买动机是以追求商品价格低廉，希望以较少的货币获得较多物质利益为主要目的的购买动机。其核心是“经济”和“节俭”，他们大都“货比三家”，以求价格上的最惠。具有这种购买动机的顾客特别注重商品的价格，对价格的变化反应格外敏感，对处理价、优惠价、特价、折扣价的商品特别感兴趣。求廉购买动机是一种较为普遍的购买动机。

(6) 自我表现购买动机。也称为炫耀购买动机，是以显示自己身份、地位、威望和财富为主要目的的购买动机。其核心是“自我表现”，具有这种购买动机的顾客特别重视商品的影响和象征意义，以显示其富裕的生活、特殊的地位、超群的能力。

(7) 好胜购买动机。也称为攀比购买动机，是以争强好胜或与他人攀比并胜过他人为主要目的的购买动机，其核心是“争赢”和“比较”。具有这种购买动机的顾客并不是为了满足某种急切的需要才购买某种商品，而是为了赶上并超过他人，达到心理上的平衡和满足。这种购买动机受外界示范等因素的影响，而购买的内在因素(如需要、购买能力)反而居于次要地位。

(8) 惠顾购买动机。惠顾购买动机是以表示信任、感谢为主要目的的购买动机。顾客由于某些原因对特定商店、特定商品品牌或对某些营销人员产生特殊的好感、信任，从而习惯地、重复地光顾某一商店，或反复地、习惯地购买某一品牌的商品，成为企业最忠实的支持者。

(9) 偏爱购买动机。偏爱购买动机是以满足个人某种特殊偏爱为主要目的的购买动机。这类顾客的购买动机大多是由于生活习惯和业余爱好，如爱养花、爱集邮、爱古玩等。具有这类购买动机的顾客往往比较理智，购物指向比较强，具有经常性、持续性的特点。

(10) 求方便购买动机。求方便购买动机是以追求购买过程的方便、快捷、省时为主要目的的购买动机。具有这类购买动机的顾客时间、效率观念很强，希望尽可能简单、迅速地完成交易过程，不能容忍繁琐的手续和长时间的等候，但对商品本身却不太挑剔。

(四) 顾客购买动机的诱导

1. 诱导的含义

诱导是指推销员针对顾客购买主导动机的指向，运用各种方法和手段，向顾客提供商品信息资料，对商品进行说明，使顾客购买动机得到强化，对该商品产生喜欢倾向，进而采取购买行为的过程。顾客购买动机的可诱导性为商业企业扩大商品销售提供了可能，推销员的诱导可促使顾客的心理倾向于购买，有利于帮助实现销售。

在实际购买过程中，顾客的购买行为大都是在各种各样的购买动机共同驱使下进行的，是各种动机总和作用的结果。顾客所具有的各种购买动机既有主导性的动机，又有辅助性的动机；既有明显清晰的动机，又有隐藏模糊的动机；既有稳定的动机，又有偶然的动机等。顾客的购买行为就是在这种有意识和无意识购买动机总和的驱动下进行的。动机总和有两种基本方式。第一种是方向一致的动机总和，即多个购买动机方向一致，共同作用于促进购买性，它可以使顾客产生更为强大的推动购买商品的心理力量，强化购买行为。第二种是方向相反的动机总和，方向相反的动机总和对购买行为的作用表现为两个方面：一是方向相反的动机总和作用不平衡，占上风的大致决定购买行为；二是方向相反的动机总和作用平衡，外力的加入能决定顾客的购买行为。由此可见，在关键时刻给顾客加上倾向购买的力，可以强化顾客购买动机，使其采取购买行为，即顾客购买动机具有可诱导性。

2. 诱导顾客购买的方式

推销员运用顾客购买动机的可诱导性对顾客购买动机进行诱导时，必须遵守职业道德，并遵循顾客至上、灵活多样的原则，采取科学的诱导方式，强化顾客购买动机。主要的诱导方式有以下几种：

(1) 证明性诱导。具体包括实证诱导、证据诱导和论证诱导。

实证诱导就是在购物现场向顾客提供实物证明的方法，如汽车试乘试驾等。

证据诱导就是向顾客提供间接使用效用证据的方法，如向顾客提供已使用过该商品的顾客的资料，作为诱导顾客产生购买动机的证据。

论证诱导就是以口语化的理论说明取得顾客信任的方法，如介绍汽车商品的组成、生产工艺、性能、使用方法等。

(2) 转化性诱导。在买卖交往中，有可能出现针锋相对的局面，使买卖陷入僵局，这时就需要通过转化诱导，缓解矛盾，缓和气氛，重新引起顾客的兴趣，使无望购买行为转变为现实购买行为。常用的转化性诱导方法有：先肯定再陈述，如先肯定顾客言之有理，使顾客从心理上得到满足，然后再婉言陈述自己的意见，以求得较好的诱导效果；转移话题，如面对顾客提出的一些难以回答的问题，可采取转换话题，分散顾客注意力的方法，间接地诱导顾客的购买动机；拖延解答，如遇到顾客提出的问题无法回答得准确、圆满时，先让顾客看商品说明书以拖延时间，给顾客充分、自由考虑的余地，以便产生诱导效果。

(3) 建议性诱导。建议性诱导是指在证明性诱导或转化性诱导成功后，不失时机地向顾客提出购买建议，达到扩大销售的目的。对顾客进行建议性诱导的关键，是抓住提供建议的时机并提供与顾客需要相一致的建议内容。

二、顾客购买过程的心理分析

(一) 顾客购买过程的心理活动

顾客的购买过程是指顾客从产生某种购买欲望到最终完成购买行为的全部过程。在这个过程中，顾客的心理活动是逐渐展开的，其表现又是多样的。在消费的过程中，虽然顾客的购买动机不同，购买商品的种类、数量不同，所耗费的时间和精力不同，但顾客在购买过程中的心理状态一般都表现为注意、兴趣、联想、欲望、比较、信任、行动、满意等 8 个发展阶段。

1. 注意

注意是心理活动对一定事物的指向和集中。例如，顾客经过汽车 4S 店门口，被展厅中陈列的汽车吸引，然后进入到汽车 4S 店里面，询问汽车销售人员关于汽车的有关信息资料。注意的产生有客观原因和主观原因。客观原因是刺激物的特点，如商店中鲜明突出的广告和装饰，新颖的商品包装，响亮的兜售吆喝，变化多端的商品功能展示等，作为刺激物都会引起顾客的注意。引起顾客注意的主观原因是人对当前事物的态度、心境、兴趣、需要、经验、世界观等。如一般顾客有意把注意力集中在物美价廉的商品上，高档豪华的商品和不想买的商品都不会成为注意中心。顾客对商品和购物环境的观察、感知、思考、记忆等的认识过程，都有一个注意或不注意的问题。即顾客是聚精会神地对于想购买的商品进行观察、聆听、分析、比较、认识，还是漫不经心地浏览商品、溜达闲逛，这就是注意状态不同的体现。要充分调动顾客的注意，激发顾客的购买欲，才能实现商品的销售。

2. 兴趣

兴趣是人们力求认识某种事物或爱好某种活动的倾向。在购买活动中，注意和兴趣是两种密切相关的心理活动。顾客在注意某种商品的时候，会同时引发其他心理活动，如想象、比较、分析、判断等，并对某种商品作出如颜色、式样、味道、价格等方面的反馈，这就是引起了顾客的兴趣。这种兴趣进一步推动顾客积极地去了解该商品的有关知识，认识该商品的功能、实用价值及对自己、对社会的意义等。在了解的过程中，顾客若认为该商品的功能、价值能适合或满足自己在物质方面或精神方面的需要，这种兴趣就会进一步强化，并引起顾客愉快的情绪体验，情绪体验的深化则推动着顾客购买行为的发展。

3. 联想

联想是由一事物想到另一事物的心理活动过程。联想包括由当前感知的事物而想起另一个有关事物，如看到商店举办空调器展销，会想到夏天的到来。联想还包括由已经想起的一个事物而想起另一个事物，如想到夏季来临，自然又会想到需要购置纳凉用品。在购买活动中，联想是在顾客对某种商品发生了兴趣并有了一定的认识之后，对该商品进一步关注时发生的心理活动。此时，顾客面对该商品会想到过去所购买的类似商品的使用情况，或者会想到购买此商品会引起什么样的后果，如购买空调器会使家人度过一个凉爽的夏季。通过联想，顾客往往会突破时空限制，获得更丰富的有关商品的知识，引发更强烈的情绪体验。联想可以看作是唤起和强化顾客购买欲望的媒介，营业员应善于运用各种手段激发顾客的联想，促成其购买行为。

例如，一位汽车推销员对顾客说："请好好想一想，有了这辆车作为你的代步工具，你就不用天天再去挤公交车，想去哪儿的时候不用再去查该坐哪辆公交车和换乘哪辆公交车，不必在担心回家晚了没有公交车可乘，周末的时候一家人可以开车一起去野外郊游。"这位推销人员就是在调动顾客的联想这一种基本心理活动。

4. 欲望

欲望是人想得到某种东西的要求，即渴望满足而未被满足的需求。在购买过程中，随着顾客联想的深化，顾客购买商品的欲望就会随着对该商品的认识及个人情绪的变化由潜伏状态转入活动状态，真正地起到推动顾客购买过程的作用。在这个时候，顾客购买欲望的现实性已十分明显，即想要购买。

5. 比较和判断

比较就是辨别两种或两种以上的事物的异同或优劣。判断就是运用概念或个体的知识、经验对事物的存在或它的某些属性进行肯定或否定判断的思维过程。比较是判断的基础和条件，而判断则是表达比较的结果。面对琳琅满目的商品，顾客在产生购买某种商品的欲望之后，根据自己的观察或营业员的介绍，就开始在心中对这种商品的特征、功能、外观、质量、价格等方面作出比较、权衡，如某辆车的颜色、款式是否能体现出自己的风格，还有没有比这款更适合的，顾客对汽车产品的鉴别都是通过比较这一过程去完成的。通过比较，顾客要对这种商品的质量、功能、价格等基本属性表示肯定或否定的倾向性，作出判断，为最终的购买抉择提供依据。比较和判断是顾客购买决策的前奏，对顾客购买与否起着决定性的作用。在比较判断阶段，顾客有可能会出现犹豫不决，此时就是推销员为顾客作出咨询建议的最佳时机。推销员应适时地提供一些意见给顾客，帮助他作参考。

6. 信任

信任即因相信而敢于托付，是与人对某一事物的肯定性判断伴随而来的一种情感体现。在购买过程中，顾客通过多方面的比较，对商品的特性有了较好的把握，确定了自己对某种产品的肯定程度，从而也就选定了自己所要购买的对象。如果顾客认定的选购对象正是自己想买的商品，或认定的选购对象能满足自己的消费欲望，体现出自己的喜好需求和价值观时，顾客就会对该商品产生信任，即愿意把自己的购买欲望的实现寄托在这种产品及售卖这一产品的经销商身上。

7. 行动

行动就是作出最终的选择。顾客确信经过比较，判断某一商品是自己所必需的，并对这一产品产生信任时，就会果断地作出购买的决定，并迅速实施购买行为。对汽车推销员来说就是“成交”，在此阶段应注意把握好顾客的购买时机。

8. 满意

满意是外在事物满足人的某种需要时，人所产生和表现出来的一种愉快的情绪体验。满意的程度是和需要得以满足的程度相联系的。在购买过程中，顾客买到了称心如意的汽车产品，或是在购买过程中享受到了良好的服务，顾客就会产生高兴、愉悦的情绪体验，即满意感。满意虽然是顾客在结束购买活动之后才表现出来的情绪体验，但它是服务质量的标志，是顾客购买活动成功的体现。具有满意情绪体验的顾客，大多会成为这一汽车4S店或这一汽车品牌的回头客。因此，汽车4S店的销售服务要努力为顾客创造满意的情绪体验，使顾客高兴而来，满意而归。

(二) 不同年龄顾客群体的购买心理特点

1. 少年儿童的购买心理特点

(1) 购买目标明确，购买迅速。少年儿童购买商品多由父母事前确定，决策的自主权十分有限，因此购买目标一般比较明确。加上少年儿童缺少商品知识和购买经验，识别、挑选商品的能力不强，所以对营业员推荐的商品较少有异议，购买比较迅速。

(2) 少年儿童更容易参照群体的影响。学龄前和学龄初期的儿童的购买需要往往是感觉型、感情性的，非常容易被诱导。在群体活动中，儿童会产生相互的比较，如“谁的玩具更好玩”、“谁有什么款式的运动鞋”等，并由此产生购买需要，要求家长为其购买同类、同一品牌、同一款式的商品。

(3) 选购商品具有较强的好奇心。少年儿童的心理活动水平处于较低的阶段，虽然已能进行简单的逻辑思维，但仍以直观、具体的形象思维为主，对商品的注意和兴趣一般是由商品的外观刺激引起的。因此，在选购商品时，有时不是以是否需要为出发点，而是取决于商品是否具有新奇、独特的吸引力。

(4) 购买商品具有依赖性。由于少年儿童没有独立的经济能力和购买能力，他们的购买行为几乎由父母包办，所以在购买商品时具有较强的依赖性。父母不但代替少年儿童进行购买，而且经常地将个人的偏好投入到购买决策中，忽略儿童本身对商品的好恶。

2. 青年的购买心理特点

(1) 追求时尚。青年人思想活跃，富于幻想，容易接受新事物，喜好猎奇，追求新颖和时尚。他们购买商品时容易受社会潮流的影响，求新、求美动机较为突出，求实用性则相对较淡薄。往往喜欢追逐乃至领导时尚潮流，往往是某些新产品(主要是青年人自己使用的各种消费品)的主要购买者。

(2) 追求个性化。随着个性逐渐成熟，青年人自我意识、独立意识加强了，有了他们自己的社会地位、职业、性格、志向、兴趣等，在各类活动中会有意无意地表现自己的个性，因此非常喜欢个性化的商品。他们喜欢在购买中体现自己的个性，喜欢标新立异，购买能反映自己个性的商品。例如，在服饰的选择和搭配上喜欢显示自己的独特眼光，喜欢选购和使用最新款的音像、通信产品等。

(3) 注重感情和直觉，冲动性购买较多。青年人虽然已有较强的思维能力、决策能力，但在购买活动中还是比较容易感情用事，凭一时的好感而迅速作出购买决策，而对产品的内在品质或功能的实用性欠缺周密的考虑。

3. 中年人的购买心理特点

(1) 购买过程理智性强，冲动性小。中年人阅历广泛，生活经验丰富，情绪反应一般比较平稳，多以理性支配自己的行动，感情用事的情况相对较少。因此，在购买过程中即使遇到别人的推介、劝诱或其他外界因素的影响，也不易感情用事，而是冷静地比较、分析、判断、挑选，使自己的购买行为尽量合理可行。

(2) 购买计划性强。中年人大都是家庭经济的主要承担者，有较丰富的购买经验，在消费上比较理智、计划性强、讲究实际，极少冲动和感情用事，在购买行为中不易受周围群体的影响。

(3) 购买商品实用化。由于中年人上有老下有小，家庭生活负担较重，因此他们一方面要顾及全家现实的消费需要，另一方面又要为将来打算，如子女教育、自己的养老等，因而他们有较高的储蓄倾向，有勤俭持家、精打细算、量入为出的消费习惯，在购买时求实心理较重，往往更注重物美价廉。他们在挑选商品时更注重商品内在的品质和价格，其次才考虑款式、色彩等。他们对新的事物的热情通常不如青年人高。

4. 老年人的购买心理特点

(1) 习惯性购买心理强。老年人积累了多年的购买经验，对某商品印象深刻，形成了反复购买使用的习惯，且不易改变。老年人易留恋过去的生活方式，对消费有一定的怀旧心理，对老商标和老企业比较偏爱。老年人一般对新商品的使用趋于保守，他们习惯于购买过去曾经使用过、认为不错的商品，习惯去老商店买东西。他们在购买时总是不假思索地按照习惯行事，很难被推销员所诱导。

(2) 老年人消费理性强。对商品的经济实惠、使用方便、安全可靠及使用舒适十分看重。老年人听力、视力、平衡力、反应的敏捷性、智力、体力等都下降了，这些生理变化使得消费心理也发生了变化。他们一般不愿意购买复杂的产品，也不注重产品的漂亮和时尚，而更看重质量和价格因素，很少冲动性购买。

(3) 要求服务周到方便。老年人行动不便，心理也脆弱，因而要求购买时能获得良好的协助和照顾。如他们希望购买场所交通方便、商品标价和说明清晰明了，服务热情、周到、耐心。老年人挑选商品和询问有关商品的信息往往比较仔细，要求营业员耐心等候、及时给予解答。应该注意到，随着社会的发展和生活方式的逐步改变，具有新的消费观念和生活方式的老年消费群体正在形成和发展。

三、顾客的购买行为

(一) 顾客购买行为的含义

顾客购买行为就是指人们为了满足个人、家庭的生活需要或者企业为了满足生产的需要，购买产品或服务时所表现出来的各种行为。

顾客购买行为具有动态性、互动性、多样性、易变性、冲动性、交易性等特点。严格地说，顾客购买行为由一系列环节组成，即顾客购买行为来源于系统的购买决策过程，并受到内外多种因素的影响。顾客购买行为的复杂多变，对销售人员提出了更多、更高的挑战。对于优秀的销售人员来说，掌握顾客购买决策过程及了解影响顾客作出购买决策的多方面因素至关重要。

(二) 影响顾客购买行为的主要因素

1. 文化因素

文化是人类从生活实践中建立起来的价值观、道德、理想和其他有意义的象征的综合体。每个人都在一定的社会文化环境中成长，通过家庭和其他主要机构的社会化过程学到和形成了基本的文化观念。文化是决定人类欲望和行为的基本要素，文化的差异引起消费行为的差异，具体表现为服饰、饮食、起居、建筑风格、节日、礼仪等物质文化生活各个方面的不同特点。例如，中国人讲尊老爱幼，所以有了“再苦也不能苦孩子”的观念。这些观念也必然反映到消费上；讲孝道，一到过年过节，保健品特别畅销。

(1) 亚文化。每种文化都是由更小的亚文化组成的，亚文化为其成员带来更明显的认同感。

(2) 社会阶层。社会阶层是社会学家根据职业、收入来源、教育水平、价值观等对人们进行的一种社会分类，是按层次排列的、具有同质性和持久性的社会群体。同一阶层的成员具有类似的价值观、兴趣和行为，在消费行为上相互影响并趋于一致。

2. 社会因素

社会因素主要包括参照群体，即对个人的态度与行为有直接或间接影响的所有群体，主要有直接参照群体和间接参照群体。参照群体对消费者购买行为的影响主要有：

(1) 示范性。相关群体的消费行为和生活方式为消费者提供了可供选择的模式。

(2) 仿效性。相关群体的消费行为引起人们的仿效欲望，即影响人们的商品选择。

(3) 一致性。即由于仿效使消费行为趋于一致。

据研究，参照群体对汽车、摩托、服装、香烟、啤酒、食品和药品的购买行为影响较大，对家具、冰箱、杂志等影响较弱，对洗衣粉、收音机等几乎没影响。

3. 家庭因素

在这里，市场营销人员要研究的是家庭成员在购买决策中的地位。一般分为三种类型：一是丈夫支配型，二是妻子支配型，三是共同支配型。随着社会的进步，妇女就业增多，妻子在购买决策中的地位越来越高，尤其在中国，许多家庭已由丈夫支配型转变为妻子支配型。

4. 个人因素

个人因素包括年龄与人生阶段、职业、经济状况、个性、生活方式等。例如，各个年龄段的消费者所需要的商品是不一样的，小时候只能吃婴儿食品，长大后吃各种各样的食品，老年后就得吃特殊食品。人们对住房、家具、家用电器的消费也是与年龄有关的。

5. 心理因素

心理因素包括：

(1) 动机。动机是一种上升到足够强度的需要，它能够及时引导人们去探求满足需要的目标。最流行的人类动机理论是马斯洛的需要层次论。

(2) 感觉。一个受激励的人会随时准备行动，但具体如何行动则取决于他对情景的感觉程度。

(3) 学习。学习，是指由于经验而引起的个人行为的改变。对营销人员来说，学习理论的价值就在于通过把产品与对消费者强烈的驱使力联系起来，利用刺激性的诱因并提供正面的强化手段，来建立消费者对产品的需要。

(4) 信念与态度。人们通过实践与学习获得了自己的信念与态度，信念与态度又反过来影响人们的购买行为。信念，是指一个人对某些事物所持有的描述性的思想。企业应关注人们头脑中对其产品所持有的信念，即本企业产品和品牌的形象。态度，是指一个人对某些事物或观念长期持有的好与坏的认识上的评价、情感感受和行动倾向。态度导致人们对某一事物产生或好或坏的感情。

(三) 购买决策过程

消费者在购买中一般经过5个阶段：确认需要、信息收集、方案评价、购买决策、购后行为。但并不是购买任何商品都经历这5个阶段，对价格低的产品，消费者会跳过某些阶段。例如，买一支牙膏，一般就用不着收集信息。

1. 确认需要

购买过程始于购买者对需要的确认。当购买者意识到自己的实际状态与期望状态之间存在差异，就会有需要的确认。这个需要可以由内部刺激引起，如饿了就要买东西吃；也可以由外部原因引起，例如某人路过面包房，香味就有可能刺激食欲。市场营销人员应确定激发某种需要的环境，制订相应的措施。

2. 信息收集

需要已经被激发的消费者，下一个步骤就可能是收集信息。市场营销人员最感兴趣的，是消费者所需信息的来源以及信息对购买决策的影响程度。一般信息来源分为4类：个人来源，包括家庭、朋友、邻居、熟人；商业来源，包括广告、推销员、经销商、包装、展览；公共来源，包括大众媒体、消费者评比机构；经验来源，包括产品的操作、检查与使用。一般来说，消费者收集信息的主要来源是商业来源，最有效的信息来源是个人来源。商业来源起告知作用，个人来源起认定和评价作用。营销人员除利用商业来源传播信息外，还要设法利用和刺激公共来源、个人来源和经验来源，以加强信息的影响力。

3. 方案评价

消费者在获得全面的信息后，会根据这些信息和一定的评价方法进行对同类产品的不同品牌进行评价。一般涉及3个方面。

(1) 产品属性。指产品所具有的能够满足消费者需要的特性。这些属性往往表现为属性的集合，如冰箱：制冷效率高、耗电少、噪音低、经久耐用。

(2) 品牌信念。指消费者对某品牌产品优劣程度的总的看法。每一品牌都有一些属性，消费者对每一属性的实际水准给予评价，然后将这些评价连贯起来，就构成他对该品牌产品优劣程度的总的看法，即他对该品牌产品的信念。

(3) 效用要求。指消费者对该品牌产品每一属性的效用应当达到何种水准的要求，或者说，该品牌产品每一属性的效用必须达到何种水准他才会接受。

明确了以上3个问题之后，消费者会有意无意地运用一些评价方法，对不同品牌的产品进行评价和选择。

4. 购买决策

消费者经过产品评估后，会形成一种购买意向，但不一定导致实际购买，从购买意向到实际购买还有一些因素介入，如他人态度、意外因素等。

5. 购后行为

消费者在购买后，会通过商品使用过程检验自己购买决策的正确性，确认满意度，作为以后购买活动的参考。

四、顾客购买行为类型

（一）按消费者对购买目标的选定划分

1. 全确定型

此类购买行为是指在购买商品前已有明确的购买目标，对商品名称、商标、型号、规格、样式、颜色以及价格幅度等都有明确的要求。采取这种购买行为的消费者进入商店后，一般都有目的地进行选择，并主动地提出需购商品以及对商品的各项要求，然后毫不迟疑地买下商品。其购买目标在购买行动与语言表达等方面都能鲜明地反映出来。

2. 确定型

确定型购买行为是指消费者在购买商品前已有大致的购买目标，但其具体要求还不甚明确，最后购买决定是经过比较、选择而完成的。例如，洗衣机是其计划购买的商品，但对购买什么牌子、型号、规格、式样尚未作出决定。持这种购买行为的购买主体，在进入商店后一般不能明确、清晰地提出所需商品的各项要求，实现购买目标需要经过较长的比较、评定才能完成。

3. 不确定型

这类购买行为在购买商品时没有明确的或坚定的购买目标，进入商店主要是参观，一般是漫无目的地观看商品，或随便了解一些商品信息，碰到感兴趣与合适的商品也会购买，否则不买商品就离去。

（二）按消费者对购买态度与要求划分

1. 习惯型

消费者对某种商品的态度，常取决于对商品的信念。信念可以建立在知识的基础上，也可以建立在信任的基础上。例如，保护身体安全的信念，满足情感需要的信念，值得信赖的信念，都能加深对某种商品的印象，形成一种习惯性态度，使之在需要时会不假思索地去购买，这就形成了购买行为的习惯性。属于此类行为的购买主体，往往根据过去的经验和使用习惯进行购买活动，或长期光临某商店，或长期使用某个厂牌、某个商标的商品，而很少受时尚风气的影响。

2. 理智型

此类消费者的购买行为以理智为主，感情色彩较少，往往根据自己的经验和对商品知识的了解，在采取购买行动前，注意收集商品的有关信息，了解市场行情，经过周密的分析和思考，做到对商品的特性心中有数；在购买商品时，主观性较强，不愿别人介入，受广告宣传以及售货员的介绍影响甚少，往往是购买者自己对商品作一番细致的检查、比较，反复地权衡各种利弊因素后，在不动声色中完成购买行为。

3. 感情型

这种购买行为兴奋性较强，情感体验深刻，想象力与联想力特别丰富，审美感比较灵敏。因此，购买主体在购买商品时容易受感情的影响，也容易受销售宣传的诱导，往往以商品品质是否符合其感情的需要来确定是否购买。

4. 冲动型

此类购买行为的消费者个性心理反应敏捷，客观刺激物容易引起心理的指向性变化，其心理反应速度比较快。这种个性特征反映到购买行为的实施时便呈现为冲动型。此类消费者易受商品外观质量和广告宣传的影响，以直观感觉为主，新产品、时尚产品对其吸引力较大。他们一般在接触到第一件合适产品时就想买下，而不愿作反复选择比较，因而能快捷地完成购买活动。

5. 经济型

此类购买行为的消费者，在选购商品时多从经济角度考虑，对商品的价格非常敏感。例如，有的依据价格的高昂来确定商品的优质，选购高档商品；有的从价格的低廉来评定商品的实惠，选购廉价商品。当然，价格选择的原因，很大程度与其经济条件和心理需要有关。

6. 疑虑型

具有这种购买行为的消费者具有内向性的心理特征，善于观察细小事物，行动谨慎、迟缓，体验深而疑心大；选购商品从不冒失仓促地作出决定，听取商品介绍和检查商品时，往往小心谨慎和疑虑重重；挑选商品的动作缓慢费时，还可能因犹豫不决而中断；购买时常常“三思而后行”，购买后还会疑心是否上当受骗。

7. 不定型

这种购买行为常发生于新购买者。他们缺乏购买经验，购买心理不稳定，往往是随意购买或奉命购买，在选购商品时大多没有自己的主见，表现出不知所措。有这类购买行为的消费者，一般都渴望得到如商品介绍等来自销售人员的帮助，且容易受到外界的影响。

(三) 按消费者在购买现场的情感反应划分

1. 沉着型

这种购买行为是指消费者神经反应过程平静而灵活性低，反应比较缓慢而沉着，因此环境变化的刺激对他们影响不大。这种购买行为的购买主体在购买活动中往往沉默寡言，情感不外露，举动不明显，购买态度持重，不愿谈与商品无关的话题，也不爱听幽默或玩笑式的话语。

2. 温顺型

有些人由于神经反应过程比较脆弱，在生理上不能忍受或大或小的神经紧张，对外界的刺激很少在外表上表现出来，但内心体验较持久。这种心理特征表现在购买行为上，一般称为温顺型。此类购买者在选购商品时往往遵从介绍作出购买决定，很少亲自重复检查商品的品质。这类购买行为对商品本身并不过分考虑，而更注重服务态度与服务质量。

3. 健谈型

有些人由于神经反应过程平静而灵活性高，能很快适应环境，但情感易变，兴趣广泛。这种心理特点表现在购买行为上就是健谈型或活泼型。这类购买行为的购买者在购买商品时，能很快地与人们接近，愿意交换对商品的意见，并富有幽默感，爱开玩笑，有时甚至谈得忘乎所以，而忘掉选购商品。

4. 反感型

此类消费者在个性心理特征上具有高度的情绪易感性，对于外界环境的细小变化都有警觉，显得性情怪僻，多愁善感；在购买过程中，往往不能忍受别人的多嘴多舌，对售货员的介绍异常警觉，抱有不信任的态度，甚至露出讥讽的神态。

5. 激动型

有的人由于具有强烈的兴奋过程和较弱的抑制过程，因而情绪易于激动，在言谈举止和表情神态上都有急躁的表现。这种心理特征表现在购买行为上，就是激动型或傲慢型。此类消费者选购商品时在言语表情上显得傲气十足，甚至用命令的口气提出要求，对商品质量和服务要求极高，稍有不合意就会发生争吵。

现实生活中，消费者的购买行为复杂多样，上述购买行为的划分只是其中的几种。即使在同类购买行为里，由于消费者的性别、年龄、职业、经济条件和心理素质等方面不同，以及购买环境、购买方式、商品类别、供求状况、服务质量等方面的不同，都会出现购买行为的差异。所以，营销人员只有结合现实的具体情况，尽可能把握消费者对商品的心理反应，晓之以理，动之以情，才能促成购买行为的实现。

工作回顾

(1) 顾客的购买动机。

(2) 顾客购买过程的心理分析。

(3) 顾客的购买行为及其类型。

工作实施步骤

(一) 工作要求

根据以下案例所反映的内容来回答相关问题。

(二) 工作实施的步骤

某服装企业在为老年人提供服装时采用了以下一些营销措施：

1. 在广告宣传策略上，着重宣传产品的大方实用，易洗易脱，轻便、宽松。

2. 在媒体的选择上，主要是电视和报刊杂志。

3. 在信息沟通的方式方法上主要是介绍、提示、理性说服，而力求避免炫耀性、夸张性广告，不邀请名人明星。

4. 在促销手段上，主要是价格折扣、展销会。

5. 在销售现场，生产厂商派出中年促销人员，为老年消费者提供热情周到的服务，为他们详细介绍商品的特点和用途，若有需要，就送货上门。

6. 在销售渠道的选择上，主要选择大商场，靠近居民区，并设立了老年专柜或老年商店。

7. 在产品的款式、价格、面料的选择上分别采用了以庄重、淡雅民族性为主，以中低档价格为主，以轻薄、柔软为主，适当地配以福、寿等喜庆寓意的图案。

8. 在老年顾客的接待上，厂家再三要求销售人员在接待过程中要不徐不疾，以介绍质量可靠、方便健康、经济实用为主，在介绍品牌、包装时注意顾客的神色、身体语言，适可而止，不硬性推销。

某一天，在该厂设立的老年服装店里来了大约四五位消费者，从他们亲密无间的关系上可以推测出这是一家子，并可能是专为老爷子来买衣服的。老爷子手拉一个十来岁的孩子，面色红润、气定神闲，怡然自得地走在前面，后面是一对中年夫妇。中年妇女转了一圈，很快就选中了一件较高档的上装，要老爷子试穿；可老爷子不愿意，理由是价格太高、款式太新；中年男子说反正是我们出钱，你管他价钱高不高呢。可老爷子并不领情，脸色也有点难看。营业员见状，连忙说，老爷子你可真是好福气，儿孙如此孝顺，你就别难为他们了。小男孩也摇着老人的手说好的好的，就买这件好了。老爷子说小孩子懂什么好坏。但脸上已露出了笑容。营业员见此情景，很快将衣服包扎好，交给了中年妇女，一家人高高兴兴地走出了店门。

经过这8个方面的努力，该厂家生产的老年服装很快被老年消费者所接受，销售量急剧上升，企业得到了很好的经济效益。

请就以下问题作一分析：

(1) 上述这8个方面措施体现了老年消费者怎样的消费心理和购买行为，企业这样做的营销依据是什么？老年人与青年人、妇女等在消费心理、购买行为上有什么区别？这样的心理和行为是怎样形成的？

(2) 请分析这户人家不同的购买角色和营业员的销售技巧。

思考与训练

(1) 顾客购买动机有哪些分类？

(2) 简述一下顾客购买行为过程的心理分析。

(3) 影响顾客购买行为的因素有哪些？

任务三 推销方格理论

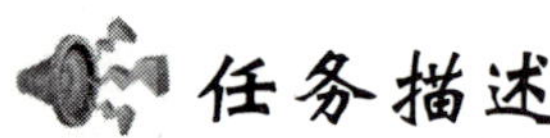

任务描述

推销方格理论体现了推销人员和顾客之间的人际关系和买卖关系，推销人员和顾客在整个活动过程中都有着各种各样的心理活动，形成各自不同的心理状态。

工作剖析

推销方格理论可以帮助推销员更清楚地认识到自己的推销能力，更深入地了解自己的推销对象，掌握顾客的心理特征。

工作载体

美国著名管理学家罗伯特·布莱克(Roben R. Blake)教授和简·蒙顿(Janes Monton)教授于1964年提出管理方格(Managerial Grid)理论，而后于1970年将这种理论具体应用于推销领域，形成了一种新的推销技术理论，即推销方格(Sale Grid)理论。在西方国家，这种理论被看作是推销学基本理论的一大突破，被广泛地运用于实际推销工作中，并取得了显著成效。推销方格理论以行为科学为基础，着重研究和剖析推销人员与顾客之间的人际关系和买卖心态。推销方格分为推销人员方格和顾客方格，分别研究推销活动过程中推销人员和顾客的心理状态。掌握和运用推销方格理论，对于推销人员准确分析自己的心理活动对工作的影响，克服缺点，提高推销能力，准确把握顾客的心理特征类型，有针对性地开展工作，与之建立良好的合作关系，把握推销主动权，提高推销工作效率，都具有积极的作用。

相关知识

推销是一种复杂的社会活动，是推销员与顾客交往的过程。推销人员和顾客在整个活动过程中都有着各种各样的心理活动，形成各自不同的心理状态。不同的推销心态往往会带来不同的推销效果。许多学者在大量推销实践过程中总结出了其中的规律性，形成了推销理论。美国管理学家罗伯特·R·D布莱克教授和J·S·蒙顿教授曾以“管理方格理论”而蜚声经济学界。在此基础上，他们研究了推销人员和顾客之间的人际关系和买卖关系，提出了“推销方格理论(Sales Grid)”，这是推销学基础理论的突破之一。

一、推销人员方格

推销方格理论认为，推销员在进行推销工作时，心里应该有两个目标：一是完成销售任务，把产品卖出去；二是与顾客建立良好的人际关系，以便日后开展业务活动。在具体的推销活动中，推销人员追求两种目标的心理态度就构成了推销方格。

布莱克和蒙顿用一个平面坐标系中的第一象限的图形来表示，如图3-1所示。纵坐标表示推销员对顾客的关心程度，横坐标表示推销人员对完成推销任务的关心程度。两个坐标标值为从1到9。坐标值越大，表示关心程度越高。每一个方格交点就代表一种推销员的心理态度或推销风格，其中(1,1)，(9,1)，(1,9)，(5,5)，(9,9)分别是5种典型的推销方格。

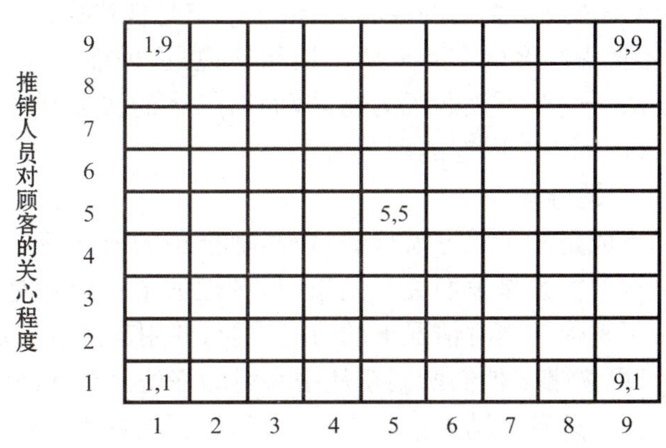

图3-1　推销人员方格

(一) (1,1)型，事不关己型

(1,1)型推销员对推销成功与否及顾客感受的关心程度都是最低的。事不关己型的推销员对本职工作缺乏责任心，没有明确的工作目标，缺乏成就感。他们的想法是：我只要把产品摆在顾客面前，要买就买，不买便罢，该卖的自然能卖出去，用不着我费力。他们对顾客的实际需要漠不关心，对企业的推销业绩也毫不在乎，其推销工作自然也不会有什么成就。究其原因，也许是主观上不愿做推销工作，当一天和尚撞一天钟，也许是客观上对工作不满意。

(二) (9,1)型,强行推销型

(9,1)型推销员认为：既然由我负责这一顾客,就应向其施加压力,硬性推销,迫使其购买。因此,他们为提高推销业绩,不惜采用多种手段,全然不顾顾客的心理状态和利益。强行推销是产生于第一次世界大战之后在美国的一种推销方式,推销员与顾客被形象地比喻为拳击台上的两个选手,推销员要坚决把顾客打倒。强行推销不但损害了顾客的利益,而且损害了企业的市场形象和产品信誉,导致企业的经济利益受损,也影响了推销行业的发展。例如,在我国市场经济发展初期,一些厂家和业务员并没有认识到这一点,并且一味追求经济效益,而忽略顾客利益的危害,继续着这种贻害深远的“一锤子买卖”。在此之后,强行推销被温和推销所代替。企业界和学术界达成共识：对顾客无益的交易也必然有损于推销员。

(三) (1,9)型,顾客导向型

持这种心态的推销员认为：我是顾客的朋友,我想了解他并对其感受和兴趣作出反应,他才会喜欢我,这种私人感情可促使他购买我的产品。他们可能是不错的人际关系专家,因为他们始终把与顾客处好关系放在第一位,但他们并不是成熟的推销员。因为在很多情况下,对顾客的百依百顺并不能换来交易的达成,这其实是强行推销的另一种表现。现代推销要求把顾客的利益和需要放在第一位,而不是把顾客的感受摆在首位。

(四) (5,5)型,推销技术导向型

持这种心理态度的推销员既关心推销效果,也关心顾客。他们往往有一套行之有效的推销战术,注重揣摩顾客的心理,并善于利用这种心理促成交易。他们可以凭经验和技术诱使顾客购买一些实际上并不需要的东西,因此,他们可能会有极佳的推销业绩。从现代推销学角度讲,这种推销人员可能是一位业绩卓著的成功者,但不一定是现代推销专家。他们往往只照顾了顾客的购买心理,而不考虑顾客的实际需要。换句话说,这种推销人员常常费尽心机,说服某些顾客高高兴兴地购买了一些不该购买的物品,而对顾客的实际利益重视不够。他们放在首位的是顾客的购买心理,而不是顾客的利益需要。

(五) (9,9)型,解决问题导向型

推销员把推销活动看成是满足双方需求的过程,把推销的成功建立在推销员与顾客双方需求的基础上。满足顾客的需要是他们关心的重点,辉煌的推销业绩是他们的目标。他们的宗旨是与顾客磋商以便了解他在当时情况下的所有需要,并用其产品满足顾客的需要,让顾客作出合理的购买决策,给顾客带来他们所期望从中获得的好处。在帮助顾客解决问题的同时,也完成了自己的推销任务。这种推销人员既了解自己,也了解顾客;既了解推销品,也了解顾客的真实需要。他们把自己的推销工作与顾客的实际需要结合起来,最大限度地满足顾客的实际需要,同时取得推销业绩。从现代推销学角度讲,这种推销人员是最理想的推销专家。这种推销的心理态度是最佳的推销心理态度。世界超级推销大师齐格勒说:“假如你鼓励顾客去买很多的商品只是为了自己可以多赚钱,那你就是一个沿街叫卖的小贩。假如你鼓励顾客购买很多商品的目的是为了顾客的利益,那你就是推销的‘行家’,同时你也从中得益。”事实正是如此。

二、顾客方格

用同样的方法也可以建立顾客方格(如图 3-2 所示)。

在购买活动中，顾客也至少有两个目标：一是在有利的购买条件下,购买合适的商品;二

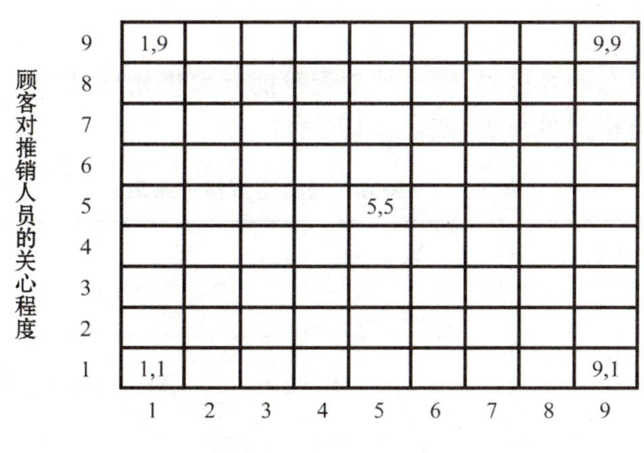

图 3-2　顾 客 方 格

是与推销人员建立良好的人际关系。顾客方格与推销员方格的图形是一样的。其中纵坐标表示顾客对推销人员的关心程度，横坐标表示顾客对购买的关心程度，坐标数值越大表示关心程度越高。五种类型的顾客风格如下所述。

(一) (1,1)型，漠不关心型

具有这种心态的顾客既不关心推销人员，对购买行为也不关心。原因之一是其没有购买决策权。

(二) (9,1)型，防卫型

防卫型又称购买利益导向型。他们只关心如何以更佳的条件购买商品，对推销人员不但不关心，反而极为反感，甚至敌视。这类顾客可能受传统观念的影响，认为"无商不奸"或者有过受骗上当的经历，认为推销员都是骗子。对待持这种心态的顾客，推销员应首先推销自己，消除对方的防范意识，然后再推销产品。

(三) (1,9)型，软心肠型

这是一类情感型的顾客。他们对推销人员极为关心，尤其体谅推销员的心情和处境。所以，他们也许只是因为推销员热情周到，或因为推销员辛苦工作受到感动而购买产品。软心肠型的顾客自然是所有推销员都希望碰到的。

(四) (5,5)型，干练型

顾名思义，这类顾客有商品知识和购买经验，在与推销员打交道时显得非常聪明，既考虑到自己的购买任务，又关心推销人员，非常合作。但干练型的顾客摆在首位的是在接受推销时显自己的知识、经验、聪明、公正、宽容等，而恰恰不是自己的真正需要，受个人的某种购买心理影响较大。

(五) (9,9)型，寻求答案型

这是最成熟的购买人。他们了解自身的需要，通过倾听推销员的推销介绍，分析问题所在，购买合适的产品或服务来满足自身的需要，解决存在的问题。他们的购买行为是理性的。

三、推销员方格与顾客方格的关系

推销方格理论可以帮助推销员更清楚地认识到自己的推销能力，更深入地了解自己的推销对象,掌握顾客的心理特征。

各种心态的推销员与顾客接触,哪一种搭配较能导致推销成功呢?布莱克与蒙顿教授给出了推销方格与顾客方格的关系表,如表3-1所示。

表3-1 推销方格与顾客方格关系表

	1,1	1,9	5,5	9,1	9,9
9,9	+	+	+	+	+
9,1	0	+	+	0	0
5,5	0	+	+	-	0
1,9	-	+	0	-	0
1,1	-	-	-	-	-

表中"+"符号表示完成推销任务的概率高;"-"表示不能完成推销任务;而"0"表示有可能顺利完成推销任务,也有可能达不成交易,需要结合其他条件进一步分析。

从表3-1中可以看出,(9,9)型心态的推销人员无论与哪种心态类型的顾客相遇,都会取得推销成功。因此,企业要想赢得广阔的市场,就应积极培养(9,9)型心态的推销人员。

推销人员能否协调好与顾客的关系,事关销售的成败;推销人员的销售心态和顾客的购买心态共同决定了销售的成败。

从现代推销学的角度看,趋向于(9,9)型的推销心态和比较成熟的购买心态结合较理想,推销活动的成功率较高。但这并不是说其他类型的推销心态和购买心态的搭配就不能取得理想的效果。在错综复杂、千变万化的推销活动中,没有哪一种推销心态对所有顾客都是有效的;同样,不同的购买心态对推销人员也有不同的要求。因此,成功推销的关键在于推销心态与购买心态是否吻合。由此可见,推销人员的销售活动能否成功,除了自身的努力以外,还要看顾客是否愿意配合、推销人员能否准确地把握顾客购买的心态等。如果推销专家遇到一位无论如何也不愿意购买推销品的顾客,即使他有再高明的推销技巧,也很难成功。相反,如果一位迁就顾客型的推销人员遇到一位软心肠型的顾客,双方都特别关心对方,尽管推销人员不算优秀,但他依然能够取得销售的成功。从推销人员的角度来看,推销人员越是趋向于问题解决型,其销售的能力就越强,达到销售的可能性就越大。因此,要成为一位出色的现代推销人员,健康的销售心态是不可缺少的。所以,推销人员应树立正确的销售态度,要加强培训与锻炼,调整与改善自己的销售心态,努力使自己成为一个能够帮助顾客解决问题的问题解决型推销人员。

正确把握销售心态与购买心态之间的关系是非常重要的。不同类型的推销人员遇到不同类型的顾客,应采取不同的销售策略,揣摩顾客的购买心态,及时调整自己。

工作回顾

(1) 推销人员方格理论。

(2) 顾客方格理论。

工作实施步骤

（一）工作要求

根据以下问题来完成推销方格的自我测验。

（二）工作实施的步骤

布莱克和蒙顿教授为了帮助推销员了解自己的心理态度和对顾客的心理态度有充分的认识，合编了一份推销方格试题，特供每一位推销员进行自我测验。

每题分 A 至 E 五个陈述语句。先将六个问题略看一遍然后逐题回答，将每题的五个陈述语句加以排列，将你认为最合适的陈述语句给 5 分，其次给 4 分，依此类推，最后对不合适的给 1 分。

推销方格自我测验题如下：

第一题

A. 我接受顾客的决定。

B. 我十分重视维持与顾客之间的良好关系。

C. 我善于寻找一个对客我双方均为可行的结果。

D. 我在任何困难的情况下都要找出一个结果来。

E. 我希望在双方相互了解和同意的基础上获得结果。

第二题

A. 我能够接受顾客的全部意见和各种态度，并且避免提出反对意见。

B. 我乐于接受顾客的各种意见和态度，更善于表达自己的意见和态度。

C. 当顾客的意见和态度与我的意见和态度发生分歧时，我就采取折中办法。

D. 我总是坚持自己的意见和态度。

E. 我愿意听取别人不同的意见和态度。我有自己独立的见解，但是当别人的意见更为完善时，我能改变自己原来的立场。

第三题

A. 我认为多一事不如少一事。

B. 我支持和鼓励别人做他们想做的事情。

C. 我善于提出积极的合理化建议，以利于事业的顺利进行。

D. 我了解自己的真实追求，并且要求别人也接受我的追求。

E. 我把全部精力倾注在我从事的事业之中，并且也热爱、关心别人的事业。

第四题

A. 当冲突发生的时候，我总是保持中立，并且尽量避免惹是生非。

B. 我总是千方百计避免发生冲突，万一出现冲突，我也会设法去消除冲突。

C. 当冲突发生的时候，我会尽力保持镇定，不抱成见，并且设法找出一个公平合理的解决方法。

D. 当冲突发生的时候，我会设法击败对方，赢得胜利。

E. 当冲突发生的时候，我会设法找出冲突的根源，并且有条不紊地寻求解决办法，消除冲突。

第五题

A. 为了保持中立,我很少被人激怒。

B. 为了避免个人情绪的干扰,我常常以温和友好的方法和态度来对待别人。

C. 当情绪紧张时,我就不知所措,无法承受更进一步的压力。

D. 当情绪不对劲时,我会尽力保护自己,抗拒外来的压力。

E. 当情绪不佳时,我会设法将它隐藏起来。

第六题

A. 我的幽默感常常让人觉得莫名其妙。

B. 我的幽默感主要是为了维持良好的人际关系,希望利用自己的幽默感来冲淡严肃的气氛。

C. 我希望我的幽默感具有一定的说服力,可以让别人接受我的意见。

D. 我的幽默感很难觉察。

E. 我的幽默感一针见血,别人很容易觉察到,即使在高度压力下,我仍然能够保持自己的幽默感。

在答完上述试题后,请将每一题里每个方案的得分填写在表3-2中的空格里,然后将纵行的分数相加,假若你对每题的A类陈述语句都排列很高,你便属于(1,1)型;假若你对每题的B类陈述语句都排列很高,你便属于(1,9)型,依此类推。下表可协助计算你的得分,将你的答案放在表中,然后加起来,每列总计最多30分,最少6分。从每列的总计来看,每位推销员或多或少都属于某一类型,若你在(1,1)方格得30分,而在(5,5)方格得20分,则表示你较接近(1,1)类型。

表3-2 心态测试表

	1,1型	1,9型	5,5型	9,1型	9,9型
第一题	A_1	B_1	C_1	D_1	E_1
第二题	A_2	B_2	C_2	D_2	E_2
第三题	A_3	B_3	C_3	D_3	E_3
第四题	A_4	B_4	C_4	D_4	E_4
第五题	A_5	B_5	C_5	D_5	E_5
第六题	A_6	B_6	C_6	D_6	E_6
总　分					

思考与训练

(1) 什么是推销人员方格?在推销活动中推销人员有哪几种典型的态度?

(2) 什么是顾客方格?在推销活动中顾客有哪几种典型的态度?

项目四

推 销 模 式

任务一　爱达模式
任务二　迪伯达模式
任务三　埃德帕模式
任务四　费比模式
任务五　吉姆模式

项目理解

推销模式是人们根据汽车产品或劳务推销过程中的特点及对顾客购买活动各阶段的心理演变应采取的对策进行总结所形成的一套程序化的标准形式。

任务一：爱达模式是世界著名的推销专家海因兹·姆·戈德曼在《推销技巧——怎样赢得顾客》一书中首次总结出来的推销公式，它被认为是国际成功的推销公式。

任务二：迪伯达模式是海因兹·姆·戈德曼根据自身推销经验总结出来的新公式，被认为是一种创造性的推销方法。

任务三：埃德帕模式是国际推销专家海英兹·姆·戈得曼(Heinz M. Goldmann)总结得五个推销步骤，根据自己的推销经验总结出来的迪伯达模式的简化形式。费比模式是由美国奥克拉荷马大学企业管理博士、台湾中兴大学商学院院长郭昆漠先生总结并推荐的推销模式。

任务四：费比模式是由美国奥克拉荷马大学企业管理博士、台湾中兴大学商学院院长郭昆漠先生总结并推荐的推销模式。

任务五：吉姆模式又称"GEM 模式"，吉姆基于英文单词推销品(Goods)、企业(Enterprise)、推销人员(Man)的第一个字母的组合 GEM 的译音。该模式旨在帮助培养推销人员的自信心，提高说服能力。

任务一　爱达模式

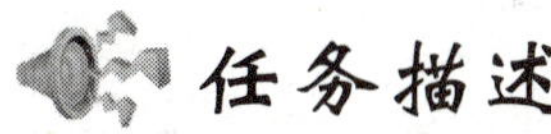

任务描述

叉车推销员问客户："您想减少厂内搬运材料的时间吗？""您想降低成本吗？"跟这个推销员谈话的那位客户是这个厂的经理，是工厂主管这一业务的负责人。长期以来，他一直在考虑这个问题，所以，他兴致勃勃地倾听着推销员的谈话，不时插上几句。如果推销员一开口就问客户是否对叉车感兴趣，那就不能引起客户的注意，他们之间的讨论也不会那么认真。

工作剖析

在推销活动中，要唤起顾客对推销品的有意注意，推销人员必须营造一个使顾客与推销品息息相关的推销环境，并让顾客感觉自己是被关注的中心，自己的需求和利益才是真正重要的，即在突出顾客地位的同时宣传了推销品。这样，就可以强化推销品对顾客的刺激，使顾客自然而然地将注意力从其他事情上转移到推销活动上来。

工作载体

一个钢化玻璃推销员身边总是带着一把榔头。在向顾客作示范时，他用榔头猛力敲打钢化玻璃。

一家跨国公司的推销员，为了向顾客证明他们公司生产的电子计算机的按键富有弹性、灵敏度高，用一根香烟触摸按键。

一个实心轮胎推销员，总是用锤子把一颗铁钉钉进轮胎中。

以上案例中，推销员为何在做推销时要带上榔头、香烟、锤子和钉子呢？其实这些东西只不过是推销的一个道具而已。一个成功的汽车推销员要善于吸引顾客的注意力，把顾客的注意力有效地转移到汽车推销产品上，引起其兴趣，刺激购买欲望，促使顾客采取购买行为，最后达成交易。

各小组讨论，推销员是运用什么方法成功推销商品的？你有什么启发和体会？

相关知识

一、爱达模式的含义

爱达模式是世界著名的推销专家海因兹·姆·戈德曼在《推销技巧——怎样赢得顾客》一书中首次总结出来的推销公式，它被认为是国际成功的推销公式。“爱达”是四个英文字母AIDA 的译音，也是四个英文单词的首字母：A 为 Attention，即(引起)注意；I 为 Interest，即(诱发)兴趣；D 为 Desire，即(刺激)欲望；最后一个字母 A 为 Action，即行动(促成购买)。它的具体含义是指一个成功的推销员必须把顾客的注意力吸引或转变到产品上，使顾客对推销人员所推销的产品产生兴趣，这样顾客欲望也就随之产生，而后再促使顾客采取购买行为，最后达成交易。

二、爱达模式对推销员的要求

爱达模式代表传统推销过程中的 4 个发展阶段，它们是相互关联、缺一不可的。应用爱达公式，对推销员的要求是：

(1) 设计好推销的开场白或引起顾客注意。

(2) 继续诱导顾客，想办法激发顾客的兴趣，有时采用“示范”这种方式也会很有效。

(3) 刺激顾客购买欲望时,重要的一点是要顾客相信,顾客想购买这种商品是因为他需要,而他需要的商品正是推销员向他推荐购买的商品。

(4) 购买决定由顾客自己作出最好,推销员只要不失时机地帮助顾客确认他的购买动机是正确的、他的购买决定是明智的选择,就已经基本完成了交易。

爱达模式的魅力在于"吸引注意、诱导兴趣和刺激购买欲望",3 个阶段充满了推销员的智慧和才华。

三、爱达模式具体操作实务

爱达模式比较适用于汽车展厅的推销,同时适用于一些易于携带的汽车用品与汽车衍生服务的上门推销,也适用于新推销人员以及首次接触顾客的推销。

(一) 引起顾客注意(Attention)

引起注意是指推销人员通过推销活动刺激顾客的感官,使顾客对推销人员和推销品有一个良好的感觉,把顾客的心理活动、精力、注意力等吸引到推销人员和推销品上来。通常人们的购买行为都是从注意开始的,因此,推销的第一步就是先要引起顾客的注意。顾客的注意分为有意注意和无意注意。推销人员一定要通过积极努力,强化刺激,唤起顾客的有意注意,使顾客愿意把注意力从其他事情转移到推销上来。

面对顾客开始推销时,推销员首先要引起顾客的注意,即要将顾客的注意力集中到"你所说的每一句话和你所做的每一个动作上"。有时,从表面上看,顾客显得很专注,其实顾客心里正想着其他的事情,推销员所做的努力注定是白忙活儿。推销人员要利用各种方法向顾客证实推销品的优越性,以此引起他们的购买兴趣。如何才能集中顾客的注意力呢?

1. 保持与顾客的目光接触

"眼睛"看着对方讲话,不只是一种礼貌,也是推销成功的要诀。让顾客从你的眼神中感受你的真诚。只要顾客注意了你的眼睛,他的整个心一定放在你身上。

2. 利用实物或证物

如果能随身携带样品,推销时一定要展示样品。在英国从事推销工作有 30 年经验的汤尼·亚当斯一次向一家电视公司推销一种仪器,仪器重 12 公斤,由于电梯发生故障,他背着仪器从一楼走到五楼。见了顾客,在寒暄之后,对顾客说:"你摸摸这台机器。"趁顾客伸手摸机器时,他把仪器交到顾客手中。顾客很惊讶"喔,好重!"亚当斯接口说:"这台机器很结实,经得起剧烈的晃动,比其他厂牌的仪器耐用 2 倍。"最后,亚当斯击败了竞争厂家。虽然竞争厂家的报价比他便宜 30%。

3. 让顾客参与推销过程

方法一是向顾客提问题,所问的问题要能使顾客容易回答、容易发挥,而不仅仅回答"是"或"不"。方法二是促使顾客做些简单的事情,如让顾客触摸汽车方向盘、坐到驾驶席上感受一下等。值得注意的是,要在很自然的情况下促使顾客做些简单的事情,让他们能体会到成功的喜悦。

(二) 唤起顾客兴趣(Interest)

唤起顾客兴趣是指唤起顾客对推销活动及推销品的兴趣,或者说是诱导顾客对推销的积极态度。兴趣与注意有着密切的关系。兴趣是在注意的基础上发展起来的,反过来又会强化注意。兴趣也与需要有密切的关系。顾客对推销的兴趣都是以他们各自的需要为前提的。因此，要很好地诱导顾客的兴趣，就必须深入分析顾客的各种需要，让顾客认识到购买所能带来的好处。

假如顾客能够满怀兴趣地听你的说明，无疑顾客一定是认同你所推销的商品或服务。而你的推销努力也向成功的目标迈进了一步。

推销时要选对顾客。一般来讲，主动前来问询的顾客对推销的产品已经有了需要，推销员亟须做的是强化顾客的需要，引起对产品的兴趣和认同。许多顾客的需要必须靠推销员自己发觉。发觉顾客需要的最好方法是向顾客问问题。

“唤起顾客兴趣”属于推销的第二个阶段，它与第一个阶段“引起顾客的注意”相互依存。先要集中顾客的注意力，才能引起顾客的兴趣；顾客有了兴趣，他的注意力将越来越集中。

(三) 激发顾客购买欲望(Desire)

激起顾客购买欲望是指推销人员通过推销活动的进行，在激起顾客对推销品的兴趣后使顾客产生对推销品强烈拥有的愿望，从而导致顾客产生购买的欲望。在推销过程中，刺激顾客的购买欲望可分为三个步骤进行。推销人员首先提出推销建议，在得到顾客反映之后，找到症结所在，然后有针对性地进行理由论证，多方诱导顾客的购买欲望，直至达成交易。

当顾客觉得购买产品所获得的利益大于所付出的费用时，顾客就会产生购买的欲望。推销员唯有具备丰富的产品知识和了解顾客的行业规矩及作业方式，才能在推销中成功地激发顾客的购买欲望。所谓“具备丰富的产品知识”，指的是对产品的各种特色有相当的了解。而“产品特色”的含义是：与同类产品相比，有明显不同的地方。

如何适当地把这些产品特色推销出去呢？先看看下列错误的示范：

推销员：在这台录音电话上有一个表示“收到信息”的红色指示灯。

顾客：嗯。

推销员：每当它收到信息的时候，红色指示灯马上亮灯显示。

顾客：嗯。

推销员：当你进入办公室时看到红色指示灯亮着，就马上知道有电话要回了。

顾客：嗯。

推销员：这可引起你的注意力，而不会忘了回答。

顾客：嗯。

推销员：如果是顾客打来的电话，你知道以后，马上回话，将会使顾客感到满意而不会抱怨。

顾客：嗯。

推销员：这样，你的信誉会越来越好，产品的销路会大开，利润会增加。

顾客：喔。

在这个例子中，顾客总是以“嗯”、“喔”应付推销员，显然，顾客对推销员所推销的产品特色没有很大的兴趣。推销员没有把握住4个步骤。

推销产品特色包括4个步骤：引出顾客的需要并确认；确认产品的特色，推销产品的特色；说明“产品的特色可以为顾客带来什么好处”；使顾客确认这些“好处”。

回头分析上述例子，把例子中的推销程序倒过来，即符合上述4个步骤，形成一个良好的“示范”：

推销员：像大部分的企业家一样，你一定珍惜现在所拥有的商誉，对吗？

顾客：对。(引出顾客的需要)

推销员：安索风录音电话能使你提供比同业更好的服务，它能使你迅速地回话给顾客，让顾客觉得受到尊重同时也维持了自己的商誉，你说对吧？

顾客：对。(确认顾客的需要)

推销员：这就是为什么这台录音电话装有"收到信息"的红色指示的主要目的。(确认产品的特色)红色指示灯能迅速地提醒你立刻处理顾客打来的电话，你的顾客一定会很欣赏你这种快速回话的作风。(推销产品的特色以及因产品特色而带来的好处)你一定会觉得这个红色指示灯很有用处，是不是？

顾客：是啊。(使顾客认同因产品特色而带来的好处)

在此例中，"红色指示灯"属于小的产品特色。如果推销过程不当，这种小的产品特色是很难发挥效果的。不过，只要推销过程依照着上述4步骤进行，小的产品特色一样有着相当可观的效果。

(四) 促成顾客购买行为(Action)

促成顾客购买行为是指推销人员要不失时机强化顾客的购买意识，培养顾客的购买意向，促使顾客最终产生购买行动。促成顾客购买行动是爱达模式的最后一个步骤，它是全部推销过程和推销努力的目标，也是对前3个目标的总结和收获。这一过程要求推销人员在推销活动中必须抓住机会，坚定顾客的购买信心。顾客从产生购买欲望，到采取购买行动，还需要推销人员运用一定的成交技巧来施加影响，以促成顾客尽快作出购买决策。

如何促使顾客采取购买行动呢？

1. 采取"假定顾客要买"的说话心态

这种心态常常在零售店里看到。

汤尼·亚当斯有一套新西装，但是缺少一条可以搭配的领带。他走进了一家服装饰品店准备选购领带。店里有一个玻璃柜台，柜台后站着一位年约18岁的少年。见到客人进来，少年说："先生，请问你想买什么？""我想买条领带，适配我那套蓝灰色的西装。"亚当斯回答说。"好的，"少年很有信心地表示："你在这里一定可以找到你喜欢的领带。"少年从柜台下面抽出三只木盒，木盒里放满了各式领带。放眼望去，一条条并列的领带煞是整齐好看。少年说："在你选领带以前，我想给你一个建议，选领带时，选择第一眼看去就喜欢的领带，不要想得太多，以为继续找下去可以找到更好的，结果，徒增困扰，下不了决心。"亚当斯看中一条丝质领带，颜色既不是纯黑的也不是纯蓝的，好像是夜晚的天空，混合着黑色和蓝色。领带上面还镶着许多斑点，像金孔雀的眼睛。

"这条不错。"亚当斯说。

"这条不错，"少年附和着，"很适合蓝灰色西服。"少年从亚当斯手中取回领带，小心翼翼地叠好，说："这条领带的价格是6英镑。"

亚当斯觉得太贵，一时竟犹豫起来，考虑"要不要买"？精致的包装袋吸引了亚当斯，从包装袋的质料上看，可以看出这是专门为高价产品设计的包装袋。禁不住"精致"的诱惑，亚当斯终于买下了那条"不错"的领带。

在这一事例中，少年采取了"假定顾客要买"的说话心态，这种心态使他说出来的话肯定有力，增强了客户对产品的信心，促使顾客采取购买行为。

2. 问些小问题

推销员可以问顾客"您需要多大排量""您喜欢什么颜色""下星期二提车可以吗"等。这些问题使顾客觉得容易回答，同时也逐步诱导顾客采取"购买"的行动，不要直接问顾客："您想不想买？"这会使多数顾客不知道如何回答，更不要说采取"购买"行动了。

3. 在小问题上提出多种可行的办法，让顾客自己作决定

如"您是全款还是分期付款？"

不论是运用第二种方法还是第三种法，结果都是一样的——让顾客说出喜欢的付款方式。所以这两种方法常交互运用。由下面的例子可以看出这两种方法被交互使用的情形。

这款车报价 888 000 元，优惠价格为 793 000 元，您是选择全款还是分期？如果分期，我们可以先给您算一个分期报价单，让您对月供及分期手续费等其他费用有个了解。分期首付最低 30%，可以选择贷款 1～3 年，一年以后提前还款无附加费用。

在此例中，推销员从来没有问过："您要不要买？"而是很有技巧地使用了第一种方法(采取假定顾客要买的说话心态)，以及第二、第三种方法。

4. 说一些"紧急情况"

如"下星期一，价格就涨了"、"只剩最后一辆了"，"紧急情况使顾客觉得要买就得快，不能拖延，使顾客及早采取购买"行动。

5. "说故事"

推销员可以把过去推销成功的事例当作"故事"说给顾客听，让顾客了解他的疑虑也曾是别人的疑虑。这个"别人"在买了产品、经过一段时间的使用之后，不再有所疑虑，而且还受益良多。"故事"能增加顾客对产品的信心和认同，进而采取"购买"行动。但是"故事"不能"凭空捏造"，要有根据——如顾客的感谢函或者传播媒体的赞誉等。

工作回顾

"爱达"是四个英文字母 AIDA 的译音，而 AIDA 是四个英文单词的首字母：A 为 Attention，即(引起)注意；I 为 Interest，即(诱发)兴趣；D 为 Desire，即(刺激)欲望；最后一个字母 A 为 Action，即行动(促成购买)。它的具体含义是指一个成功的推销员必须把顾客的注意力吸引或转移到产品上，使顾客对推销人员所推销的产品产生兴趣，这样顾客的欲望也就随之产生，而后再促使顾客采取购买行为，最后达成交易。

工作实施步骤

(一) 工作要求

根据以下案例所反映的内容来回答相关问题。

(二) 工作实施的步骤

推销员：您好，我是喜乐公司的王涛，我带来了一种新型的调料盒，您看，就是这种。

顾客：调料盒？我家有，不买！

推销员：那您的调料盒一定有好几件喽？

顾客：那当然。你看，这是花椒盒，这是味精盒，这是……

推销员：真不少，看来您对烹调很内行啊，光调料盒就排了这么一大溜，挺占地方吧？

顾客：为了吃得可口，没办法。

推销员：（开始示范产品）您看，这种调料盒，能分装十种调料，可以挂起来，对，就挂这。您看，既卫生，又好看，不占地方，使着特别方便，如果用它，您的厨房就更利索了。

顾客：是不错，多少钱？

推销员：5 元钱，一种调料盒仅 5 元钱，挺便宜的。

顾客：确实不贵。

推销员：那就把这套给您留下吧？

顾客：好，给你钱。

问题一：结合汽车推销模式的基本理论来分析推销员是如何运用爱达模式进行推销的。

问题二：运用爱达模式进行汽车推销时，关键是什么？

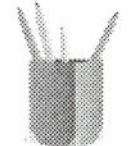

思考与训练

（1）简述爱达推销模式的基本步骤与适用范围。

（2）试讨论在运用爱达模式进行推销时如何激发对方的购买欲望。

（3）假如你要推销一种电暖热水袋。其特点是：① 加热只需 3～5 分钟即可；② 安全可靠，有特制充电接口，不会伤到人；③ 承压性好，不会破损；④ 不需换水，方便省事。你如何通过示范让客户感兴趣？

（4）针对某一具体汽车产品，分别设计爱达模式的推销工作方案。

任务二　迪伯达模式

任务描述

某手表生产商对一些手表零售商店的销售状况进行了调查，发现商店的售货员对推销该厂的手表不感兴趣，手表零售商的销售策略也有问题。厂方决定开办一所推销技术学校，并派出厂里的推销代表（包括萨姆纳·特伦顿在内），到各手表零售商店进行说服工作，目的是使他们对开办推销技术学校产生兴趣和积极配合，如安排人员参加学习等。特伦顿来到了一家钟表店，运用迪伯达模式对表店的负责人进行了成功的推销。下面是特伦顿与表店负责人迪尔的对话。

特伦顿：迪尔先生，我这次来这里的主要目的是想向你了解一下商店的销售情况。我能向你提几个简短的问题吗？

迪尔：可以。你想了解哪方面的情况？

特伦顿：你本人是一位出色的推销员……

迪尔：谢谢你的夸奖。

特伦顿：我说的是实话。只要看一看商店的经营状况，就知道你是一位出色的推销员。不过你的职员怎样？他们的销售业绩与你一样吗？

迪尔：我看还差一点，他们的销售成绩不太理想。

特伦顿：完全可以进一步提高他们的销售量，你说呢？

迪尔：对！他们的经验还不丰富，而且他们当中的一些人现在还很年轻。

特伦顿：我相信，你一定会尽一切可能帮助他们提高工作效率，掌握推销技术，对吗？

迪尔：对。但我们这个商店事情特别多，我整天忙得不可开交，这些，你是知道的。

特伦顿：当然，这是难免的。假如我们帮助你解决困难，为你们培训商店职员，你有什么想法？你是否愿意让你的职员学习和掌握怎样制订销售计划、赢得顾客、增加销售量、唤起顾客的购买兴趣、诱导顾客作出购买决定等技巧，使他们像你一样，成为出色的推销员？

迪尔：你们的想法太好了。谁不愿意有一个好的销售班子。不过如何实现你的计划？

特伦顿：迪尔先生，我们厂为你们这些零售商店的职员开办了一所推销技术学校，其目的就是训练这些职员掌握你希望他们掌握的技能。我们特别聘请了一些全国有名的推销学导师和高级推销工程师负责学校的培训工作。

迪尔：听起来很不错。但我怎样知道他们所学的东西正是我希望他们学的呢？

特伦顿：增加你的销售量符合我们的利益，也符合你的利益，这是其一。其二，在制订训练计划时，我们非常希望你能对我们的教学安排提出宝贵的意见和建议。

迪尔：我明白了。

特伦顿：给，迪尔先生，这是一份课程安排计划。我们把准备怎样为你培训更好的销售人员的一些设想都写在这份材料上了。你是否把材料看一下？

迪尔：好吧，把材料交给我吧。（特伦顿向迪尔介绍了计划）

特伦顿：我已经把你提的两条建议都记下来了。现在，你还有什么不明白的问题吗？

迪尔：没有了。

特伦顿：迪尔先生，你对我们这个计划有信心吗？

迪尔：有信心。办这所学校需要多少资金，需要我们分摊吗？

特伦顿：你只需要负担受训职员的交通、伙食、住宿费用。其他费用，包括教员的聘金、教学费用、教学工具等等，统统由我们包了。我们初步计算了一下，每培训一个推销员，你最多支付45英镑。为了培养出更好的推销员，花费45英镑还是值得的。你说呢？假如经过培训，每个受训职员的销售量只增加了5%的话，你很快就可以收回所支付的这笔费用了。

迪尔：这是实话。可是……

特伦顿：假如受训职员的推销水平只是你的一半……

迪尔：那就很不错了。

特伦顿：迪尔先生，我想你可以先派3个有发展前途的职员参加第一届训练班。这样，你就知道训练的效果如何了。

迪尔：我看还是先派两个吧。目前我们这里的工作也比较忙，不能多派了。

特伦顿：那也是。你准备先派哪两位去受训呢？

迪尔：我初步考虑派……，不过，我还不能最后决定。需要我马上作出决定吗？

特伦顿：不，你先考虑一下，下周一告诉我，好吗？我给你留两个名额。

迪尔：行，就这么办吧！

在以上案例中，推销员特伦顿是如何成功推销的？对我们有什么启发？

工作剖析

在推销过程中，推销人员必须先准确地发现顾客的需要和愿望，然后把它们与自己推销的商品联系起来。推销人员应向顾客证明，他所推销的商品符合顾客的需要和愿望，顾客确实需要该商品，并促使顾客接受。

工作载体

在某友谊商店里，一对外商夫妇对一只标价8万元的翡翠戒指很感兴趣，售货员作了介绍后说："某国总统夫人也曾对它爱不释手，只因价钱太贵，没买。"

这对夫妇听了此言，欣然买下。

试分析，这对外商夫妇为何会作出购买决定？推销员运用了什么推销策略？

相关知识

一、迪伯达模式

迪伯达模式是海因兹·姆·戈德曼根据自己的推销经验总结出来的新公式，被认为是一种创造性的推销方法。"迪伯达"是6个英文字母DIPADA的译音。这6个英文字母分别为6个英文单词Definition（发现）、Identification（认定）、Proof（证实）、Acceptance（接受）、Desire（欲望）、Action（行动）的首字母。它们表达了迪伯达模式的6个推销步骤。

二、迪伯达模式的操作步骤

（一）准确地发现(Definition)并指出顾客有哪些需要和愿望

在这一阶段，推销人员应围绕顾客的需要，探讨顾客需要解决的问题，而不要急于介绍推销品。这种做法体现了以顾客为中心的准则，最能引起顾客的兴趣，有利于制造融洽的推销气氛，有利于消除推销障碍。

从大量的推销实践来看，推销真正的障碍来自需要和愿望得不到满足。顾客的需要可能同时有许多种，既有明显的、可言说的，又有隐蔽的、不可言说的。特别是组织购买者，有两个层次的主体，一个是组织本身，一个是组织的个人代表。顾客的一些隐蔽的需求和愿望，需要推销人员去挖掘、去求证；多个需要都要考虑到，尽量同时满足。

准确发现、界定顾客的需要和愿望，是说服和有效推销的基础和保证。否则，洽谈将陷入无效的讨论陷阱之中。

（二）把顾客的需要与要推销的产品之间的关联加以认定(Identification)

费比模式的前三个步骤Feature、Advantage、Benefit是这个工作阶段的很好诠释。在发现并指出了顾客的需要后，再向顾客介绍推销品，并把推销品与顾客需要联系起来，这样就能很自然地引起顾客的兴趣。一般多采用利益推销法，紧紧围绕产品给顾客带来的利益，展开推销劝说活动。

(三) 证实(Proof)推销产品符合顾客的需要和愿望

证实不是简单的重复，而是推销人员使顾客认识到推销品是符合他的需要的过程，一般采用如下方法：

1. 人证法

社会名人或顾客熟知的人士对产品的评价。

2. 物证法

产品实物、模型、质检报告、鉴定书、获奖证书等。

3. 例证法

典型的实例，完整的个案。时间、地点、人物、结果，具体详细的数据。

(四) 促使顾客接受(Acceptance)所推销的产品

在推销过程中，顾客往往不能把自己的需求与推销品联系起来，推销人员必须拿出充分的证据向顾客证明推销品符合顾客的需求，他所需要的正是这些产品。坚持以顾客为主，切忌以推销人员自我为中心，切忌想当然。这些证据必须是真实可信的 ，而要达到这个目的，推销人员必须做好证据、理由的收集和应用等准备工作，熟练掌握展示证据和证实推销的各种技巧。一般采用如下方法：

1. 提问法

通过提问的设计，层层深入："如果您对我们产品的质量没有了疑问，那我们来讨论交货问题好吗?"

2. 总结法

"通过前面所作的讨论和分析，可以看出，我们的产品、我们的方案是解决您的问题的理想途径(或××型号的汽车是您明智的选择)。"

3. 示范检查法

示范产品，检查效果，进一步说服。说服时，不要忘记产品，有时产品是最有力的说服手段。

4. 试用法

工业产品推销中广泛使用。

5. 诱导法

层层深入，由小到大，由浅入深。

(五) 刺激顾客的购买欲望(Desire)

当顾客接受了推销品之后，推销人员应及时激发顾客的购买欲望，利用各种诱因和刺激使顾客对推销品产生强烈的满足个人需要的愿望和感情，为顾客的购买行动打下基础。

(六) 促使顾客采取购买行动(Action)

这是迪伯达模式的最后一个步骤。在这一步里，要求推销人员在前面工作的基础上，不失时机地劝说顾客作出最后的购买决定。这个阶段同爱达模式的第四个阶段"促成交易"是相同的。

三、迪伯达模式的适用性

迪伯达公式较适用于老顾客及熟悉顾客，无形产品及开展无形交易(如汽车保险、汽车技术服务等)，顾客属于有组织购买即单位购买者等产品或顾客的推销。由于迪伯达模式紧紧抓住了顾客需要这个关键性的环节，使推销工作更能有的放矢，因而具有较强的针对性。迪伯达模式比爱达模式复杂、层次多、步骤繁，但其销售效果较好，因而受到汽车销售界的重视。

工作回顾

迪伯达公式是海因兹·姆·戈德曼根据自己的推销经验总结出来的新公式，被认为是一种创造性的推销方法。“迪伯达”是6个英文字母DIPADA的译音。这6个英文字母分别为6个英文单词的首字母。它们表达了迪伯达公式的6个推销步骤：

第一步，准确地发现顾客的需要与愿望(Definition)。

第二步，把推销品与顾客需要之间的关联加以认定(Identification)。

第三步，证实所推销的产品符合顾客的需要(Proof)。

第四步，促进顾客接受所推销的产品(Acceptance)。

第五步，激起顾客的购买欲望(Desire)。

第六步，促成顾客采取购买行动(Action)。

工作实施步骤

(一) 工作要求

任选一种商品，按照迪伯达模式，针对某个假想客户，设计一个推销方案。

(二) 工作实施的步骤

(1) 每个人先写提纲，课堂小组交流。

(2) 每个小组选派两名代表发言，供全班交流。

(3) 教师总结，现场给出小组评分，作为平时成绩的考核依据。

思考与训练

(1) 简述迪伯达模式的基本步骤与适用范围。

(2) 针对某一具体汽车产品，设计迪伯达模式的推销工作方案。

任务三 埃德帕模式

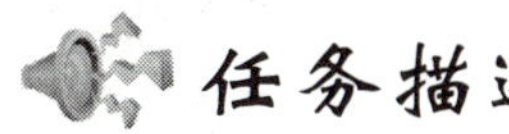

任务描述

汽车销售顾问小刘看到一位男士进入展厅，径直走向了新上市的高尔夫轿车，打开车门直接就坐进了驾驶室，于是小刘就拿了这款车的资料走向了这位顾客，通过交谈，小刘结合这位顾客的需求，详细介绍车辆，这位顾客最终购买了这辆轿车。

通过这个案例，你能运用埃德帕模式展开推销吗？

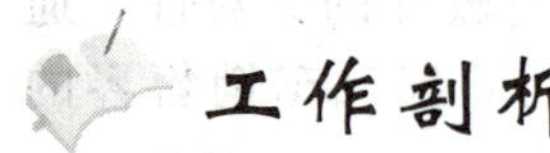

工作剖析

埃德帕模式比较适用于具有一定的购买目的的顾客，因此在了解了顾客的购买目的后，要有针对性地细化顾客的需求，找到最合适的产品推荐给顾客，或者是引导顾客自己作出选择，并证实是正确的，再促使顾客接受产品。

工作载体

小王是某汽车4S店的一名服务顾问，需要向自己的客户陈先生推销最近新出来的某车辆保养用品，而此前小王向客户陈先生成功推荐过多款车辆养护用品。那么，他这次该如何向客户推销呢？

相关知识

一、埃德帕模式含义

埃德帕(IDEPA)模式是国际推销专家海因兹·姆·戈德曼(Heinz M. Goldmann)总结得出的5个推销步骤，是根据他自己的推销经验总结出来的迪伯达模式的简化形式。其中：I为Identification的缩写，意为把推销的产品与顾客的愿望之间的关联加以认定；D为Demonstration的缩写，意为示范产品阶段；E为Elimination的缩写，意为淘汰不合适的产品；P为Proof的缩写，意为证实顾客的选择是正确的；A为Acceptance的缩写，意为接受某一产品，作出购买决定。

二、埃德帕模式推销步骤

(一) 把推销的产品与顾客的愿望之间的关联加以认定

一般来说，人们总希望从购买活动中获得一定的利益，包括在一定程度上增加收入、减少成本、提高效益。推销人员应对上门主动求购的顾客应热情接待，主动介绍商品，使顾客认识到购买商品所能获取的一定利益，紧紧扣住顾客的心弦，欲罢不能，只好接近推销人员。这种效果是其他接近方法所无法收到的。在实际推销工作中，普通顾客很难在推销人员接近时立即认识到购买商品的利益，同时为了掩饰求利心理，也不愿主动向推销人员打听这方面的情况，而往往装出不屑一顾的神情。如果推销人员在接近顾客时主动提示商品利益，可以使商品的内在功效外在化，尽量满足顾客需求。

在向顾客展示利益时，推销人员应该注意下述问题：商品利益必须符合实际，不可夸张；在正式接近顾客之前，推销人员应该进行市场行情和用户情况调查，科学预测购买和使用产品可以使顾客获得的效益，并且要留有一定余地。

(二) 向顾客示范合适的产品

证实的常用办法是示范。所谓示范就是当着顾客的面展示并使用商品，以显示出你推销的商品确实具备能给顾客带来某些好处的功能，以使顾客产生兴趣和信任。熟练地示范你推销的产品，不仅能吸引顾客的注意力，而且更能使顾客直接对产品发生兴趣。示范最能给人以直观的印象，示范效果如何将决定推销成功与否。因而，示范之前必须周密计划。

（三）淘汰不宜推销的产品

有些产品不符合顾客的愿望，我们称之为不合格产品。需要强调指出，推销人员在向顾客推销产品的时候，应及时筛选那些与顾客需要不符合的产品，使顾客尽量买到合适的产品。但也不能轻易淘汰产品，要做一些客观的市场调研及分析。

（四）证实顾客的选择正确

即用案例证明顾客已挑选的产品是合适的，该产品能满足他的需要。

（五）促使顾客接受产品

推销人员应针对顾客的具体特点和需要进行促销工作，并提供优惠的条件，以促使顾客购买推销的产品。

三、埃德帕模式的适用范围

埃德帕模式多用于向熟悉的中间商推销，也用于对主动上门购买的顾客进行推销。无论是采购人员亲自上门求购，还是通过电话、电报等通信工具询问报价，只要是顾客主动与推销人员接洽，都是带有明确的需求目的的。

工作回顾

埃德帕（IDEPA）模式是迪伯达模式的简化形式。主要适用于内部推销人员或者零售行业的推销。

工作实施步骤

（一）工作要求

任选一种商品，按照埃德帕模式，针对某个假想客户，设计一个推销方案。

（二）工作实施的步骤

（1）每个人先写提纲，课堂小组交流。

（2）每个小组选派两名代表发言，供全班交流。

（3）教师总结，现场给出小组评分，作为平时成绩的考核依据。

思考与训练

（1）简述埃德帕模式的基本步骤与适用范围。

（2）针对某一具体汽车产品，分别设计埃德帕模式的推销工作方案。

任务四 费比模式

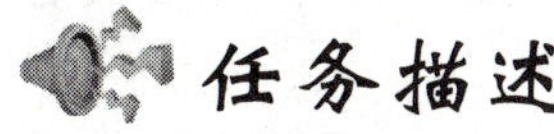

汽车销售顾问小刘向顾客介绍道：迈腾的后备箱开启方式比较新颖，您只需轻叩 VW 车

标即可开启后备箱，您来感受一下。您看，迈腾的后备箱是B级车中最大的，容积达到了565 L，并且支杆采用了隐藏式设计，关闭后备箱时支杆不会和车内物品产生冲突。地板平整，后排座椅还可进行4∶6折叠，×先生，×太太，您两位周末喜欢出去郊游吗？当您郊游时，您可以放置一些鱼竿、折叠自行车、帐篷等较长甚至较宽的物体，并且在后备箱两侧各有一个小储物盒，可以放一些零碎的物品，完全满足您的使用需求。

通过这个案例，请简要提炼一下运用费比模式进行推销的特点。

工作剖析

费比模式要求事先把汽车产品特征、优点及带给顾客的等列出来印在卡片上，这样就能使顾客更好地了解相关内容，节省顾客产生疑问的时间，减少顾客的异议内容。

工作载体

小朱是某一汽大众汽车4S店的一名销售顾问，当一位顾客在为买帕萨特还是迈腾纠结时，那么，小朱该如何帮助客户呢？又该如何向顾客推销呢？

相关知识

一、费比模式含义

费比模式是由美国奥克拉荷马大学企业管理博士、台湾中兴大学商学院院长郭昆漠先生总结并推荐的推销模式。“费比”是FABE的译音，FABE则是英文字母Feature(特征)、Advantage(优点)、Benefit(利益)、Evidence(证据)的第一个字母。

F代表特征(Features)：汽车产品的特质、特性等最基本功能，以及它是如何用来满足我们的各种需要的。特性，毫无疑问就是要自己品牌所独有的，每个汽车产品都有其功能，否则就没有了存在的意义，这一点应是毋庸置疑的。对一个汽车产品的常规功能，许多推销人员也都有一定的认识。但需要特别提醒的是：要深刻发掘自身汽车产品的潜质，努力去找到竞争对手和其他推销人员忽略的、没想到的特性。当你给了顾客一个“情理之中，意料之外”的感觉时，下一步的工作就很容易展开了。

A代表由这特征所产生的优点(Advantages)：即(F)所列的商品特性究竟发挥了什么功能？这是要向顾客证明的购买的理由：与同类汽车产品相比较，列出其优势。

B代表这一优点能带给顾客的利益(Benefits)：即(A)商品的优势带给顾客的好处。利益推销已成为推销的主流理念，一切以顾客利益为中心，通过强调顾客得到的利益来激发顾客的购买欲望。

E代表证据(Evidence)：包括技术报告、顾客来信、报刊文章、照片、示范等。证据要具有足够的客观性、权威性、可靠性和可见证性。

FABE法简单地说，就是在找出顾客最感兴趣的各种特征后，分析这一特征所产生的优点，找出这一优点能够带给顾客的利益，最后提出证据，证实该汽车产品确能给顾客带来这些利益。

二、费比模式的四个步骤

(一) 介绍汽车产品的特征(Feature)

推销人员在见到顾客后,要以准确的语言向顾客介绍汽车产品特征。特征的内容有汽车产品的性能、构造、作用、使用的简易及方便程度、耐久性、经济性、外观优点及价格等。如果是新汽车产品则应更详细地介绍;如果汽车产品在用料或加工工艺方面有所改进的话,也应介绍清楚;如果上述内容多而难记,推销人员应事先打印成广告式的宣传材料或卡片,以便在向顾客介绍时将其交给顾客。因此,如何制作好广告材料或卡片便成为费比模式的重要特色。

(二) 充分分析汽车产品的优点(Advantage)

费比模式的第二步骤是把汽车产品的优点充分地介绍给顾客。它要求推销人员应针对在第一步骤中所介绍的特征,寻找出其特殊的作用或者是某项特征在该汽车产品中扮演的特殊角色、具有的特殊功能等。如果是新汽车产品,务必说明该汽车产品开发的背景、目的、必要性以及设计时的主导思想、相对于老汽车产品的差别优势等。当面对的是具有较好专业知识的顾客,则应以专业术语进行介绍,并力求用词精确简练。

(三) 尽数汽车产品带来的利益(Benefit)

第三步骤是费比模式最重要的步骤,推销人员应在了解顾客需求的基础上,把汽车产品能给顾客带来的利益,尽量多地列举给顾客。不仅讲汽车产品外表的、实体上的利益,更要讲汽车产品给顾客带来的内在的、实质上的利益;从经济利益讲到社会利益,从工作利益讲到社交利益。在对顾客需求了解不多的情况下,应边讲解边观察顾客的专注程度与表情变化,在顾客表现关注的主要需求方面更要多讲多举例。

(四) 最后以证据(Evidence)说服顾客

推销员在推销中要避免用“最便宜”、“最划算”、“最耐用”等语句,因为这些词语会令顾客反感而显得无力。因此,推销人员应以真实的数字、案例、实物等证据,让证据说话,解决顾客的各种异议与顾虑,促成顾客购买。

费比模式的突出特点是:事先把汽车产品特征、优点及带给顾客的利益等列出来印在卡片上,这样就能使顾客更好地了解有关内容,节省顾客产生疑问的时间,减少顾客的异议内容。正是由于费比模式具有这些特点,它受到了不少推销人员的推崇,帮助不少企业取得了销售佳绩。

三、费比句式

(一) 特点、功能、好处、证据——费比原则

针对不同顾客的购买动机,把最符合顾客需求的商品,向顾客推介是最关键的,为此,最精确有效的办法,是利用特点(F)、功能(A)、好处(B)和证据(E)。其标准句式是:“因为(特点)……,从而有(功能)……,对您而言(好处)……,你看(证据)……”

(二) 费比定义

1. 特点(Feature):“因为……”

特点,是描述商品的款式、技术参数、配置;特点,是有形的,这意味着它可以被看到、尝到、摸到和闻到;特点,是回答了“它是什么?”

2. 功能(Advantage):“从而有……”

功能,是解释了特点如何能被利用;功能,是无形的,这意味着它不能被看到、尝到、摸到和闻到;功能,回答了“它能做到什么……”。

3. 好处(Benefit):“对您而言……”

好处,是将功能翻译成一个或几个的购买动机,即告诉顾客将如何满足他们的需求;好处,是无形的:自豪感、自尊感、显示欲等;好处,回答了“它能为顾客带来什么好处”。

4. 证据(Evidence):“你看……”

证据,是向顾客证实你所讲的好处;证据,是有形的,可见、可信;证据,回答了“怎么证明你讲的好处”。

四、更好地运用 FABE

(一) 从顾客分类和顾客心理入手

恰当使用“一个中心,两个基本法”。“一个中心”是以顾客的利益为中心,并提供足够的证据;“两个基本法”是灵活运用观察法和分析法。

(二)“3+3+3”原则

3 个提问(开放式与封闭式相结合):“请问您购买该汽车产品主要用来做什么?”“请问还有什么具体要求?”“请问您大体预算投资多少?”

3 个注意事项:把握时间观念(时间成本)、投其所好(喜好什么)、给顾客一份意外的惊喜(赠品、一次技术澄清数码家庭规划)。

3 个掷地有声的推销点:即应在何处挖掘——质量、款式、价格(售后附加价值等)。

【案例】

例如,以冰箱的省电作为卖点,按照 FABE 的销售技巧可以介绍为:

(特点)你好,这款冰箱最大的特点是省电,它每天的用电才 0.35 度,也就是说 3 天才用一度电。

(优势)以前的冰箱每天用电都在 1 度以上,质量差一点可能每天耗电达到 2 度。现在的冰箱耗电设计一般是 1 度左右。你一比较就可以一天可以为你省多少的钱,

(利益)假如 0.8 元一度电,一天可以省可以 0.5 元,一个月省 15 元。就等于省你的手机月租费了。

(证据)这款冰箱为什么那么省电呢?

(利用说明书)你看它的输入功率是 70 瓦,就相当于一个电灯的功率。这款冰箱用了最好的压缩机、最好的制冷剂、最优化的省电设计,所以它的输入功率小,所以它省电。

(利用销售记录)这款冰箱销量非常好,你可以看看我们的销售记录。假如合适的话,我就帮你试一台机。

工作回顾

费比是 FABE 的译英,这四个英文字母分别表达了费比模式的四个步骤:把汽车产品的特征(Feature)详细介绍给顾客,充分分析汽车产品优点(Advantage),尽数汽车产品给顾客带

来的利益(Benefit),用证据(Evidence)说服顾客购买。

工作实施步骤

(一)工作要求

任选一种商品,按照费比模式,针对某个假想客户,设计一个推销方案。

(二)工作实施步骤

(1) 每个人先写提纲,课堂小组交流。

(2) 每个小组选派两名代表发言,供全班交流。

(3) 汽车推销员总结,现场给出小组评分,作为平时成绩考核依据。

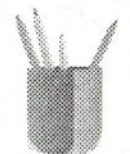

思考与训练

(1) 简述费比模式的基本步骤。

(2) 针对某一具体汽车汽车产品,设计"费比模式"的推销工作方案。

(3) 案例分析题。

【案例】

成功的典范

印刷用品公司的推销员弗兰克已约好去见普鲁夹印刷公司的生产部经理波恩。

弗兰克:早安!波恩。今天早上承蒙接见,深感荣幸。我知道您的工作很忙,时间安排得很紧凑。对了!我在报纸上看到有关贵公司的报道,业绩超越最近这五年,这一定是您的经营方向正确,领导有方,相信一定有很多人在谈论贵公司的管理。(这段话应用了哪种模式?爱达模式见面应说好第一句话。)

波恩:是的,我们对公司的业绩感到很欣慰,那不是轻易得来的。本公司和其他公司一样,也有我们的问题。

弗兰克:贵公司有哪些问题呢?(这句问话抓住了什么?爱达模式中引起顾客注意时把顾客的利益和问题放在第一位,紧紧抓住关键点提问。)

波恩:最主要的问题是印刷时,机器停顿的时间太多。

弗兰克:造成机器停顿的原因是什么呢?(这句问话又抓住了什么?迪伯达模式中紧紧抓住关键点提问,以便准确的发现顾客的需求与愿望。)

波恩:原因之一是本公司购买的温滚筒质量太差,不只是向您的竞争厂商Ajax购买,同时也向贵公司购买。这些滚筒都不耐用,接缝处有撕裂的痕迹,绒布上沾有油墨,有谁知道还有其他原因没有?

弗兰克:我了解您的感受,很高兴您把这些问题告诉我。直到最近为止,这确实是业界相当普遍的问题。这也是我今天来拜访您的原因之一。本公司最近开发一种崭新且现代化的3-Plate湿滚筒,如果使用它,您刚才所提的这些问题就不会再发生了。您听说过这种新汽车产品吗?(这段话应用了哪种模式?通过几个关键的提问,了解问题产生的原因并很自然地引出能解决问题的汽车产品,很好地引起了顾客的注意,同时应用迪伯达模式把推销的汽车产品与顾客的需求与愿望结合起来。)

波恩:尚未听说过。

弗兰克:我想您应该认识第三街 Paragon 印刷公司的 Fred Filbert 吧,您认为他的作业方式和贵公司的作业方式相同吗?(这句问话有什么用意?采用埃德帕模式用案例向顾客证明与比较。)

波恩:是的,大部分都相同。

弗兰克:上个月我和 Fred 讨论时,他告诉我,他的滚筒纸潮湿表面的平均寿命才 16 小时,因为强烈的碰撞、起泡、解开等动作,平均每次换班时间就得更换表面,此时机器就要被迫停顿了。这就是您所遭遇到的问题吗?(这段话应用了哪种模式?利用了解的信息进一步帮助顾客挖掘深层次的技术原因并取得顾客的信任,同时应用迪伯达模式把推销的汽车产品与顾客的需求与愿望结合起来。)

波恩:是的,正是如此。(这句问话起了什么作用?应用迪伯达模式进一步证实推销的汽车产品符合顾客的需求。)

弗兰克:大约在四星期前,经过我建议之后,Fred 决定试用 3 - Plate 湿滚筒,后来他发现不但减少了强烈碰撞、起泡、解开等动作。经过 1 个月以后,第一个湿滚筒仍然一直在使用。因为无须更换表面,所以减少机器停顿的时间,节省的旧足够支付 3 - Plate 湿滚筒的费用了。(这段话应用了哪种模式?把推销的汽车产品与顾客的需求结合起来,并证实该汽车产品正是顾客所需要的。)

波恩:不错,这是我常听推销员说的老套。这种新汽车产品的价格一定很贵吧。

弗兰克:让我把这个问题说清楚之后,再来讨论价格吧!坦白地说,3 - Plate 滚筒式一种革命性的新汽车产品,潮湿的表面是一个崭新的观念,它是一个完整的圆柱形,尤其是含有坚固的纤维管,完全没有接缝,可消除您所遭遇到的问题。其实,3 - Plate 湿滚筒确实要比干燥滚筒更坚固,您曾经使用过唯一的纸套筒吗?(这段话应用了哪种模式?应用费比模式让顾客了解与明白,购买你所推销的汽车产品可以得到各种利益与满足。通过对顾客最关心价格问题把顾客支付的货币与他所能得到的利益进行比较。)

波恩:当然用过,纸质比布质便宜多了。

弗兰克:纸质的单价可能比较便宜,但就长期而言,比布质更昂贵。例如 3 - Plate 套筒不会像您所使用的纸质套筒那样有裂缝、会伸张、会收缩。(这段话应用了哪种模式?应用费比模式给顾客进行比较的机会,同时应用埃德帕模式淘汰不宜推销的汽车产品,刺激顾客的购买欲望。)

波恩:安装又如何呢?

弗兰克:我为您准备了一份,让我们到您的机器上去试试。(这段话应用了哪种模式?爱达模式、迪伯达模式、埃德帕模式都强调了进行示范重要性。)

他们朝着机器的方向走去,并叫来一名机器操作员。

波恩:您看,装套筒就是这么容易,只要把它置于滚筒上就可以了。您为何要使用构造复杂或有许多控制装置的套筒呢?不像这种套筒吧!它丝毫没有改变湿印刷机的基本设计。这种套筒的单价虽然贵一点,但是当您要改变印刷颜色时,无须清洗,实际上是节省了不少费用;印刷中遇有短暂的停顿时,也不会像纸张一样变得干燥。何不把 3 - Plate 公司所赠送的套筒装到您的印刷机上呢？（这段话应用了哪种模式？应用费比模式通过示范使顾客看到购买汽车产品后所能获得的好处和利益，让顾客信服，同时应用迪伯达模式促使顾客接受所推销的汽车产品。）让我们再回到办公室去吧，那里要安静得多。他们一起回到波恩先生的办公室。

波恩：现在让我把 3 - Plate 湿滚筒的优点做一个总结，首先是可使印刷清晰，而且绝对不会留有柳絮状的纤维；其次是改装印刷颜色时，无须清洗或更换套筒；第三是工作进行中，不会产生任何形式的痕迹；第四是无须重新准备或调整。（为什么会是顾客来总结？通过提问、介绍、旁证、示范、比较等使顾客充分了解了汽车产品的优点。）

弗兰克：您可能会担心成本问题，可不是吗？使用 3 - Plate 套筒之后，无须使用酒精或其他特别溶液，也无须花费洗衣费用。曾经使用过这种套筒的人，都发现 3 - Plate 套筒比他们以前所使用的任何套筒都经济。（这段话应用了哪种模式？应用费比模式让顾客了解与明白，购买你所推销的汽车产品可以得到各种利益与满足。通过对顾客最关心价格问题把顾客支付的货币与他所能得到的利益进行比较和分析，促使顾客下决心采取购买行动。）

当然，最后的结果，是波恩买了弗兰克推销的机器。

各组讨论以下问题并派代表上讲台总结：

（1）弗兰克推销时做了哪些事？

（2）运用所学推销模式分析弗兰克成功的原因。

（3）如果你是弗兰克，你会怎样做？

任务五　吉姆模式

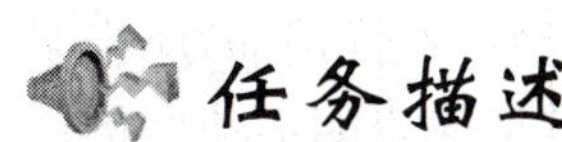

任务描述

推销自信是汽车推销员相信自身推销能力的心理特性，是汽车推销员对所从事的推销工作的成就感、自豪感、效能感和自尊感，是汽车推销员有效推销必备的心理品质。推销自信是职前汽车推销员应有的首要品质，根据推销与营销的关系，探讨吉姆模式延伸的“四个相信”营销模式对训练职前汽车推销员推销自信的作用。

工作剖析

吉姆模式又称“GEM 模式”，是英文单词推销品（Goods）、企业（Enterprise）、推销人员（Man）的第一个字母的组合 GEM 的译音。该模式旨在帮助培养推销人员的自信心，提高说服能力。

工作载体

小王是某汽车 4S 店的一名汽车销售顾问，当顾客对汽车品牌产生质疑时，那么，他该如何运用吉姆模式打消顾客的疑虑呢？

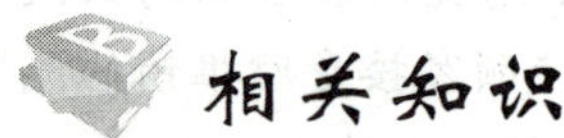

相关知识

一、吉姆模式含义

吉姆模式又称“GEM模式”，是英文单词推销品(Goods)、企业(Enterprise)、推销员(Man)的第一个字母的组合GEM的译音。该模式旨在帮助培养汽车推销员的自信心，提高说服能力。其关键是“相信”，即推销员一定要相信自己所推销的汽车产品(G)，相信自己所代表的公司(E)，相信自己(M)。吉姆模式认为：实现推销成功是推销品、企业、推销员三个因素综合作用的结果，如图4-1所示。

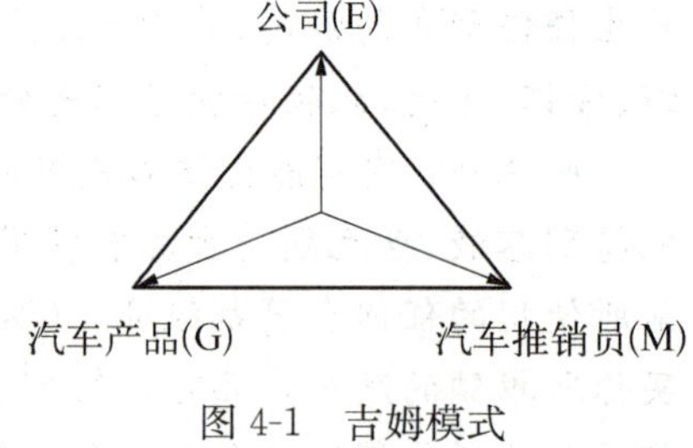

图4-1 吉姆模式

二、吉姆模式的三个步骤

(一) 相信自己所推销的汽车产品

企业在销售汽车产品之前，要对汽车推销员进行汽车产品知识的培训。首先，要在事实的基础上向汽车推销员进行解释，用各种方法向汽车推销员说明他所推销汽车产品的优点，并且根据不断补充和更新的资料，将自身汽车产品与同类竞争产品加以比较，使汽车推销员清楚地知晓他所推销的汽车产品的优点，从而对汽车产品的价值有一个全面的认识；其次，要不断地向汽车推销员反馈他所推销的汽车产品的信息，使汽车推销员了解到他所推销的汽车产品已成功地打入了哪些地区和市场，掌握了这些有关汽车产品的市场信息后，就可以在推销洽谈中使汽车推销员自身增强信心，另一方面也有利于说服顾客；最后，汽车推销员在推销前，应当亲自试用一下他的汽车产品，并且还要学会欣赏汽车产品。总之，汽车推销员应当相信他所推销的汽车产品是好的汽车产品，应通过与生产部门、计划部门及有关专家的接触，或使用本汽车产品的客户，增强对汽车产品的自信心。

在实际推销活动中，真正热爱自己的汽车产品的汽车推销员并不多。据有关资料表明，只有20%的汽车推销员是专家和成功者，他们熟悉自己的汽车产品，对自己的汽车产品充满信心；另有20%基本合格的汽车推销员，他们能够正确认识自己所推销的汽车产品，并积极宣传该汽车产品的长处；而60%汽车推销员则属于得过且过的。他们谈不上对自己所推销的汽车产品有什么热爱和信任，只是不得已而为之。这就是所谓汽车推销员评判的“二、二、六”法则。要使汽车推销员真心地相信自己所推销的汽车产品能够给顾客带来利益，认为顾客购买该汽车产品是幸运的，而不购买该汽车产品则是损失，只有这样才能打动顾客。汽车推销员要避免在听到企业汽车产品有不足，或者用户反映汽车产品有问题时，马上抱怨公司汽车产品质量低下。要知道在汽车产品高度同质化的今天，同类汽车产品在功能方面并没有太大的区别。只要企业汽车产品符合国标、行业标准或企业标准，就是合格的汽车产品，也是企业最好的汽车产品，一定能找到需要此类汽车产品的消费者。

(二) 相信自己所代表的企业

现代企业制度的推行，企业有选择汽车推销员的权力，同时汽车推销员也可以自由选择企业，汽车推销员进入哪一家企业都是自愿的。因此，汽车推销员对自己所选择的工作和服务的企业应该是满意和信任的，相信自己所工作和代表的企业是从事推销工作的重要前提。公司应当有计划地对汽车推销员进行认真的培训与指导，使他们了解公司的声誉、历史、优势与发展，使汽车推销员相信企业是为客户提供良好汽车产品与服务的企业，是有前途和发展潜力的企业，能提供汽车推销员发挥才能实现自我价值的机会，从而使自己的一切活动完全纳入企业行为中，并以成为企业一员而骄傲，对企业保持认同感和忠诚。这样，汽车推销员在工作时就会充满信心，从而产生推销激情，并为自己所服务的企业和所推销的汽车产品感到自豪。企业要努力创造和谐的企业文化环境，树立良好的企业形象和个性，提供满意的售后服务，为推销活动铺就宽阔的大道，增强汽车推销员对所服务企业的信任感。

（三）相信自己

相信自己表现在两方面：一是相信自己只要想干好，就一定能干好，对自己充满信心，拥有自信才能在客户面前表现得落落大方，并感染、征服顾客，提高成交率。如果汽车推销员缺乏自信，顾客也会失去建立信任感的理由，更不可能采取购买行动。二是对推销职业充满信心，将推销视为一种为消费者谋福利、提供方便的职业，视为国民经济发展不可缺少的一环，由此而产生爱岗敬业的动力。

汽车推销员的自信心是建立在专业技术培训和成功推销经验的基础上的。汽车推销员是一种专业技术工作岗位，在上岗前必须进行专业技术培训，掌握一定的推销技能，从而为建立自信心打下坚实的基础。在激烈的市场竞争中，要保持推销工作没有失败的记录是不现实的。推销工作的主管必须在汽车推销员受到挫折时给予理解、支持和鼓励，而不是指责，使他们重新树立必胜的信念。为了避免挫伤汽车推销员的自信心，销售主管应实事求是地分析其遭受拒绝或失败的原因，指导和帮助汽车推销员总结经验，分析目标顾客的特殊性，拟定相应的推销策略，从而使汽车推销员鼓起勇气，战胜困难，取得推销的成功。汽车推销员要获得成功的动力，经验有二：一是采取先易后难循序渐进的方法，先寻找容易达成交易的顾客，再对付难缠的业务，这样就能够逐步增强汽车推销员的自信心；二是在推销失败时决不放弃，若能常常回忆自己的成功，就可以保持旺盛的推销热情和积极性。

工作回顾

吉姆模式又称“GEM 模式”，是英文单词推销品（Goods）、企业（Enterprise）、推销员（Man）的第一个字母的组合 GEM 的译音。该模式旨在帮助培养汽车推销员的自信心，提高说服能力。其关键是“相信”，即推销员一定要相信自己所推销的汽车产品（G），相信自己所代表的公司（E），相信自己（M）。吉姆模式认为：实现推销成功是推销品、企业、推销员三个因素综合作用的结果。

工作实施步骤

（一）工作要求

任选一种商品，按照吉姆模式，针对某个假想客户，设计一个推销方案。

（二）工作实施的步骤

（1）每个人先写提纲，课堂小组交流。

(2) 每个小组选派两名代表发言,供全班交流。

(3) 汽车推销员总结,现场给出小组评分,作为平时成绩考核依据。

思考与训练

(1) 简述吉姆模式的基本步骤。

(2) 针对某一具体汽车产品,设计“吉姆模式”的推销方案。

项目五

寻找顾客

任务一　寻找潜在顾客
任务二　潜在顾客信息来源
任务三　寻找顾客的方法

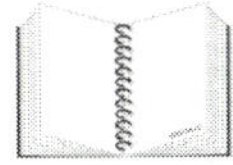

项目理解

任务一：成功的推销总是从寻找顾客开始的，寻找顾客是开展推销活动的前提与基础。对于企业或推销员来说，要想有效地开展推销活动，与各类推销对象最终达成交易，满足供需双方的利益需求，首先就要运用恰当的方法找到最好的销售机会，选择最有成交希望的推销对象。

任务二：潜在顾客的来源随着所推销商品和服务的种类不同而有所不同，汽车产品的顾客来源方式很多，需要我们抓住潜在顾客信息源，抓住潜在顾客。

任务三：寻找顾客往往是一个汽车推销人员销售活动的开端。汽车推销人员需要具备发现和识别潜在顾客的能力，并通过自己的工作来提高寻找顾客的成效。寻找顾客的方法应种类多样而且具有灵活性和创造性。

任务一　寻找潜在顾客

任务描述

推销过程的第一个步骤就是寻找潜在顾客。广泛的潜在顾客是产生顾客的肥沃土壤，对潜在顾客的有效管理与培养对增大顾客群具有难以估量的作用。既然汽车推销是向特定顾客的推销，所以汽车推销人员必须先确定自己的推销对象，然后才能开展实际的推销工作。顾客是推销人员的推销对象。然而，谁是顾客？谁是真正的顾客？谁是合格的顾客？谁是优良的顾客？这是一个非常复杂的问题。

工作剖析

寻找潜在顾客是销售循环的第一步。在确定你的市场目标后，你就得找到潜在顾客在哪里并同其取得联系。如果不知道潜在顾客在哪里，你向谁去销售你的车辆呢？事实上销售人员的大部分时间都在找潜在顾客，而且你会形成一种习惯，比如你将你的车辆销售给一个顾客之后，会问上一句："你的朋友也许需要这种车辆，你能帮忙联系或者推荐一下吗？"

工作载体

章志强是一名技术员，从事柴油机的推销工作。他去拜访北方某一城市的 6 家工业公司，其中 4 家公司还未等他开始正式的推销谈话，就一口咬定他们对柴油机不感兴趣。因此，章志强认为即使再坚持努力，也不会有什么结果。于是他就把这 4 家公司从潜在客户的名单上剔除了，而把推销的重点集中在另 2 家公司。在与这 2 家公司进行洽谈的时候，他向顾客详细介绍了所推销的产品，并取得了推销洽谈的成功。经理对章志强表示祝贺，同时对他轻易地放弃另 4 家公司进行了批评。

相关知识

一、潜在顾客的含义

所谓潜在顾客，是指既能因购买某种产品或服务而受益，同时又具有购买这种商品的货币支付能力的个人或组织。因而潜在顾客是某种产品或服务的潜在购买者，是某种产品或服务的市场或可能买主。

潜在顾客的寻找始于寻找线索。所谓线索就是某一个人的名字或某个组织的名称，这个人或组织有可能是潜在顾客。通过对线索的资格审查后，才可能入选推销员的潜在顾客名单。线索要成为潜在顾客必须具备 3 个基本条件：第一，购买汽车产品或服务的个人或组织确实需要这样的产品，能从汽车产品的消费中受益，或者能够为购买者解决某一方面的实际问题；第二，不管这样的个人或组织有多么强烈的购买欲望，也不管产品能给他或他们带来多么大的利益，他们必须具备购买该汽车产品或服务的货币支付能力；第三，潜在顾客必须有购买权或得到授权，具有在汽车产品生产者、车型和具体配置等方面的选择权。

寻求潜在顾客是一项艰巨的工作，特别是刚刚开始从事这个行业的时候，汽车推销人员的资源只是对车辆的了解而已。汽车推销人员会通过很多种方法来寻找潜在顾客，而且花在这上面的时间也非常多。顾客量足以影响企业的营运。为求新顾客的持续加入，企业必须努力经营，才能获得顾客的信赖。

二、寻找潜在顾客的原则

通过对线索的分析判断，审查是否符合购买条件，合格的线索就成为潜在顾客，即推销访问的主要对象。但每一位潜在顾客购买的概率与数量是不完全相同的，推销员不可能把时间均衡地分配到每一个客户身上，也不可能同时对所有潜在顾客进行走访，必然需要划分重点对象，安排好走访的先后顺序。

寻找潜在顾客有哪些原则？在寻找潜在顾客的过程中，可以参考以下 MAN 原则：

M：MONEY，代表"金钱"。所选择的对象必须有一定的购买能力。

A：AUTHORITY，代表购买"决定权"。该对象对购买行为有决定、建议或反对的权力。

N：NEED，代表“需求”。该对象有这方面（即车辆、服务）的需求。

潜在顾客应该具备以上特征，但在实际操作中，会碰到如表 5-1 所示的状况，应根据具体状况采取具体对策。

表 5-1 潜在顾客的状况

购车能力	购车决定权	购车需求
M(有)	A(有)	N(有)
m(无)	a(无)	n(无)

其中：

★ M+A+N：是有望顾客，理想的销售对象。

★ M+A+n：可以接触，配上熟练的销售技术，有成功的希望。

★ M+a+N：可以接触，并设法找到具有 A 之人(有决定权的人)。

★ m+A+N：可以接触，须调查其状况、信用条件等给予融资。

★ m+a+N：可以接触，应长期观察、培养，使之具备另一“有”。

★ m+A+n：可以接触，应长期观察、培养，使之具备另一“有”。

★ M+a+n：可以接触，应长期观察、培养，使之具备另一“有”。

★ m+a+n：非顾客，停止接触。

由此可见，在潜在顾客有时欠缺某一条件(如购买力、需求或购买决定权)的情况下，仍然可以开发，只要运用适当的策略，便能使其成为企业的新顾客。

三、潜在顾客的类型

国外通常将潜在顾客按照一定的具体标准进行分级管理，以便使日常推销工作程序化、系统化和计划化，提高推销效果。

划分潜在顾客的标准主要有两种。

(一) 以潜在顾客购买概率作为分级标准

把最有可能的购买者确定为 A 级，有可能的购买者定为 B 级，可能性小的购买者定为 C 级，划分时应具体确定其数量界限。

(二) 以购买量作为分级标准

推销员自身根据潜在顾客购买数量分为 A、B、C 三个等级，然后对照实际的购买量再行调整，以便有针对性地“照顾”购买量大者，达到事半功倍的推销效果。为了准确地区分顾客，经常自我审核以下问题对确定顾客的类型和级别是有帮助的：

(1) 顾客是否正从你这里购买产品？如果是，这就意味着这是增加购买公司其他产品的机会？

(2) 他是否曾经是你的顾客？如果是，他为什么要中止购买你的产品？你是否应该恢复同他的业务关系？

(3) 现有顾客中是否有人也从竞争者那里获取产品？其原因何在？

(4) 潜在顾客能具有多大规模的购买数量？

(5) 潜在顾客的信用等级如何？

还应该注意的是，推销员应根据自己的特定需要来制订标准。随着推销环境的变化，推销人员应相应调整分级标准，并依据新标准重新界定潜在顾客的级别。在照顾重点的同时，也不可忽视一般；在分级标准难以准确界定时，应考虑采用区分推销区域的方法。

四、准确判断顾客

(一) 准确判断顾客的购买欲望

判断顾客购买欲望的大小，有5个检查要点：

(1) 对车辆的关心程度，如购买车辆的大小、性能、配置、价格等的关心程度。

(2) 对购入的关心程度，如对车辆的购买合同是否仔细研读，或要求将合同条文增减，要求的售后服务等。

(3) 是否能符合各项需求，如家用、上下班用等。

(4) 对车辆是否信赖，对厂家品牌、质量是否满意等。

(5) 对销售企业是否有良好的印象。顾客对销售人员的印象好坏左右着潜在顾客的购买欲望。

(二) 准确判断顾客的购买能力

判断潜在顾客的购买能力，有两个检查要点：

(1) 信用状况。可从职业、身份地位等收入来源的状况，判断是否有购买能力。

(2) 支付计划。可从顾客期望一次付现，还是要求分期付款，以及分期支付首期金额的多少等，都能判断顾客的购买能力。

经由顾客购买欲望及购买能力的两个因素判断后，能够决定顾客的购买时间，并作出下一步计划。

五、寻找潜在顾客的基本准则

寻找顾客看似简单，其实并非易事。要找到众多的符合条件的准顾客，推销人员必须遵循一定的规律，把握科学的准则，才能使寻找顾客的工作科学化、高效化。

(一) 确定推销对象的范围

推销人员在寻找顾客之前，首先要确定准顾客的范围，这样可以使寻找顾客的范围相对集中，避免漫无边际的东奔西跑，提高寻找效率。准顾客的范围包括以下两个方面。

1. 地理范围，即确定推销品的推销区域

主要考虑该地区的政治、经济、法律环境（产业政策、经济法规、人口数量、人均收入等）及社会文化环境（文化传统、宗教信仰、民族风俗等）是否适合推销品。例如，淘汰助动车、摩托车的地方，就不适宜再推销该种交通工具；人均收入低的地区就不适宜高档消费品（豪华家具、高档家电产品等）的推销。

2. 交易对象的范围，即确定准顾客群体的范围

这要视推销品的特征而定。不同的产品，由于性能、用途的不同，推销对象的群体范围也不一样。例如，若推销高等教育系列书籍，其推销对象应为大中专学校的师生；推销玩具，它的推销对象应为幼儿园和有儿童的居民家庭。即使是同类产品，由于品种、规格、型号、价格等方面的差异，其推销对象的范围也有差别。例如，同为汽车产品，高级轿车的推销对象应为高收入群体，而一般轿车的推销对象应为收入一般的家庭。

(二) 寻找顾客途径的多样性和灵活性

在实际推销工作中,寻找推销对象的途径是多种多样的,选择合适的寻找途径,是提高寻找效率的一项重要措施。科学地选择途径或渠道,除了要考虑推销品的特点、推销对象的范围等因素,还要求推销人员根据实际情况善于发现、善于运用、善于创新各种寻找方法。

对于大多数商品来说,寻找推销对象的合适途径不止一条,而是多条。因此,在实际推销活动中,采用多种方法并用的方式来寻找顾客比仅用单一方法的收效要大得多。推销人员应根据实际情况,灵活运用各种寻找顾客的方法,并善于创造新的方法。

(三) 具有随时寻找顾客的意识

树立随时随地寻找顾客的意识对推销人员来说是极其重要的。因为要想在日益激烈的竞争中为企业发掘更多的顾客,就要时刻作好寻找顾客的准备,不放过任何一次捕捉潜在顾客的机会。这样,你就会寻找到更多的推销对象,推销出更多的产品,推销业绩也会随之攀升。但假如你只是在"工作时间"去寻找顾客,而在外吃饭、走路、乘车等"业余时间"毫无寻找顾客的意识,那么,即使再多的潜在顾客与你擦肩而过,你也不能及时地抓住这些宝贵的机会,你的顾客队伍将很难进行补充和扩大,你的推销业绩也将难以提高。

【案例】

例如,日本三菱财阀的创始人岩崎弥太郎是这样回答人们关于他事业成功秘诀的问题的:"临渊羡鱼,鱼儿永远也不会跑到你的手中。尽管有时鱼儿成群游来,但若没有准备,赤手空拳是捕不到鱼的。鱼儿不是能够应召即来的,什么时候出现是由鱼本身的习性所决定的。因此,要想捕鱼,平时就必须准备好渔具。可以说,这与人们在一生中捕捉良机完全是一码事。"

(四) 重视老顾客

一位推销专家深刻地指出,失败的推销员常常是从找到新顾客来取代老顾客的角度考虑问题的,成功的推销员则是从保持现有顾客并且扩充新顾客,使销售额越来越多,销售业绩越来越好的角度考虑问题的。对于新顾客的销售只是锦上添花,没有老顾客作稳固的基础,对新顾客的销售也只能是对所失去的老顾客的抵补,总的销售量不会增加。

推销员必须树立的一个观念是,老顾客是你最好的顾客。推销员必须遵守的一个准则是,你80%的销售业绩来自你20%的顾客,这20%的客户是与推销员长期合作的关系户。如果丧失了这20%的关系户,将会丧失80%的市场。

美国可口可乐公司称,一听可口可乐卖0.25美元,而锁定1个顾客买1年(假定该顾客平均每天消费3听可口可乐),则一个顾客1年的销售额约为300美元。

有的推销员也许会说:"我今天不必再浪费时间去看李先生了——他在以后5年中不会再买我们的产品。"但是如果你真正想为客户服务,那么你仍须前往访问,以便随时处理售后服务等问题。虽然这种工作是相当繁重的,但要记住,你的竞争者是不会怕繁重的,他们仍会不断地前去访问。全世界的推销经验都证明,新生意的来源几乎全来自老顾客。几乎每一种类型的生意都是如此。假如顾客买了一辆新车,由于对新车的热情,他会跟邻居、朋友及相关的人不断提及买车的事,结果成了车商的最佳发言人,他们就是推销人员的最佳公关!再度拜访是很重要的工作，即使不做售后服务，打一个礼节性的问候电话也可以。养成再度回去探望顾客的习惯，就会拥有无尽的“人脉链”。

工作回顾

（1）潜在顾客的概念。

（2）寻找潜在顾客的原则以及潜在顾客的类型。

（3）准确判断潜在顾客。

工作实施步骤

（一）工作要求

根据以下案例所反映的内容来回答相关问题。

（二）工作实施的步骤

美国有位叫卡特的商人曾做过这样一个实验：把半新的钱包拴在小汽车后面，在地上拖着钱包到处跑，不几天，钱包便破烂不堪。于是，他便在破旧的钱包里装上钞票、信用卡、驾驶证等，先后到5家绅士用品商店购买领带。在这5家商店里，领带与钱包是在一起摆放的。卡特每次掏钱买领带时，钱包总是“很偶然”地掉在了地上。而每次，这5家商店的营业员都无一例外地帮他捡起了破烂不堪的钱包并还给他，并看着他离开商店，从来无人建议他换个新钱包。

结合本任务内容，请问这一事例说明了什么？

思考与训练

（1）什么是潜在顾客？

（2）寻找潜在顾客的原则是什么？

任务二 潜在顾客信息来源

任务描述

为了有计划地开发新顾客并提升业绩，汽车销售员必须拥有一定比率的“潜在顾客”。为此，要通过多种信息渠道发掘潜在顾客。成功的汽车推销员应保持现有顾客并且扩充新顾客，从使销售额越来越多、销售业绩越来越好的角度考虑问题。

工作剖析

潜在顾客的来源随着所推销商品和服务的种类不同而有所不同，汽车产品的顾客来源方式很多，需要我们抓住潜在顾客信息源，抓住潜在顾客。汽车推销人员应具有一定的信息素养。所谓的信息素养是一种查找信息、利用信息以及解决信息问题的能力。一个有信息素养的汽车推销人员能够利用一切信息源来不断扩展自己潜在顾客的队伍。

工作载体

表 5-2 列举了美国推销人员搜寻潜在顾客信息源的途径。

表 5-2 美国推销人员搜寻潜在顾客途径表

类 别	目标客户探寻的技术
外部资源	推荐方法：向一个目标客户询问另一个目标客户的名称 社会关系：向朋友和熟人打听目标客户的名称 介绍方法：获得一位目标客户，经其由电话、信函或亲自对其他目标客户介绍 社会机构：从服务俱乐部和商业会所寻找销售线索 无竞争关系的销售人员：从无竞争关系的销售人员处寻找销售线索 结交有影响力的客户：结交能够影响其他客户的受公众瞩目的和有影响力的客户
内部资源	检查记录：检查公司的数据库、人名地址目录、电话本、成员清单以及其他书面材料 广告询问：答复客户对公司所做广告提出的问题 电话或邮件提问：回答潜在目标客户通过电话或邮件提出的问题
个人接触	个人观察：看到或听到良好的目标客户的线索 游说：对潜在目标客户进行访问(通过电话或亲自)
其 他	网上浏览：通过名称和地址了解目标客户 主办或参加贸易展览：组织或参加直接面向目标客户的贸易展览 猎狗：让下级销售人员确定上级销售人员将要联系的目标客户 销售研讨会：目标客户作为群体参加来了解有关销售人员产品的一个主题

相关知识

一、内部来源

很多汽车企业在业界有多年的经营历史，有健全的管理体系，也有一批训练有素的销售人员队伍，故企业内部的营销信息系统中可能就有很多有助于推销人员确认潜在顾客的信息资料。因此，对于一个初出茅庐的新手来说，从企业内部开始寻找潜在顾客不失为明智之举。企业内部资料主要包括以下几个方面。

(一) 公司销售记录

汽车推销人员首先应检查公司的各种原始记录，列出一个在过去 5 年内停止与公司来往的客户清单，分析这些客户流失的原因。或许是由于公司的推销人员停止了对他们的访问，或是由于该市场的推销人员走马换将，业务关系也随着某个销售人员的离去而中止。不管是什么原因，推销人员都可以打一个电话了解他们的现状，或许能从中发现若干潜在客户，让他们重新回到公司的客户名单中来。

(二) 广告反馈记录

通过查阅公司的各种广告反馈记录,可以了解到可能的潜在顾客,这总比大海捞针式的普遍访问去搜索潜在顾客范围要小得多,而且相对较为可靠,推销成功的概率会大大提高。广告反馈信息应加工分类,分别传送到各个市场的推销人员手中,为各地市场潜在顾客的发掘提供线索。

(三) 客户服务电话

客户服务电话除接受现有客户对公司产品的使用查询、申请服务、投诉外,也对其他的非客户公布,还可作为公司的咨询电话,从而成为吸引潜在顾客的一种信息来源。

(四) 公司网站

今天,互联网在中国城市已越来越普及,而且深得许多年轻人的喜爱。多数公司正是看到了它的商业价值,才在网上竞相开办网站。也许网站本身并不能赚钱,但从中却能获得许多依靠商业手段才能取得的效果。网站就是一个公司的窗户,包括一家公司的历史、产品、价格、订购方式、付款方式、服务承诺、联系方式等方面的信息,必然能够吸引一些对公司及其产品感兴趣的人,通过对网络浏览器的统计查询就可能发现潜在顾客。

二、外部来源

企业内部资料的获取相对较为容易,成本低,可以及时地提供给一线的推销人员。但仅仅依靠内部资料是不够的,很多情况下汽车推销人员都需要进一步从企业外部去获取更及时、准确的潜在顾客的信息。这主要包括以下一些途径。

(一) 顾客推荐

现有客户不仅提供利润来源,甚至还可能带来潜在顾客,其前提是推销员实施的是解决问题的导向型推销,真正帮助顾客解决了他们所面临的问题,已经赢得了现有顾客的信任,建立起了较为稳固的关系。满意的顾客,就会不断地充实潜在顾客名单,推荐他所熟悉和认识的可能客户,帮助推销员扩大客户群。以下都是很好的客户线索:

(1) 顾客推荐,如当前顾客引荐同行用户。

(2) 意见领袖,如使用过公司产品的社会名流、影视歌明星、体育明星等公众人物。

(3) 社会团体,比方说,如果推销渔具就可以找当地的钓鱼协会。

(二) 电话簿及各种名录

现代商业社会,一些公用性质的名录存在巨大的商业价值,如电话簿、工商企业名录等,只要汽车推销人员勤于动脑,愿意花时间进行钻研就会有收获。一般大中城市的电话簿都是按党、政、工、教育、文卫、娱乐等性质划分的,汽车推销员分析所推销汽车产品的可能适用对象后,就可有针对性地从电话簿上找到可能的顾客,通过上面的电话取得联系或走访,确定是否具备购买商品的欲望、购买能力及购买权限等;同样,工商企业名录对推销员推销生产资料用品将更有帮助,针对性会更强。利用好这些工具,就能编织好潜在顾客网。

(三) 贸易展销会

我国现在已经有很多规模不等的商品贸易展销会,例如广交会、华交会等。通过参展、办展,不但能现场销售出去一些商品,而且还能为公司建立公共关系的宣传和影响,同时通过办展激发潜在顾客的兴趣,也可以为确定潜在顾客提供线索,为将来的推销走访缩小范围。

(四) 探查走访

对于一个没有任何经验的汽车推销人员来说，探查走访可能是唯一的寻找潜在顾客的途径，也可能是最不成功、最不经济的办法。探查走访需要勇气、意志力，也需要付出时间和努力。经过如此磨炼，推销员会琢磨出寻找潜在顾客的更好方法。

(五) 自己观察

汽车推销员绝不是油腔滑调的“痞子”，他需要细心地观察体验生活。其实，潜在顾客就在人群中间，只有瞪大眼睛，竖起耳朵，才能发现潜在顾客就在身边。因此推销人员要善于自己观察，并把它记录下来，通过推敲找到潜在顾客的“影子”。

(六) 其他产品的推销员

虽然同是推销员，但所推销的商品并不都相同，只要不是竞争性的商品，推销员彼此之间就存在一定程度合作的可能，有些甚至还可能相互“取长补短”，彼此为对方提供潜在顾客的信息来源，共求发展。

以上只是一般性地介绍了寻找客源的可能路径和方法。掌握顾客资源的多少，关键取决于推销人员是否具有一定的信息素养。所谓信息素养是一种查找信息、利用信息以及解决信息问题的能力。一个有信息素养的人，不仅能够确定何时需要信息，而且具有检索、评价和有效利用信息的能力及修养。推销工作与信息技术的应用紧密相关，因此信息素养已经成为汽车推销人员生存与发展不可缺少的基本技能。

工作回顾

(1) 潜在顾客内部信息来源。

(2) 潜在顾客外部信息来源。

工作实施步骤

(一) 工作要求

根据以下案例所反映的内容来回答相关问题。

(二) 工作实施的步骤

在美国，有这么一家轮胎店，修补破了的轮胎不收费，原因是“因为我们希望做你的轮胎生意，我们要你下次购买轮胎时记得我们”。轮胎店本可非常容易地向车主收取修理费用，但它没有，这是为什么呢？

请你分析一下上述提问。

思考与训练

(1) 潜在顾客主要可从哪些途径来寻找？

(2) 如何最大限度地扩充潜在顾客？

(3) 影响顾客购买行为的因素有哪些？

任务三 寻找顾客的方法

任务描述

把寻找顾客看作是播种，在尽可能多地播种之后，如果你能在庄稼的成长过程中给予帮助——浇水、施肥、在田里施以适量的营养物质，向你的庄稼提供各种它们需要的东西，那么结果总会更好。一棵庄稼长势越好，对你就越有价值，即使可能还不到收获季节。所以要充分挖掘潜在顾客，掌握寻找潜在顾客的方法。

工作剖析

寻找顾客的程序首先从发现可能购买的准顾客开始。获得的准顾客名单越多，可筛选的余地就越大。推销员一般要采取多种途径和方法寻找准顾客，以便使寻找准顾客的有效性达到最大。

工作载体

被誉为丰田汽车“推销大王”的椎名保久，从生意场上人们常用火柴为对方点烟得到启发。在自制的火柴盒上印上自己的名字、公司名称、电话号码和交通线路图等，并投入使用。椎名认为，一盒20根装的火柴，每抽一次烟，名字、电话和交通图就出现一次，而且一般情况下，抽烟者在抽烟间隙摆弄火柴盒，这种“无意识的注意”往往成为推销人员寻找顾客的机会。椎名正是巧妙地利用了这小小的火柴，寻找到了众多的顾客，推销出了大量的丰田汽车。其中许多购买丰田汽车的用户，正是通过火柴盒这一线索实现购买行为的。

相关知识

一、普遍访问法

普遍访问法在美国也称为“地毯式访问法”是指推销人员对推销对象的情况一无所知或了解较少时，挨家挨户直接走访某一特定区域内的所有个人或组织，以寻找潜在顾客的方法。通过这种广泛搜寻的途径，可以捕捉到一定数量的潜在顾客。这一方法的理论依据是平均法则，即在推销员走访的所有人中，潜在顾客的数量与走访的人数成正比。换句话说，潜在顾客是平均地分布在人群之中的，要想获得更多的潜在顾客，就得访问更多数量的人。

“地毯式访问法”比较形象地说明，推销员寻找潜在顾客的过程，就像家庭主妇整理家务时清理地毯一样逐一检查。采用该方法，要求推销品必须具有广泛的适应性，许多人都存在着对这种商品的需求。如果需求者人数极少，运用这种方法往往事倍功半。为了更好地利用这种方法，在访问之前一定要进行必要的接近研究，找到一条最适合的“地毯”，即划定走访的范围。

例如，一次性尿布的推销员，确定的“地毯”可能是医院、保健所等；再如，某种汽车品牌的推销员，确定的“地毯”可能是某一地区的汽车租赁行业等。

“地毯式访问法”的 4 个优点是：一方面可寻找顾客，另一方面可借机进行市场调查，了解顾客对其他商品的需求情况；可以对整个“地毯”及相关地区产生较大的影响，形成有利于企业的整体印象；有利于培养和锻炼初涉推销领域的人员；可以争取到更多的新顾客。

“地毯式访问法”的 3 个缺点是：需要花费大量的时间和精力，盲目性较大；突然走访，往往遭到冷遇；“地毯”与“地毯”之间是相互联系和影响的，某条“地毯”访问的失败，会导致全局的失败。

二、链式引荐法

链式引荐法，是指推销人员在访问现有顾客时，请求为其推荐可能购买同种商品或服务的潜在顾客，以建立一种无限扩展式的链条。链式引荐法也称为无限连锁介绍法，实质上是一种顾客推荐的方法，它是那些已经对推销员有信任感的满意客户给推销人员的引荐。

链式引荐法寻找潜在顾客来源于链传动的原理。齿链之间是一环紧扣一环的啮合状态，犬牙交错，以此带动物体的移动。作为商品的推销员，就必须从现有顾客这一环去联系潜在顾客的下一环，不断循环往复，扩大推销员与潜在顾客之间的联系面，使推销员所掌握的潜在顾客源源不断地得到扩充、发展和更新。因此，链式引荐法的关键在于推销员首先要取信于第一个顾客，并请求引荐其余的顾客，由其余的第二链节发展更多的顾客，最终形成无限扩大的“顾客链”。要使这样的“顾客链”长久地运转下去，推销员就必须不断地向链传动系统增添“润滑剂”，维持各个链节之间的正常运行，避免在某个环节上卡死。通过关系链的传动使推销品能够畅通无阻地进入客户手中，其原理如图 5-1 所示。这里所说的“润滑剂”即推销员对客户进行的感情投资，一定要取信于现有顾客，使顾客通过对推销品的使用，能够获得某种实实在在的利益或解决实际问题，使顾客真正满意，在此基础上才可能从现有顾客那里获得源源不断的新顾客名单。

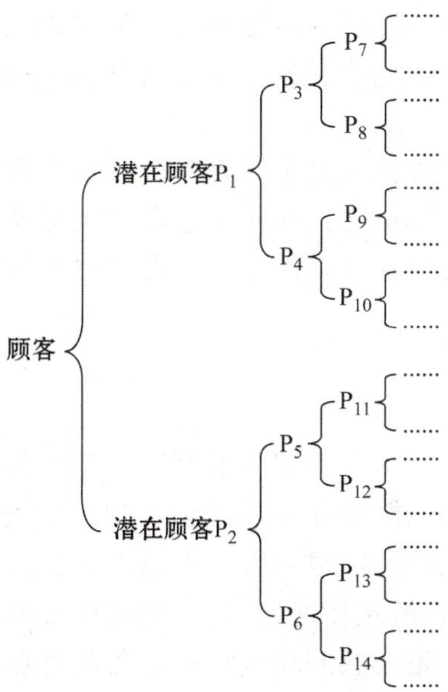

- 顾客
  - 潜在顾客P_1
    - P_3
      - P_7
        - ……
        - ……
      - P_8
        - ……
        - ……
    - P_4
      - P_9
        - ……
        - ……
      - P_{10}
        - ……
        - ……
  - 潜在顾客P_2
    - P_5
      - P_{11}
        - ……
        - ……
      - P_{12}
        - ……
        - ……
    - P_6
      - P_{13}
        - ……
        - ……
      - P_{14}
        - ……
        - ……

图 5-1 链式引荐法的原理

不可否认，即便是一个社交活动很少的人，他也有一群朋友、同学和老师，还有他的家人和亲戚，这些都是你的资源。一个带一圈，这是销售人员结交人最快速的办法。你的某个朋友不需要你的车辆，但是朋友的朋友，你能肯定不需要吗？去认识他们，你会结识很多的人。告诉你身边的人你在干什么，你的目标是什么，获得他们的理解，你会很快找到你的潜在顾客，因为你身边的人都会帮你，愿意帮你。

如果你确信你所销售的车辆是他们需要的，为什么你不去和他们联系呢？而且他们大多数都没有时间限制，非工作时间都可以进行。向朋友或亲戚销售，多半不会有异议和失败，而异议和失败正是新手的恐惧。他们喜欢你，相信你，希望你成功，他们总是很愿意帮你。尝试向他们推荐你确信的优越车辆，他们将积极地回应，并成为你最好的顾客。与他们联系，告诉他们你已经开始了一项新职业或开创了新企业，你希望他们与您共享你的喜悦。除非你6个月内的每一天都这么做，否则他们会为你高兴，并希望知道更详细的信息。你将利用他们检验你的讲解与示范技巧。

如果你的亲戚朋友不会成为你的顾客，也要与他们联系。寻找潜在顾客的第一条规律是不要假设某人不能帮助你建立商业关系。他们自己也许不是潜在顾客，但是他们也许认识将成为你顾客的人。不要害怕要求别人推荐。取得他们的同意，与他们分享你的新车辆、新服务以及新的构思时的关键语句是："因为我欣赏你的判断力，我希望听听你的观点。"这句话一定会使对方觉得自己重要，并愿意帮助你。与最亲密的朋友联系之后，再转向熟人。如果方法正确，提出恰当的问题，多数人将不仅给您加些顾客，他们还有可能给你谈到一个大顾客。

链式引荐法是扩充潜在顾客资源最有成效的方法。它比普遍访问法效率高而且可靠，但在运用中千万不要问顾客这样的问题："你还知道可能使用我们产品的其他人吗？"这种询问方法可能使顾客感到很唐突，因为一般极少有人去考虑是否还有其他人会做出同样的购买。与之相反，推销员应问："你的朋友中有没有个人或组织对我们卖给你的产品感兴趣？"其实顾客并非不愿作引荐，只是担心推销员的推销活动破坏了他们之间的友谊，也不愿意为这些琐碎的事情而烦恼。因此要尽量打消顾客的疑虑。告诉他就像我们对他一样，只是打个电话告诉一下我们的做法，如果不感兴趣，会就此作罢，绝不会影响他的一切；如果他们有兴趣，我们将聚一聚，而且同样提供像给他那样的专业服务。如此，在轻松的氛围中推销员就增加了新潜在顾客到"册子"上来了。

采用链式引荐法，可以避免推销人员主观判断潜在顾客的盲目性，有利于取得潜在顾客的信任，推销访问的成功率较高。不足之处在于由于潜在顾客要依靠现有顾客的引荐，事先难以制订完整的推销访问计划；寻找潜在顾客由于受到现有顾客的制约，可能使整个推销工作处于被动地位。

三、中心开花法

中心开花法，是指推销人员在某一特定的推销区域里发掘一批具有影响力和号召力的核心人物，并且利用这些核心人物的影响在该地域里寻找可能的买主。推销人员所物色的核心人物群体可以是推销人员的现有顾客，也可以是推销人员愿意合作的朋友。

中心开花法实际上也是一种链式传递介绍法，只是中心开花法是利用"核心人物"的链式关系来不断扩大其顾客群，而不是一般的现有顾客。因此中心开花法的关键是找出核心人物，并极力说服这些核心人物，在取得他们的信任与支持后，就有可能利用他们的影响、权威性或示范效应，去带动一大批购买者。这些核心人物必须是圈子内有影响力、号召力和具有权威性的人，能对所属群体的人起到示范效应与带头作用，能施加有形与无形的影响。

通过接触顾客的关键人物，你可以获知该顾客的真实状况。有些销售人员容易落入一种沟通陷阱，把时间浪费在感兴趣的人物身上，把对方当作关键人物对待，这是非常浪费时间又没有效果的销售方法。

真正的关键人物知道最需要的是什么车辆，能否在现在或将来什么时候购买。所以，通过对关键人物的调查，你才能获知顾客的需求信息和需求障碍。

当明确拜访对象之后，需要调查潜在顾客的信息：关键人物的职称和个性，顾客购车的决策途径，顾客的规模和资金状况，顾客的信誉状况和发展状况。

中心开花法的优点是：推销人员只需集中精力做核心人物的工作，可提高效率；利用核心人物的影响作用，可以扩大商品知名度。

中心开花法的缺点是：推销人员须反复地向核心人物做细致的说服工作；核心人物的寻找与确定较困难。

四、关系网编织法

对于推销人员来说，发掘潜在顾客从来就没有止境。他们需要留心关注身边的人或者认识的人中是否有可能的顾客，或由他们提供可能购买所推销产品或服务的顾客的名字，这种开发潜在顾客的方法，就叫做关系网编织法。

在众多寻找潜在顾客的方法中，最大限度地利用推销员自身的关系网发现潜在顾客是最可靠、最有成效的方法。通常人们都愿意同自己认识、喜欢和信任的人做生意，洽谈自己的业务。一次性买卖的时代已经一去不复返，今天已经步入关系网构建的销售时代。

构建一个关系网络是很重要的，但这还远远不够，更重要的是去精心耕耘它。对掌握的关系网中的潜在顾客要进行细分，划分出各种不同的等级，以便在销售访问时有区别地加以对待。但要注意，这一切只有推销员自己清楚，不能向关系网中的人透露这种“歧视”政策，以免引起误解。

培植关系网的目标：在认识的人当中有人想要购买产品或服务时，首先在他们心里闪现的就是推销员自己，而且是唯一可能的提供来源，要让这种念头深深地扎根在他们心中。

为了能显著地增加顾客推销业务，扩大你的人际关系，汽车销售员必须具备几个重要因素，如车辆知识、销售技巧、意愿、耐力、销售顾客基数等，其中销售顾客基数就是所谓的人际关系。企业的经营也可以说是人际的经营，人际关系是企业另一项重要的产业。销售人员的人际关系愈广，你接触潜在顾客的机会就愈多。在培育关系网方面要注意以下小技巧：

(1) 准备一张有吸引力的名片：你要让你接触的人知道你是谁，你能提供什么样的服务。名片能让你接触的人记得你。

(2) 参加各种社团活动。

(3) 参加一项公益活动。

(4) 参加同学会。

(5) 把重点集中在核心人物上，这些人已经取得了相当好的名声，有着广泛的社会联系和影响。通常推销员可以在贸易联合会、贸易展览会或其他有关商业的社会活动中去寻找行业中的关键人物。

(6) 在第一次与关系网中的潜在顾客接触时，谈论的应该是顾客的业务，而不是推销员自己的生意。

(7) 向对方提出一些自由回答式的、感觉良好的问题，例如："行业中你最欣赏什么？"

(8) 推销员可能对现有客户说："或许刚才与我交谈的人就是你们的一个好顾客！"如果推销员一直关注客户新业务的拓展，顾客也就很愿意引荐。

(9) 拿出正在编织的关系网中的潜在顾客的名片，这是追踪新线索最简单的方法。

(10) 亲手书写一张表示感谢的便条："很高兴能在今天早上认识你，要是能在你方便之时与你讨论相关业务，我将非常乐意。"

(11) 在浏览报刊时，要留意是否有关系网中的人，如果看到了某个关系户需要或欣赏的文章，就设法寄给他。

(12) 每个月邮寄一些东西来留住关系户的心。善于捕捉潜在顾客的推销员总是把写有顾客名字和特征的记事本放在办公桌上，不时地提醒自己不断与客户保持联络。

(13) 寄信给所有的线索。获得业务和顾客推荐的最好方式就是不断地发出(电子或纸质的)信函，主动出击。

(14) 不管什么时候，收到线索的来信，也不管他是否会购买商品，亲手写一封感谢信。

推销员应看见熟人就告诉他自己推销的是什么，询问他们在做什么，相互交换名片，并且定期进行联络。最终，可以建成一个彼此沟通、共享思想及交换信息的人际关系网络。此外，推销员也可以利用前述的某一种寻找潜在顾客的方法来建造自己的系统网络，如链式引荐法、中心开花法等。

用关系网编织法寻找潜在顾客也是一种链式扩展法，只是这种方法首先开始启动的链节是推销员自己的关系户，然后逐步扩散渗透，形成一张某种推销品的关系网，可能的潜在顾客也就在汽车推销员的掌握之中了。

五、个人观察法

个人观察法也称直观法或视听法，它是指推销人员根据自身对周围环境的直接观察、判断、研究和分析，寻找潜在顾客的方法。这是一种寻找潜在顾客最古老、也是最基本的方法。

个人观察法的关键在于培养推销员个人的灵感和洞察力。推销员应具备良好的观察能力与分析能力，善于从报纸杂志、广播电视和言谈举止中去搜寻潜在顾客。事实上，潜在顾客无处不在，只要"睁大眼睛"、"竖起耳朵"留心周围发生的一切，并善于分析，多向自己提问为什么，就能寻找到可能的买主。

个人观察法可以使推销员直接面对市场与社会，有利于培养和提高推销人员的才干；可以使推销员扩大视野，养成良好的思维习惯，积累推销经验，提高推销能力。个人观察法的缺点主要是：由于受到个人知识、经验和能力的限制，失败率较高，推销员的积极性容易受挫；往往只能观察到一些表面现象，甚至可能受表面现象的迷惑。

六、委托寻访法

委托寻访法就是推销人员委托有关人员寻找顾客的方法，即企业的推销人员雇用一些低级推销人员寻找顾客，自己(即高级推销人员)则集中精力从事实际的推销活动。

在实际运用委托寻访法时，低级推销人员通常打着市场调查或免费提供服务等名义，对可能性比较大的区域发动"地毯式"访问，一旦发现潜在的顾客，立即通知高级推销人员安排正式访问。有些推销员也委托一些企业外的人员来寻找顾客，例如，一些大城市的推销人员会雇用一些低级的推销人员来进行二三线城市的推销业务工作。通常这些助手都不是企业聘用的，而是推销员安插的探子，他们能自然而然地接触到需要购买推销员推销的汽车产品或服务的人，所获报酬依据提供信息后达成生意的多少来支付。

委托寻访法可以使推销人员把更多的时间和精力集中在有效的推销工作上，避免大量的时间浪费和金钱耗费；可以获得有效的推销信息，及时开拓新的推销区域；可以借助推销助手在当地的渗透力，扩大商品的社会影响。

委托寻访法的缺点是：推销助手的人选确定较为困难；推销人员处于被动的状态，其绩效往往取决于推销助手的合作程度；由于助手不是企业的人员，无法加以控制，这些人也可能同时为其他同类竞争产品服务。

七、广告拉动法

广告拉动法是指推销人员利用各种广告媒介寻找顾客的方法。在西方国家，推销人员主要使用的广告媒介是直接邮寄广告和电话广告。

广告拉动法通常用于市场需求量大、覆盖面较广的商品的推销。推销走访前首先发动广告攻势，刺激和诱导市场消费需求的产生，在此条件下不失时机地派员推销商品，使拉动与推广策略结合起来，提高推销效率。制作广告可用的媒体种类很多，可根据市场的特点、产品性能、销售范围及销售对象综合考虑后作出决策，报纸、杂志、广播、电视、邮寄目录、样品、说明书等都是可以利用的好传媒。如果企业仍然抱着传统的销售技术不变，单纯靠上门推销的盲目走访，很难在现代信息社会中有所作为。

推销主体与推销对象之间通常存在着信息的阻隔，运用现代化的传播手段往往使信息传递层面拓宽，使推销员与买主之间的信息沟通在短期内得以完成，缩短推销过程，无形中扩大了市场，提高了推销效率。可以这样说，一则好的广告相当于成千上万的推销员。产品的销售战役，首先是广告的前哨战，其次才是推销员的常规战。

广告拉动法的优点：利用现代化的信息传播手段，信息传递的容量大、范围广；广告的先导作用不但能为企业探查顾客，而且也能刺激需求，说服顾客购买；可以使推销盲目性减少，时间节省，推销效率提高；广告的先导作用可以使顾客有所准备，有利于顺利实施推销访问工作。

广告拉动法的缺点：推销对象的选择难以掌握，从而影响广告媒体的选择；广告拉动法不是对所有商品都适用；难以测定广告拉动的实际效果。

八、资料分析法

通过分析各种资料寻找潜在顾客。

(一) 统计资料

国家有关部门的统计调查报告，行业在报刊或期刊上刊登的统计调查资料，行业团体公布的调查统计资料等。

(二) 名录类资料

顾客名录(现有顾客、旧有的顾客、失去的顾客)，同学名录，会员名录，协会名录，职员名录,名人录,电话黄页,厂家年鉴等。

(三) 报章类资料

报纸(广告、产业或金融方面的消息、零售消息、迁址消息、晋升或委派消息、订婚或结婚消息、建厂消息、相关个人消息等),专业性报纸和杂志(行业动向、同行活动情形等)。

九、网络搜寻法

网络搜寻法就是利用企业网站来吸引人们浏览,通过对浏览网站的人的统计筛选来确定潜在客户的方法。

企业网站的内容通常包括公司的历史、产品、使用方法、价格、订货方式、售后服务及联系方式等。商业网站也能吸引众多网民的浏览,从这些漫游者中往往能捕捉到销售的目标客户。由于这些人通过浏览网页,对公司及其产品情况的介绍已有了初步的了解,也对公司的产品产生了兴趣,推销人员在有针对性地对浏览者的人口统计情况加以分析的基础上,潜在顾客的确定就有了较高的把握,成功推销就有了良好的基础。网络加拜访的模式,往往能提高推销效率和成功率。

网站设计上要贯穿客户导向的理念,最大限度地方便浏览者,创造性地利用文字、图片、声音及视频等吸引潜在客户,要通过促销活动、参与答题、抽奖等刺激手段增加浏览量,同时需设有统计分析功能,能够自动地对浏览者进行分类、分级及确定潜在买主。

十、确定寻找潜在顾客的最佳方案

潜在顾客的寻找永远没有固定不变的模式或程序,也不存在适合于所有情形的寻找潜在顾客的最理想方法。推销人员应该系统地学会寻找潜在顾客的各种方法,并把各种方法与推销对象、推销品结合起来,灵活选择和运用。具体选用时应该注意以下问题。

(一) 选择的方法应当适合于自己

每一种方法都有它的有效性,但可能只适合于某些推销员。某种菜肴可能为某些人所钟爱,但却让另一些人所恶心。因此,推销员刚刚步入推销生涯时,不妨尝试一下所有寻找潜在顾客的方法,并做好相应记录,以考察各种方法的有效性,从中发现寻找潜在顾客的最佳方法。

(二) 各种方法配合使用

各种寻找潜在顾客的方法各有所长、各有所短,在可能情况下应该把各种方法同时并用,相互补充,密切配合,扬长避短,发挥优势,以取得较好的效果。谁也不可能完全依靠一种方法寻找到可能的买主。

(三) 从推销工作的全程中寻找

潜在顾客的寻找与接近、洽谈、成交、服务等环节并不是截然分开的,某一些潜在顾客也许是在与另一些客户洽谈、成交或服务中获知的,推销员应该时刻不忘寻找自己的潜在顾客,随身携带小笔记本及时做好记录。经过审查合格的潜在顾客,就可正式列入潜在顾客的名单。

(四) 分清重点,渐次推进

首先将重点集中在购买潜力大的潜在顾客身上,其次才去拜访购买潜力相对较低的潜在顾客。

（五）不断探寻，永不放弃

不断打电话给以前并未购买商品的潜在顾客。随着新产品的推出，推销员不要把业务仅仅局限在现有顾客的身上，一个公司不会购买与它需求不相适应的现有产品，但并不意味着它们不需要新产品。

（六）培养自身的职业敏感性

不管用哪种方法寻找潜在顾客，都应能感觉和发现潜在顾客的需求所在，定位潜在买主。

工作回顾

寻找顾客的方法：普遍访问法、链式引荐法、中心开花法、关系网编织法、个人观察法、委托寻访法、广告拉动法、资料分析法、网络搜寻法。

工作实施步骤

（一）工作要求

结合案例认真分析回答以下问题。

（二）工作实施的步骤

张先生刚从某大学市场营销专业毕业，被一家汽车服务公司雇用。在第一次参加的销售会议上，销售部王经理在会上表达了他对新招来的销售人员的殷切期望，同时也给这些新手布置了职业生涯的第一项任务。

王经理：我讲话的过程中，如果有什么听不明白的，请直接提问。你们的第一项任务是推销本公司的服务会员卡，每张卡售价200元……

张先生：每一笔买卖我们可以拿到多少佣金？

王经理：每卖出一个会员卡，你可以拿到15%，也就是30元。会员卡可以享有很多权利，包括旅游计划服务、免费拖车、获得汽油等。购买了会员卡的人还可以低价购买汽车保险和人寿保险。推销保险会比销售会员卡带来更多的佣金，其数额取决于你所推销的保单。

张先生：换句话说，真正的目标是借推销会员卡进一步推销保险？

王经理：不错。如果你完成了会员卡和保险的销售任务，你还可以获得红利。

张先生：我如何找到需要汽车服务会员卡的潜在顾客呢？

王经理：那完全由你自己决定。我想说的是，寻找潜在顾客是你成功的关键。过去我们发现，每10位找到的潜在顾客中，只有3人可能与你面谈，最终仅有1人成交。

张先生：我们的费用可以报销吗？

王经理：每周你可以得到100元的预支费用，由你自己决定如何分配。

请你回答下列问题：

(1) 如果你是张先生，你将把目标锁定在哪一个市场？

(2) 你怎样寻找潜在顾客？

思考与训练

(1) 什么叫普遍访问法？它适合于什么样的情形？

(2) 链式引荐法与中心开花法都可归属于关系网编织法，你认同这种说法吗？为什么？

(3) 链式引荐法的基本原理是什么？

(4) 推销员应如何建立和维护客户关系网？

(5) 有人认为存在一个寻找潜在顾客的最佳方案，你同意这种说法吗？

项目六

顾客接近

任务一　接近准备
任务二　顾客约见
任务三　接近顾客的方法

项目理解

任务一：一次成功的推销不是一个偶然发生的故事，它是学习、计划以及一个销售代表的知识和技巧运用的结果。在取得一鸣惊人的成绩之前，必先做好枯燥乏味的准备工作。事前的充分准备与现场的灵感所结合起来的力量，往往很容易瓦解坚强的对手而获得成功。

任务二：在专业化的推销中，接触前的准备只有一个目的，就是为客户寻找到可以接纳或者信任我们的理由。

任务三：有计划且自然地接近客户，并使客户觉得有益处，而能顺利进行商洽，是销售代表必须事前努力准备的工作与策略。接近顾客必须讲究方法和策略，方法得当会很快获得顾客的认同。

任务一　接近准备

任务描述

机遇青睐有准备的人，不打无准备之仗。在接近顾客前，我们最容易犯的毛病就是信心不足，总是担心这样担心那样：是否会搅乱被访者的正常生活？顾客是否会接受推销访问？顾客拒绝成交怎么办？这种无形的恐惧如果表现在推销过程的言行举止中，会使顾客丧失对你个人及你所推销的产品的信心。

工作剖析

接近顾客是推销过程中的一个重要环节，它是推销人员为进行推销洽谈而与目标顾客进行的初步接触。能否成功地接近顾客，直接关系到整个推销工作的成败，许多推销人员的成功与失败，往往都决定在最初的几秒钟。

工作载体

推销是信心的传递，要想使你的顾客相信的，你必须对你自己及你所推销的产品表现出十足的信心。汽车推销员必须培养良好的心理素质和优秀的推销业务能力，可以通过模拟推销情景的方法专门训练，让同行们作为假想的目标顾客，帮助练习，最终一定会克服心理障碍。只有这样，才能克服畏难情绪和逃避心理，敢于正视顾客的拒绝，时刻保持一种高昂的精神状态，沉着冷静地去排除接近过程中遇到的种种障碍。

相关知识

一、接近准备的含义

接近准备是指推销人员在接近目标顾客之前进一步深入了解该顾客的基本情况，设计接近和面谈计划，谋划如何开展推销洽谈的过程。

在汽车推销实践中，成功地接近顾客不一定带来成功的交易，但成功的交易是以成功地接近顾客为先决条件的。

【案例】

在IBM公司经常可以看到这样的“怪事”：一大早，班车到公司后，很多人下车后就疯狂地往大楼的门口跑，速度非常快。其实这时候还没到上班的时间，为什么大家都一窝蜂往办公室跑？原来公司的相关政策迫使员工珍惜每分每秒。例如销售部和市场部并不是所有的员工都有自己的办公桌，而是几个人共用一个办公桌，所以大家都想第一时间抢占办公桌，以便尽快整理资料后及早去见客户，争取有更多的时间和客户一起度过。那么没有办公桌的同事怎么办呢？只能在客户那里度过，这也促使销售员用更多的时间去拜访客户，和客户一起度过。

二、推销约见前的准备工作

为了更好地完成接近准顾客的目的，推销员需要在接近准顾客前进行一系列的准备活动，即接近准备。所谓接近准备，是指推销人员在接近某一准顾客之前进一步了解准顾客情况的过程。推销接近准备阶段实际上是顾客资格审查的延续。接近准备工作的主要目的是搜集更多的准顾客资料，为汽车推销访问和面谈作好准备。

推销接近的准备工作是收集第一手资料的活动，要想获得推销接近的成功就必须做到先全面了解自己的准顾客，俗话讲，“磨刀不误砍柴工”。在接近每一个准顾客之前，推销员都要尽可能地抽出时间作好相关准备，准备得越充分，访问的效率就会越高，效果就会越好。

三、接近顾客前的一般准备

一般来说，接近顾客应该作如下准备。

（一）作好接近前的精神准备

心理素质的培养需要经过无数次的磨炼，当然也需要经过一些专业的培训。推销人员在接近顾客前，最容易出现的问题就是信心不足，其实这也是一种心理素质问题。汽车推销员在平时要有意识地锻炼自己的心理素质，针对各种客户可能拒绝的情境作好相应的准备，避免慌张。

（二）进一步审查待接近顾客的资料

通过对待接近顾客购买欲望、支付能力、购买资格等的进一步审查，将使推销接近工作更加富有针对性和效率。

（三）培育友好氛围

在接近时，通过前面约见准备阶段对顾客情况的了解，可以从一些顾客感兴趣的话题入手，培育友好的氛围，以利于下一步的洽谈。

（四）适应推销情境

不同顾客有着完全不同的性格特点和行事方式，不可能以一种接近顾客的办法适用于所有人。有的人工作忙碌很难获准见面，有的人成天都在办公室或家里很容易见面；有的人喜欢开门见山式的交谈，有的人则喜欢迂回的方式；有些人注重推销员的仪表、风度，有些人则有较强的时间观念，非常守时；有些潜在顾客非常讨厌锋芒毕露的人，对于试图征服他们使其接受推销品的人有天生的反感；有些潜在顾客是禁烟主义者，非常讨厌交谈中肆无忌惮地吸烟。针对这些不同的特点，我们应随时调整自己的行为方式，以便更好地适应推销情境。

（五）作好必要的物质准备

为避免与顾客见面时手忙脚乱，接近前必须作好必要的物质准备，具体包括仪表准备、物品准备等。

四、个体准顾客的接近准备

准客户的种类很多，主要分为个体客户、团体客户和老客户。销售员在接近不同类型准客户时，需要依据其类型进行不同的准备。下面分别进行说明。

这里所谓的个体准顾客，是指一个个体的准客户。按照西方销售学家的说法，个体准顾客是作为一个人的准客户，而不是作为一个公司经理人的准客户。一般说来，接近个体准顾客前要了解以下内容。

（一）姓名

接近个体准顾客时，如果能在一见面时就能准确地叫出对方姓名的话，会缩短推销人员与顾客的距离，产生一见如故的感觉。因此，弄清楚准顾客的姓名，是赢得准顾客信任、获得推销成功的第一步。

（二）年龄

不同年龄的人会有不同的个性差异和需求特征，因而会有不同的消费心理和购买行为。在接近顾客之前，推销人员应采取合适的方法和途径了解该顾客的真实年龄，便于分析、研究，把握顾客的消费心理，制订推销接近策略。

（三）性别

对待不同性别的准顾客时，应采取不同的推销方式。男女准顾客在其性格、气质、需要和交际等方面均有区别，推销人员应区别对待。

（四）民族

我国是一个多民族的国家，不同民族的人都有自己的民族风格和民族习惯。了解准顾客的民族属性，准备好有关各民族风俗习惯的材料，是接近准顾客的一个好方法。至于到少数民族地区去开展推销活动，更要入乡问俗、入乡随俗，切不可做出有违民族风俗习惯的事。相互尊重对方的民族习惯是长期合作的重要基础。

（五）出生地

推销人员在作接近准备时，应尽可能了解准顾客的籍贯和出生地。一个人出生和生长的地方，会给其生活习惯甚至性格打上很深的烙印，对他们都有较大的影响。了解准顾客的出生地，一来可以从侧面揣测其生活习惯和性格特征，二来可以以此为话题拉近与其的感情距离。中国人对于乡土有着浓厚的感情，所谓“他乡遇故知”，常被世人认为是人生的一大快事。

（六）相貌特征

推销人员在接近准备阶段，应了解准顾客的音容、相貌、身体等重要特征，最好能拥有一张准顾客的近期相片。掌握准顾客的身体相貌等特征，既可避免接近时出错，又便于销售人员提前进入洽谈状态。

（七）职业状况

不同职业的人在价值观念、生活习惯、购买行为和消费内容与消费方式等方面，都有着比较明显的区别。因此，针对不同职业的准顾客，我们在约见方式、认识方式、接近方式与洽谈方式上也应该有所不同。

（八）学习和工作经历

对于推销员来说，了解推销对象的学习和工作经历，将有助于约见时与其寒暄，拉近双方的距离。例如，一位推销员了解到顾客和自己一样，都曾在部队里当过话务员，于是他和顾客一见面，就谈起了收发报，双方谈得津津有味，最后在愉快的气氛中达成了交易。

（九）兴趣爱好

了解准顾客的兴趣爱好，不仅有利于针对性地向准顾客推销商品，以投其所好，而且有利于寻找更多的共同话题接近准顾客，融洽谈话气氛，并且可以避免冒犯准顾客。

（十）需求内容

这是准顾客资格审查的重要内容之一，同时也是接近准顾客前准备工作的重要方面。推销人员应尽量了解准顾客需求的具体情况，如购买需求的特点、动机、购买决策权限以及购买行为的规律性等，以便于有针对性地做好推销工作。

（十一）办公及居住地址

准顾客的住址、办公地点和经常出入、停留的地方，对推销人员而言是很重要的资料。在接近准备阶段，一定要不厌其烦地核对清楚。例如，邮政编码、区名、街道名、楼宇名、门牌号码以及其周围环境特征。联系电话、传真机、手机号码等都要搞清楚，以便顺利到达接近地点和节省接近拜访时间。

（十二）家庭及成员情况

了解准顾客的家庭情况，可以为接近准备和面谈提供一些话题。

五、团体准顾客的接近准备

团体准顾客是指除个体准顾客以外的所有准顾客，包括工商企业、政府机关、事业单位及

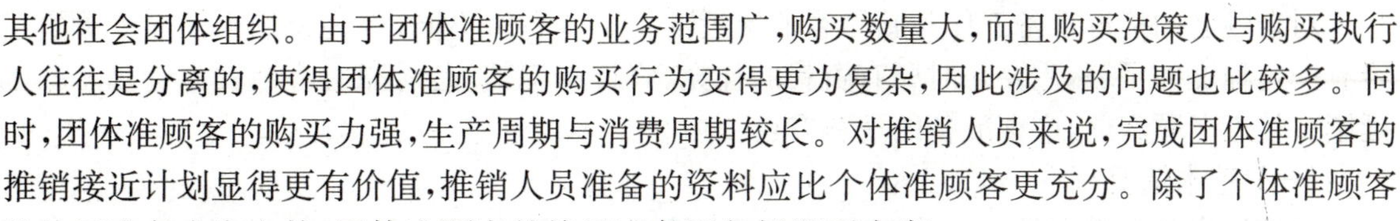

其他社会团体组织。由于团体准顾客的业务范围广，购买数量大，而且购买决策人与购买执行人往往是分离的，使得团体准顾客的购买行为变得更为复杂，因此涉及的问题也比较多。同时，团体准顾客的购买力强，生产周期与消费周期较长。对推销人员来说，完成团体准顾客的推销接近计划显得更有价值，推销人员准备的资料应比个体准顾客更充分。除了个体准顾客的接近准备内容之外，团体准顾客的接近准备还包括以下内容。

（一）基本情况

团体准顾客的基本情况包括机构名称、品牌商标、营业地点、所有制性质、注册资本、职工人数等。除此之外还要掌握团体准顾客总部所在地及各分支机构所在地的详细地址、邮政编码、传真号码、公司网址，具体人员的电话、手机号码，以及前往约见与接近时可以利用的交通路线及交通工具，进入的条件和手续等情况。

（二）生产经营情况

即产品品种、产量、生产能力及发展水平，设备技术及技术改造方向，产品结构情况，产品加工工艺及配方，产品主要销售地点及市场反应，市场占有率及销售增长率，管理风格与水平，发展、竞争与定价策略等。如果准顾客属于商业机构，应该了解准顾客的营业面积、商品规模、商品等级、客流量、购买者的购买行为及商品特点等，并了解对方的资信情况。

（三）采购习惯和购买行为情况

不同准顾客有各自不同的采购习惯，包括采购对象的选择、购买途径、购买周期、购买批量、结算方式等方面都可能有差异。在做准备工作的过程中，推销人员要对团体准顾客的采购习惯进行认真、全面、细致的分析，再结合推销品的特征和性能，确定能否向准顾客提供新的利益以及团体准顾客对推销品采购的可能性。

购买行为情况包括：在一般情况下，由哪些部门提出需求或提出购买申请；由哪个部门与机构对需求进行核准；由哪个部门与机构对需求及购买进行决策及选择供应厂家；客户目前向哪几个供应者进行购买；供求双方的关系及其发展前景如何等等。

（四）组织情况

对团体准顾客的推销，实际上是向机构决策人或执行人推销，而绝非向机构本身推销。但是，机构本身复杂的组织结构和人事关系，对推销能否成功有着重要的影响。因此，在接近团体准顾客之前，推销人员不仅要了解团体准顾客的近远期目标、规章制度和办事程序，而且还要了解它的组织结构和人事状况、人际关系以及关键人物的职权范围与工作作风等方面的内容。

（五）关键部门与关键人物情况

在购买行为与决策中起关键作用的部门和人物的有关情况也要了解清楚。

（六）其他情况

对影响准顾客购买的其他情况也要了解。例如，购买决策的影响因素是什么，目前进货有哪些渠道，维持原来的购买对象与可能改变的原因是什么，目前准顾客与供应商的关系及发展前景如何，目前的竞争对手给准顾客的优惠条件是什么，准顾客的满意程度如何，等等。

六、老顾客的接近准备

老顾客是推销人员熟悉的、比较固定的买主。保持与老顾客的密切联系，是推销人员保证顾客队伍的稳定、取得良好推销业绩的重要条件。

对老顾客的接近准备工作与新顾客的接近准备工作有所不同，因为推销人员对老顾客已经有一定程度的了解，主要是对原有资料的补充、修订和调整，是对原有客户关系管理工作的延续。接近老顾客前，应该准备的资料有：

(一) 基本情况

应该注意和重视在见面之前对老顾客原有情况进行温习与准备。通过温习，在见面时可以从这些内容入手进行寒暄，这样会使顾客感到很亲切。

(二) 变动情况

对原来档案中的资料，最重要的一点就是对各项资料逐一审查，并加以核对，了解原有资料是否有变动。

(三) 信息反馈情况

推销人员再次拜访老顾客之前，应该先了解老顾客(无论是个体顾客还是团体顾客)上一次成交后的信息反馈情况，包括供货时间、产品价格、产品质量、使用效果和售后服务等情况。老顾客反应情况的内容和形式无非是两个方面：一是好的反应；一是不好的反应。无论老顾客反应好坏，推销人员都应该认真听取，并加以研究。

七、其他准备

要准备好名片、身份证、引荐信，所要销售的产品样品以及与之相关的宣传资料，进行产品演示的辅助用具，用于记事的本子和笔，等等。有经验的推销人员在这方面的准备往往是认真细致的。推销人员要注意，决不可以丢三落四，不该带的带了一大堆，该带的还没有带上，等用到的时候干着急不说，还会给顾客留下不好的印象，影响访问效果。另外，还要根据约见的场合准备好自己的穿着打扮，力求大方、得体、适宜。

工作回顾

接近准备是指推销人员在接近目标顾客之前进一步深入了解该顾客的基本情况，设计接近和面谈计划，谋划如何开展推销洽谈的过程。在约见客户时，一方面汽车推销员自己要作好心理准备，同时针对不同类型的客户作好相应的准备。磨刀不误砍柴工，成功的准备，能够达到事半功倍的效果。

工作实施步骤

(一) 工作要求

根据以下案例所反映的内容来回答相关问题。

(二) 工作实施的步骤

小李是黄埔丰田汽车服务有限公司的一名销售员，将于今日去拜访一位姓王的男性客户，30多岁，他是一名高校教师，家里有一个2岁小孩。前几天王老师曾经来店里看中了一款新车，但是一直没有后续行动。马上教师节了，小李现在想借着公司搞活动的机会去拜访王老师。

(1) 各小组讨论，拜访前应作哪些准备。

(2) 一人扮演王老师，一人扮演销售顾问，模拟演练见面场景。

思考与训练

(1) 试联系实际谈谈在约见顾客时,应做哪些心理准备。
(2) 汽车推销员在约见个体准顾客时应做哪些接近准备?
(3) 汽车推销员在约见团体准顾客时应做哪些接近准备?
(4) 汽车推销员在约见老顾客时应做哪些接近准备?

任务二 顾客约见

任务描述

以什么方式约见顾客,往往直接决定约见成功与否。推销人员约见顾客的内容,要根据推销人员与顾客关系的密切程度、推销面谈需要等具体情况来定。比如,对关系比较密切的顾客,约见的内容应尽量简短,不必面面俱到,提前打个招呼即可;对来往不多的一般顾客,约见的内容应详细些,准备应充分些,以期发展良好的合作关系;对从未谋面的新顾客,则应制订细致、周到的约见内容,以引起对方对推销活动的注意和兴趣,消除顾客的疑虑,赢得顾客的信任与配合。

工作剖析

成功地约见顾客,可以有利于推销人员自然、顺利地接触顾客,避免突然拜访的盲目性。推销人员还可以根据约见顾客时获得的信息,对顾客各个方面的情况有个初步的认识和判断,从而制订科学合理的推销计划,提高推销效率。

工作载体

约见顾客的实质是方便顾客,实现有效推销。顾客约见要占用顾客的时间,甚至影响顾客的工作与生活,故推销员在约见顾客时,一方面要慎重考虑约见对象、约见时间和地点,另一方面还要慎重考虑约见的方式和技巧。

相关知识

一、顾客约见的含义

顾客约见,是指推销人员事先征得顾客同意接见的推销行动过程。顾客约见是现代推销活动和现代推销方式的重要特征之一,是整个推销活动过程的一个重要环节,它既是接近准备工作的延续,又是正式接近顾客的开始。完成必要的接近准备工作之后,汽车推销人员就可以开始接近顾客，可是有些推销对象难以接近，有些顾客谢绝推销访问，甚至干脆拒绝推销来访。为了成功地接近顾客，推销人员应尽量事先进行顾客约见。

二、顾客约见的作用

要选择恰当的拜访时机，预约很重要。汽车推销员如果能够做到与顾客预约，就能知道顾客的时间安排情况，从而选择适合自己销售产品的时机去拜访客户。约见的作用具体表现在以下几个方面。

(一) 有助于推销员如约见到被访人

如果不预先约见，推销员很可能见不到被访人。现在各单位都有严格的门卫和传达制度，如果不提前预约，推销员很可能在大门口就被拦住，使推销工作“出师不利”。尤其是，越是重要的人物越难会见。如果是住宅访问，客户的警惕性比较高，如果不作预约，你说是推销员，对方不一定相信，就会造成造访的失败。因此，拜访顾客一定要事先预约，才能使访问顺利进行。

(二) 预约有助于深入洽谈

预约可以使推销员和顾客都能作好充分准备。对推销员来说，有助于制订会谈计划。比如，根据已经了解的有关客户的一些情况，推测客户对自己可能采取的态度，可能提出的问题，从而有针对性地作好充分准备，这将为会谈和推销的成功奠定基础。对客户来说，采用预约的方式事先征得客户的同意，既表示对客户的尊重，又易于取得客户的信任。消除了对陌生人的警戒心理，推销员访问时心情自然会轻松得多，容易形成融洽的谈话气氛。同时也让他们有时间理一理思绪，考虑想要了解哪些内容。在双方都有准备的情况下，会谈可以很快切入正题，双方距离可以缩短，洽谈就会深入下去。而深入的洽谈可以使推销员提高销售产品的可能性，这无疑对推销员的业绩提高有帮助。

(三) 有助于推销员提高工作效率

在当今时代，“时间就是生命”、“时间就是金钱”的概念已深入人心，人们的时间观念普遍增强，对每天的分分秒秒都作了安排，如果不预约就去访问，有可能打乱顾客的计划。有时出于礼貌，顾客勉强同意会谈，但可能说不上三句话就“拜拜”了，或者根本不见。对方不在时，推销员还有可能扑个空。如果经常这样徒劳往返，推销员推销工作的效率会大大降低。

三、顾客约见内容

约见的基本内容包括确定约见对象、明确约见目的、安排约见时间和选择约见地点 4 个方面。

(一) 约见对象

约见对象指的是对购买行为具有决策权或对购买活动具有重大影响的人。要进行推销访问，就要先确定具体的访问对象。须清楚约见的对象究竟是谁，避免把推销努力浪费在那些无关紧要的人物身上。因此，在确定约见对象时，要根据推销业务的性质，设法约见购买决策人或对购买决策有重大影响的人。对于企业顾客而言，公司的董事长、总经理、厂长等是企业或有关组织的决策者，他们拥有最终的决定权，是推销人员首选的约见对象，推销人员若能成功地约见这些决策者，将为以后在该企业或组织里的推销铺平道路。在尽力约见购买决策人的同时，也不要忽视那些对购买有影响力的人物，如总经理助理、秘书、办公室主任、部门经理等人。这些人虽然没有最终购买决定权，但他们接近决策层，可以在公司中行使较大的权力，对决策者的决策活动有很大的影响。

【案例】

“推销之神”原一平的推销“手记”

根据打听来的消息，我前去拜访一家业务很活跃的贸易公司。但是，去了好几次，董事长不是外出就是在开会，总是无法见到面。好几次都是在接待小姐同情的目光之下，留下名片，怅然而返。不知道是在第几次的拜访中，我突然发觉接待小姐桌上的花瓶不见了。于是，下一次再去时，我便带了装着两朵菊花的小花瓶，送给接待小姐，以表示我心中的感激。又惊又喜的接待小姐告诉我，董事长常常推说不在，因此一定得这么守下去。

此后，接待小姐就成了我的内援，每隔3天，我就带着两朵菊花前去拜访。可是，依然没有任何进展。时间一久，全公司里的人都认得我，并且戏称我为“菊花推销员”。但是，我还是见不到董事长。

大约经过两月后，有一天我照常前去拜访，接待小姐好像是自己的事情一样，兴高采烈地对我说：“董事长等着你呢！”并立刻将我带入董事长的办公室。“本公司的员工都非常称赞你哟！”他只说了这么一句话，也不容我多言，即签下最高金额的合约。我永远也无法忘记当时不禁喜极而泣的情景。

（资料来源：《推销技巧》，邱训荣主编，东南大学出版社，2004。）

（二）约见事由

约见的第二项主要内容就是明确约见的目的。任何人都不会接受没有理由的约见，特别是在双方从未谋面或不熟悉的情况下，所以推销人员在约见访问对象时，必须告诉对方访问的原因和需要商谈的事项。虽然约见顾客的最终目的是为了成功地推销商品，但约见目的因顾客、推销进展阶段和具体推销任务的不同而不同。常见的约见目的和事由有：

1. 推销产品

推销访问的主要目的是直接向顾客推销商品。在约见顾客时，推销人员应设法引起顾客的注意和兴趣，着重说明所推销产品的用途、性能和特点等。若顾客的确需要推销的产品，自然会欢迎推销员的来访并给予合作。若顾客确实不需要，推销人员也最好不要强求。

2. 市场调查

市场调查是推销人员的重要职责之一。以市场调查为事由的约见，由于不需要顾客购买商品，往往容易被顾客接受，容易赢得顾客的信任、合作与支持，这样既有利于搜集市场情报和信息，为进一步推销作好准备，又可避免强行推销，往往还由市场调查转变为正式推销，甚至当面成交。

3. 提供服务

在现代市场竞争中，提供服务与推销产品同等重要。事实上，推销本身就是一种服务。把提供服务作为约见顾客的理由，往往比较受顾客的欢迎。通过这种方式，既可以完成推销任务，又可扩大企业影响，树立企业及其推销员的良好形象，为今后的推销工作铺桥搭路。

4. 签订合同

推销人员与顾客经过多次推销洽谈，已达成购买意向，需要商讨一些具体细节，签订合同。以此为目的的约见，一定不要显得过于急切，要尊重顾客的时间安排。因为签订合同不仅意味着一次交易的结束，而且意味着下一次交易的良好开端，必须予以高度重视。

5. 收取货款

收取货款是推销过程中的重要环节。没有收回货款的推销是不完整的推销，无法收回货款的推销是失败的推销。收取货款作为访问事由，对方不好推托，但推销人员也应该体谅对方的困难，既要防止出现呆账，又不要过于逼账。

6. 走访用户

对于企业和推销人员来说，要保证基本顾客队伍的稳定与发展，不断提高销售业绩，不仅要不断寻找、发现、发展新客户，而且要不断巩固与老顾客的关系，以建立自己稳定的销售网。这种方式既可以引起顾客的好感，增进与顾客的感情，又可以使推销员赢得主动，还可以收集到真实的信息、合理化建议，甚至忠告等，为正式推销奠定良好基础。

总之，约见顾客有各种目的。推销人员应根据具体情况，创造各种机会约见、接近顾客。扩大自身影响，提高企业信誉，树立企业形象，并达到预期的推销目的。

(三) 约见时间

约见顾客的时间安排是否适宜，会影响到约见顾客的效率，甚至关系到推销洽谈的成败。约见的时间应主要根据顾客的情况确定，尽量避免在顾客忙碌的时间前往。如果能够选择顾客较为轻松和闲暇的时候约见则最好。至于是上班时约见好还是休息时约见好，不能一概而论，须事先沟通与商定，或者是建立在对顾客生活规律的了解之上，应因人而异，因情而定。当遇有顾客的时间与推销员的时间发生矛盾时，应尽量考虑和照顾顾客的意图。当与顾客的约定时间敲定以后，推销员要立即记录下来，并且要严格按照约定时间准时到达，应坚决避免迟到或约而不到。

(四) 约见地点

与准顾客约定在什么场合见面，这也是我们每一个推销员需要经常面对和处理好的。总的来说，要以顾客的意见和方便为主。除了工作场所和顾客家里以外，在公共场所约见也是可行的。比如茶馆、酒吧、咖啡馆等，以安静和便于谈话交流为宜，环境越雅致越好。

【小知识】

访约见顾客的最佳时间

下面几种情况，可能是推销人员最佳拜访约见顾客的时间：

(1) 顾客刚开张营业，正需要产品或服务的时候。

(2) 对方遇到喜事吉庆的时候，如晋升提拔、获得某种奖励等。

(3)顾客刚领到工资，或增加工资级别，心情愉快的时候。

(4) 节假日之际，或者碰上对方厂庆纪念、大楼奠基、工程竣工之际。

(5) 顾客遇到暂时困难，急需帮助的时候。

(6) 顾客对原先的产品有意见，对你的竞争对手最不满意的时候。

(7) 下雨、下雪的时候。

在通常情况下，人们不愿在暴风雨、严寒、酷暑、大雪冰封的时候前往拜访，但许多经验表明，这些场合正是推销人员上门访问的绝好时机，因为在这样的环境下前往推销访问，往往会感动顾客。

(资料来源：《现代推销技术》，李海琼主编，浙江大学出版社，2004。)

选择与确定约见地点应坚持方便顾客，有利于约见和推销的原则，这样才可能利于交易的达成。约见地点的选择一般有以下几种。

1. 居住地点

对于生活消费品的推销人员来说，则通常以顾客居住地为约见地点，既方便顾客，又显得亲切、自然。

2. 社交场合和公共场所

社交场合和公共场所如歌舞厅、酒会、座谈会、公园、广场等地方气氛轻松愉快，有利于拉近推销员人与顾客的距离。

3. 办公室

对于推销生产用品的推销人员来说，最佳的地点一般是访问对象工作单位的办公室。因为在大多数情况下，顾客是被动的，而推销人员应该采取主动。在办公室约见方便双方讨论问题，进行反复商议以达成共识。

四、顾客约见方法

约见要占用顾客的时间，甚至会影响顾客的工作与生活。因此，推销员在约见顾客时，不仅要考虑约见对象、约见时间和地点，还必须讲究约见方式和方法。在实践推销活动中，常见的约见方法有以下几种。

(一) 当面约见

当面约见是指推销员与顾客面对面约定见面的时间、地点、方式等事宜。这种约见简便易行，也极为常见。推销人员可以利用与顾客会面的各种机会进行面约，如在展销会或订货会上、在社交场所、在推销旅途中或在其他见面的场合与顾客不期而遇，推销人员都要借机面约。但是这种机会并不常有，这就要求推销人员时时留心，了解重要顾客的生活习惯、兴趣爱好，创造机会与顾客见面，进而约定正式见面的时间。

当面约见具有以下优点：

(1) 节约信息传递费用，简便易行，对双方都比较方便。

(2) 有助于推销人员进一步作好接近准备，了解顾客的有关情况。

(3) 有利于发展双方关系，加深双方感情。当面约见，能及时了解到顾客的反应，缩短双方的距离，增加亲近感，甚至建立信任与友谊关系。

(4) 面约一般比较可靠。有时约见情况比较复杂，非面约便说不清楚。当面预约，可以消除对方的顾虑。

当然，当面约见也有一定的局限性：一是受地理限制，远距离的顾客往往很难面约；二是受时机的限制，有时很难碰巧遇到所要面约的顾客；三是效率限制，面约花费的时间与精力较多，面约较少的顾客还行，多了就很难在短时期内办到；四是一旦当面约见遭到顾客拒绝后，推销人员便处于被动局面，无法挽回败局。

(二) 电话约见

电话约见即通过电话来约见顾客，这是现代推销活动中常用的约见方法。它的优势在于经济便捷，能在短时间内接触更多的潜在顾客，是一种效率极高的约见方式。

但电话约见也有明显的缺点。电话约见，由于是不见顾客其人，只闻其声，推销人员与顾客没有直接见面，顾客占被动地位，推销人员处主动地位，容易遭到顾客的推托和拒绝。所以，推销员的重点应放在“话”上：首先，要精心设计开场白，激起对方足够的好奇心，使他们有继续交谈的愿望；其次，约见事由要充分，用词简明精炼、长话短说；第三，态度要诚恳，口齿清楚、语调亲切。

电话约见的一般步骤包括：问候，介绍自己和公司，感谢顾客倾听，道明约见目的，确定约见时间和地点，再一次致谢。在预约客户时，销售人员必须以与客户约定面谈时间和地点为主要目的，这一点是尤其要注意的。

【案例】

下面是两位推销员电话约见某电视机厂刘厂长的对话：

推销员1:“刘厂长，我什么时间去拜访你为好呢?”

推销员2:“刘厂长，我是星期三下午来拜访您，还是星期四上午来呢?”

试对以上两种约见方式进行点评。

【提示】

上述第一位推销员完全处于被动地位，用语模棱两可，对方随时都可能加以推辞或拒绝。第二位推销员的问话则相反，他对双方约见的时间主动确定，提出具体方案，仿佛早已料到对方一定会有时间安排会见。若约见对方一时反应不及，便只好听从推销员的约见安排，让刘厂长作出“两选一”的决定，而无推诿回避的机会。推销员2在电话中那句“星期三下午还是星期四上午”的问话，很明显要比推销员1那句“那你看什么时候”的说法效果好得多。

（资料来源：《推销技巧》，邱训荣主编，东南大学出版社，2004。）

（三）信函约见

信函约见是销售人员利用书信约见顾客的一种方法。信函通常包括个人书信、会议通知、社交柬帖、广告函件等，其中采用个人通信的形式约见顾客的效果最好。当然，书写个人信函一般要在与对方较熟识的情况下采用，否则，莽撞地给对方寄去个人书信，则有可能产生消极的结果。如碰到并不熟悉的顾客，寄去柬帖、会议通知、参观券或广告函则是比较理想的方式。如果选择信函作为销售手段，推销人员需要仔细挑选邮寄名单。为了提高信函约见的成功率，销售人员在写约见信函时应注意以下几个问题。

1. 信函形式要亲切

约见信函要尽可能自己动手书写，而不使用冷冰冰的印刷品，信封上最好不要盖“邮资已付”的标志，要动手贴邮票。

2. 措辞委婉恳切

措辞委婉恳切的信函往往能博得顾客的信任与好感，容易使对方同意见面。

3. 内容要简洁、有重点

书信应尽可能言简意赅，只要把约见的时间、地点、事由写清即可，切不可长篇大论，不着边际。

4. 要引起顾客的兴趣及好奇心

约见书信要以引起顾客的好奇心为中心，投其所好，以顾客的利益为主线劝说或建议其接受约见要求。

5. 电话追踪

在信函发出一段时间后要打电话联系，询问顾客的想法与意见，把电话约见与信函约见结合起来使用，可大大提高约见效果。

(四) 委托约见

委托约见是指推销人员委托第三者约见顾客的一种方法。受托人一般都是与访问对象本人有一定社会关系或社会交往的人，与访问对象关系密切的人或对访问对象有较大影响的人士是最为合适的受托人。受托人可以是推销员的同学、老师、同事、亲戚、朋友、邻居、上司、同行、接待人员、秘书等，也可以是各种中介机构。

委托约见的优点有：容易达到约见顾客的目的，有利于推销人员接近顾客；可以通过受托人与目标顾客的特殊关系对其施加影响，节省推销时间，提高推销效率；有利于推销人员明确重点，克服约见障碍，提高推销效果。

委托约见的局限性主要是：受推销人员社交圈大小等因素的制约；不如自约亲切，顾客往往不给予足够的重视；不如自约可靠，如果受托人不太负责任，常常引起误约。

(五) 广告约见

广告约见是指推销员利用各种广告媒体约见顾客的方式。现代广告媒体主要有广播、电视、报纸、杂志、路牌、招贴、直接邮寄等。利用广告进行约见可以把约见的目的、对象、内容、要求、时间、地点等准确地告诉广告受众。广告约见比较适用于约见顾客较多或约见对象不太具体、明确，或者约见对象姓名、地址不详，在短期内无法找到等情况。

广告约见的优点是：约见对象较多，覆盖面大，可以扩大推销员的影响，树立企业形象；有利于推销人员请客上门；节省推销时间，提高约见效率等。

广告约见的局限性有：约见费用高，针对性较差，不推销人员安排具体约见事宜，难以引起目标顾客的注意等。

【案例】

美国布得歇尔保险公司的推销约见活动

布得歇尔保险公司的推销人员首先给顾客寄各种保险说明书和简单的调查表，并附上一张优待券，写明："请您把调查表填好，撕下优待券后寄返我们，我们便会赠送2枚罗马、希腊、中国等世界各国古代硬币(仿制)。这是答谢您的协助，并不是要您加入我们的保险。"推销人员总共寄出3万多封信，收到23000多封回信。推销人员便带着仿古钱币按回信地址上门拜访，亲手把硬币送给顾客。由于顾客现在面对的是前来送硬币的推销人员，自然不会有戒心，在道谢后，就高兴地从各种古色古香的硬币中挑选2枚自己喜欢的留下。推销人员这时就会不失时机地掺入推销话题。据说该公司因这次活动获得6000名顾客加入保险，在当时曾引起轰动。

(资料来源：《现代推销技术》，钟立群编，电子工业出版社，2005。)

(六) 网络约见

网络约见是推销人员利用互联网与顾客在网络上进行约见的一种方法。互联网的迅速发展为现代推销提供了快捷的沟通工具，不仅为网上推销提供了便利，而且为网上购物、商谈、联络情感提供了可能，尤其是电子信箱的普遍使用，加快了网上约见与洽谈的进程。

网络约见的优点是快捷，便利，费用低，范围广。但网络约见要受到推销人员对网络技术和顾客网址和电子信箱等情况的掌握程度等方面的限制。因此，现代推销人员要掌握有关的网络知识，学会利用现代化的信息手段和推销工具开发客户。

工作回顾

为了成功地接近顾客，推销人员事先应进行顾客约见。顾客约见，是指推销人员事先征得顾客同意接见的推销行动过程。顾客约见内容有约见对象、约见事由、约见时间，约见地点；顾客约见方法有当面约见、电话约见、信函约见、委托约见、广告约见和网络约见。

工作实施步骤

(一) 工作要求

根据以下案例所反映的内容来回答相关问题。

(二) 工作实施的步骤

汽车推销员小张在一个工厂推销汽车，了解到该厂业务部已经提出了换购两辆新车的申请，就去找厂长。厂长说："过去，这事我就可以决定。但是，近来企业经济状况不太好，预算管理比较严格，必须开会讨论决定，取得常务董事的许可。"小张去找了具有决定权的常务董事，经过会谈，他认为这笔生意做成功了。可是几天后，那位厂长打电话告诉小张他们已经决定购买别的牌子的汽车。

(1) 分析小张这次推销失败的原因是什么。

(2) 如果你是推销员小张，你会怎么做？请分组演练。

思考与训练

(1) 顾客约见有什么作用？

(2) 顾客约见的主要内容有哪些？

(3) 常见的顾客约见方法有哪些？

(4) 请各小组设计一个顾客约见的情境，选用适当的方法模拟演练如何进行顾客约见。

任务三　接近顾客的方法

接近顾客是推销过程中的一个重要环节，它是推销人员为进行推销洽谈与目标顾客进行的初步接触。能否成功地接近顾客，直接关系到整个推销工作的成败，许多推销人员的成功与失败，往往都决定在最初的几秒钟。由于顾客的习惯、爱好、性格等情况各不相同，所以推销人员应依据事先获得的信息或接触瞬间的判断，选择合适的接近方法去接近不同类型的顾客。

工作剖析

在与陌生顾客接近的过程中，推销人员以各种形式表现出的紧张是很普遍的。许多人害怕接近，以种种借口避免接近，这种现象被称为"推销恐惧症"。其实有时候顾客的冷漠和拒绝是多方面原因造成的，应该对顾客充分理解并坦然接受。在接近过程中，有一种独特的心理现象，即当推销人员接近时，顾客会产生一种无形的压力，似乎一旦接受推销人员的晤谈就承担了购买的义务。正是这种心理压力，使一般顾客害怕接近推销人员，冷淡对待或拒绝推销人员的接近。这种心理压力实际上是推销人员接近顾客的阻力，推销人员必须尽快减轻顾客的心理压力。推销人员只要能够减轻或消除顾客的心理压力，就可以减少接近的困难，顺利转入后面的洽谈。

工作载体

一推销员走进银行经理办公室推销伪钞识别器，见女经理正在埋头写一份东西，从表情看很糟，从桌上的混乱程度可以判定经理一定忙了很久。推销员想：怎样才能使经理放下手中的活计，高兴地接受我的推销呢？观察发现，经理有一头乌黑发亮的长发。于是推销员赞美道："好漂亮的长发啊，我做梦都想有这样一头长发，可惜我的头发又黄又少。"只见经理疲惫的眼睛一亮，回答说："没以前好看了。太忙，瞧，乱糟糟的。"推销员马上送上一把梳子，说："梳一下更漂亮，你太累了，应休息一下。注意休息，才能永葆青春。"这时经理才回过神来问："你是……？"推销员马上说明来意。经理很有兴趣地听完介绍，并很快决定买几台。

这位经理为什么这么快就接受了推销员的推销？

每个人都渴望得到别人的重视与赞美，只是大多把这种需要隐藏在内心深处罢了。因此，当这位推销员赞美道："好漂亮的长发啊，我做梦都想有这样一头长发，可惜我的头发又黄又少。"让经理疲惫的眼睛一亮，可见没人会拒绝赞美。

这位推销员成功达到推销目的的原因：

第一，善于观察，及时发现了这位经理的闪光点，为成功推销奠定了良好基础。

第二，赞美术的巧妙运用，有效地消除了这位经理的抗拒防范推销的心理，在非常愉悦轻松的气氛中很快就接受了他的推销。

相关知识

推销人员在正式接近顾客时，能否争取主动，使顾客有继续谈下去的热情和信心，还得掌握一定的接近方法和技巧。

接近顾客的方法

接近顾客是推销过程中的一个重要环节，它是推销人员为进行推销洽谈与目标顾客进行的初步接触。能否成功地接近顾客，直接关系到整个汽车推销工作的成败，许多推销人员的成功与失败，往往都决定在最初的几秒钟。由于顾客的习惯、爱好、性格等情况各不相同，所以推销人员应依据事前获得的信息或接触瞬间的判断，选择合适的接近方法去接近不同类型的顾客。

在与陌生顾客接近的过程中，推销人员以各种形式表现出的紧张是很普遍的。许多人害怕与推销员接近，以种种借口避免接近，这种现象被称为"推销恐惧症"。其实有时候顾客的冷漠和拒绝是多方面原因造成的，应该对顾客充分理解并坦然接受。在接近过程中，有一种独特的心理现象，即当推销人员接近时，顾客会产生一种无形的压力，似乎一旦接受推销人员就承担了购买的义务。正是这种心理压力，使一般顾客害怕接近推销人员，冷淡对待或拒绝推销人员的接近。这种心理压力实际上是推销人员接近顾客的阻力，推销人员只要能够减轻或消除顾客的心理压力，就可以减少接近的困难，顺利转入后面的洽谈。

推销人员在正式接近顾客时必须掌握一定的接近方法和技巧。最常见的接近方法如下：

(一) 介绍接近法

介绍接近法是指推销员通过自我介绍或他人介绍接近推销对象的方法。介绍的形式可以是口头介绍或者书面介绍。

自我介绍法是指推销员自我口头表述，然后用名片、身份证、工作证等来辅佐达到与顾客相识的目的。口头介绍可以详细解说一些书面文字或材料无法了解清楚的问题，利用语言的优势取得顾客的好感，打开对方的心扉。利用工作证、身份证，可以使顾客更加相信自己，消除心中的疑虑。名片交换非常普遍，给对方递上自己的一张名片也同样可以弥补口头介绍的不足，并且便于日后联系。自我介绍法是最常见的一种接近顾客的方法，大多数推销员都采用这种接近技巧。但是，这种方法很难在一开始就引起顾客的注意和兴趣。因此，通常还要与其他的方法配合使用，以便顺利地进入正式面谈。

他人介绍法是推销员利用与顾客熟悉的第三者，通过打电话、写信函字条或当面介绍的方式接近顾客。在推销员与所拜访顾客不熟悉的情况下，托人介绍是一种行之有效的接近方法，因为受托者是跟顾客有一定社会交往的人，如亲戚、朋友、战友、同乡、同学、老部下、老同事等，这种方式往往使顾客碍于人情面子而不得不接见推销人员。如果你真的能够找到一个顾客认识的人，他曾告诉你顾客的名字，或者会告诉你该顾客对于产品的需要，那么你自然可这样说："王先生，你的同事李先生要我前来拜访，跟你谈一个你可能感兴趣的问题。"这时，王先生可能会立即想知道你所提出的一切，这样你当然已引起了他的注意而达到了你的目的。同时，他对你也会感到比较亲切。可是，一定切记不要虚构朋友的介绍。

(二) 产品接近法

产品接近法也称为实物接近法，是指是推销员直接利用推销产品实物或者模型摆在顾客面前，以引起顾客对其推销的产品的足够注意与兴趣，进而转入洽谈的接近方法。精心策划的产品接近法能够调动潜在顾客的感官，通过产品自身的魅力与特性引起顾客的兴趣，达到接近顾客的目的。

采用这种方法的关键之处在于：

(1) 产品本身必须要有一定的吸引力，能够引起顾客的注意和兴趣。

(2) 产品必须是易于携带、方便顾客参与操作。

(3) 产品本身功能效果明显，易于宣传。

(4) 宣传的产品与商品实物应该完全一致。如果宣传的产品与商品实物不一致就容易导致顾客误会。另外像机床、大型电动设备等产品不方便携带和顾客操作,不宜于采用此种方法。让真实的产品本身去作介绍,这种做法更符合顾客的认识与购买心理,因而接近顾客的效果比较好。

【案例】

过硬的产品是最好的广告

有一家橡胶轮胎厂的推销员到汽车制造公司去推销产品,他们随车带去了该厂生产的50多个品种的汽车轮胎,还有刚刚投放市场的最新式的子午线轮胎。进了对方厂门以后,他们并不做过多的口头宣传,只求汽车公司总经理看看随车带来的满满一车轮胎,琳琅满目,应有尽有,最后对方拍板与该厂签订了长年订货合同,汽车公司生产的汽车全部采用这家橡胶厂的轮胎。

(资料来源:《推销技巧》,邱训荣主编,东南大学出版社,2004。)

(三) 利益接近法

利益接近法是指推销人员以顾客所追求的利益为中心,简明扼要地向顾客介绍产品能为顾客带来的利益,满足顾客的需要,达到正式接近顾客目的的一种方法。

从现代推销原理来讲,这是一种最有效、最省力的接近顾客的方法,具有明显的优势。一是符合顾客求利的心理。这种利益接近法迎合了大多数顾客的求利心态,销售人员抓住这一要害问题予以点明,突出了销售重点和产品优势,有助于很快达到接近顾客目的。二是符合商业交易互利互惠的基本原则。顾客购买商品的目的是想通过商品使用价值的实现而从中获得某种利益,而工商企业的销售更是直接以盈利为目的的。

因为所有购买者任务的一部分就是解决问题或者提供某种利益,这种接近方式就是从这一点出发而设计的——描述客户所能获得的利益。通常情况下,只有一种或两种购买刺激特别能影响购买决策。如果推销人员能够用精炼的语言把产品优点与顾客最关心的问题和利益联系起来,往往能取得比较理想的效果。如控制器推销员向顾客说:“李经理,你是否发现我们的控制器使你在一年中节省了25%的能源?”一位文具推销员向顾客说:“本厂出品的各类账册、簿记比其他厂家生产的同类产品便宜三成,量大还可优惠。”

(四) 好奇接近法

好奇心理是人们的一种原始驱动力,在此动力的驱使下,促使人类去探索未知的事物。好奇接近法是推销人员利用顾客的好奇心理而接近顾客的方法。好奇之心,人皆有之,好奇心理是人的一种原始驱动力,这种驱动力促使人类去探索未知的事物。好奇接近法正是利用人类的好奇驱动力,引起顾客对推销人员或推销品的注意和兴趣,从而接近顾客。好奇接近法需要的是推销员发挥创造性的灵感,制造好奇的问题与事情。

采用好奇接近法,应该注意的问题是:

(1) 引起顾客好奇的方式必须与推销活动有关。

(2) 必须做到出奇制胜。

(3) 引起顾客好奇的手段必须合情合理,奇妙而不荒诞。

【案例】

“你知道为什么最近的《工人日报》把我们的柔性加工单元描述成制造业的革命吗?”推销员说着把报纸拿出来,让顾客看了一下标题,还未等顾客索取报纸就把它收好。要是顾客去细看文章的内容,就有可能中断、分散顾客的注意力,从而影响推销洽谈的效果。

(资料来源:《现代推销理论与技巧》,吴健安主编,高等教育出版社,2005。)

(五)震惊接近法

所谓震惊接近法,是指推销人员设计一个令人吃惊或震撼人心的事物来引起顾客的兴趣,进而转入正式洽谈的接近方法。在现代推销中,推销人员的一句话、一个动作,都可能令人震惊,引起顾客的注意和兴趣。例如一个家庭防盗报警系统推销人员可能会这样开始他们的推销接近:“您知道家庭被盗问题吗?根据公安机关的公布数据,今年家庭被盗比率比去年上升了15个百分点。”

利用震惊接近法的关键在于推销员要收集大量的事实资料,并且对材料进行分析,提炼出一些具有危害性、严重性的问题,并且刚好自身产品可以采取防范措施或者杜绝或减小上述危害。因此,如何选择问题便是重中之重。

推销员在使用这种方法时应该特别注意以下几个问题:

(1)推销员利用有关客观事实、统计分析资料或其他手段来震撼顾客,应该与该项推销活动有关。

(2)推销员无论利用何种手段震惊顾客,必须先使自己震惊,确保奏效,以取得一鸣惊人的效果。

(3)推销员震惊顾客,应该适可而止,令人震惊而不引起恐惧。

(4)必须讲究科学,尊重客观事实。切不可为震惊顾客而过分夸大事实真相,更不应信口开河。

【案例】

耄耋老人

一位年轻的总经理一直不买个人保险。一天,推销人员突然闯进他的办公室,把一张相片放在他面前,对他说:“您不应该为这位老人做点什么吗?”他一看,原来是一位耄耋老人的照片。再仔细一看,原来那位老人就是他自己。推销人员告诉他:“您70岁的时候就是这样(有些夸大)!”于是他购买了大额人寿保险,因为那个相片使他震惊了。

(六)戏剧化接近法

戏剧化接近法也叫马戏接近法、表演接近法,是指推销人员利用各种戏剧性的表演技法引起顾客的注意和兴趣,进而接近顾客的方法。戏剧化接近法既有科学性又有艺术性,能迎合顾客求新求奇的心理,唤起人们的思想感情。在利用戏剧化接近法的时候,推销员必须选择有利时机出场,剧情安排合理,表演自然,才能吸引顾客。如果表演过分做作,可能引起顾客的反感,达不到目的。

戏剧化接近法在应用时应注意:

(1) 表演一定要有戏剧效果,要能够引起顾客的兴趣和注意。

(2) 表演应该自然、有活力,打动顾客的心灵。

(3) 尽量使顾客卷入戏剧中,使其身临其境。

(4) 使用的道具最好与所推销的商品有关,使表演与推销浑然一体。

【案例】

一个推销瓷器的女推销员,当她把一套餐具中的一个盘子递给瓷器经销商时,她故意把盘子掉到地上,但盘子却完好无损。当她捡起来后,说道:"这是引导瓷器革命的新技术成果,您的顾客特别是家里有小孩的顾客肯定会喜欢这样的产品,难道您不这样想吗?"结果,这位经销商一周后就与她签订了经销合同。

(资料来源:《现代推销理论与技巧》,吴健安主编,高等教育出版社,2005。)

(七) 提问接近法

提问接近法也叫问答式接近法或讨论接近法,是指推销人员通过直接提问来引起顾客注意和兴趣进而转入面谈的方法。提问接近法是推销中经常使用的一种很好的方法,可以单独使用,也可以在利用其他接近技术时穿插使用的一种方法。通过这种一问一答的形式,有利于拉近顾客与推销人员的距离,消除戒备心理,尤其适合在第一次约见陌生客户的情景中使用。

推销人员所提的问题必须精心构思,刻意设计措辞,如:"近来生意好吧?""最近很忙吧?"诸如此类的问题就显得平淡、乏味,无法取得良好的接近效果。问题接近法虽然是比较有效的方法,但其要求也较高。

推销人员在提问与讨论中应注意以下两点:

(1) 提出的问题应表述明确,尽量具体,做到有的放矢。例如:"你愿意节省一点成本吗?"这个问题就不够明确,只是说明"节省成本",究竟节省什么成本? 节省多少? 多长时间? 都没有加以说明,很难引起顾客的注意和兴趣。而"您希望明年内节省 7 万元材料成本吗?"这个问题就比较明白确切,容易达到接近顾客的目的。一般说来,问题越明确,接近效果越好。

(2) 提出的问题应突出重点,扣人心弦。在实际生活中,每一个人都有许许多多的问题,推销员只有抓住最重要的问题,才能真正打动人心。推销员提出的问题,重点应放在顾客感兴趣的主要利益上。如果顾客的主要动机在于节省金钱,提问应着眼于经济性;如果顾客的主要动机在于求名,提问则宜着眼于品牌价值。因此,推销员必须设计适当的问题,把顾客的注意力集中在他所希望解决的问题上面,缩短成交距离。

(3) 所提的问题应全面考虑,迂回出击,不可出言不逊,避免出语伤人。

【案例】

善问的推销员

美国一位推销女士总是从容不迫、平心静气地提出 3 个问题:"如果我送给您一小套有关个人效率的书籍,您打开书会发现十分有趣,您会读一读吗?""如果您读了之后非常喜欢这些书,您会买下吗?""如果您没有发现其中的乐趣,您可以把书重新塞进这个包里给我寄回,行吗?"这位推销女士的开场白简单明了,使顾客几乎找不到说"不"的理由。后来这3个问题被该公司的全体推销人员所采用,成为标准的接近方法。

(八) 请教接近法

请教接近法是指推销人员虚心向客户请教问题,利用这个机会,以达到接近顾客目的的一种方法。在实际推销工作中,多数客户都有一些"自以为是"的心态,推销员若能登门求教,自然会受欢迎。如:"赵工程师,您是电子方面的专家,您看看我厂研制投产的这类电子设备在哪些方面优于同类老产品?""我是这方面的新手,我想知道你是否能够帮助我?""我的同事说我们公司的产品是同类中最好的,请问你是怎么看的?"

在具体应用时应注意:

(1) 赞美在先,求教在后。

(2) 求教在先,推销在后。

(3) 态度诚恳,语言谦虚。

【案例】

香皂推销员

格林先生是一家杂货店的老板,他非常顽固保守,非常讨厌别人向他推销。这次,香皂推销员彼得来到店铺前,还未开门,他就大声喝道:"你来干什么?"但这位推销员并未被吓倒,而是满脸笑容地说:"先生,您猜我今天是来干什么的?"

杂货店老板毫不客气地回敬他:"你不说我也知道,还不是向我推销你们那些破玩意儿的!"彼得听后不仅没有生气,反而哈哈大笑起来,他微笑地说道:"您老人家聪明一世,糊涂一时,我今天可不是向您推销的,而是求您老向我推销的啊!"

杂货店老板愣住了,"你要我向你推销什么?"

彼得颇为认真地回答:"我听说您是这一地区最会做生意的,香皂的销量最大,我今天是来讨教一下您老的推销方法!"

杂货店老板活了一辈子,其中大半生的时间都是在这间小杂货店中度过的,还从来没有人登门向他求教过,今天看到眼前这位年轻的推销员对他是如此地崇敬有加,心中不免得意万分。

于是,杂货店的老板便兴致勃勃地向彼得大谈其生意经,谈他的杂货店,从他小的时候跟随父亲做生意,谈到后来自己接过这间小店,最后一直说到现在:"人都已经老了,但我仍然每天守着这个杂货店,舍不得离开它。在这里我可以每天都能见到那些老朋友、老顾客,为他们提供服务,同他们一起聊聊天,我过得非常愉快。"

老人家与推销人员聊了整整一个下午,而且聊得非常开心,直到推销员起身告辞,刚到门口,老头子突然想起什么来了,大声说:"喂,请等一等,听说你们公司的香皂很受欢迎,给我订30箱。"

(九) 馈赠接近法

馈赠接近法是指推销人员以一些小巧精致的礼品,赠送给顾客,进而和顾客认识并接近,借以达到接近顾客目的的一种方法。在某些情况下，推销员可以用一些小礼品来"收买"客户，以换取他们短时间的注意力。现实生活中，我们的推销员就经常发放一些特制的广告品，比如记事簿、签字笔、打火机、广告伞等。日本人最懂得赠送小礼物的奥妙，大多数公司都会费尽心机地制作一些小赠品，供推销人员初次拜访客户时赠送给客户。小赠品的价值不高，却能发挥很大的效力，不管拿到赠品的客户喜欢与否，相信每个人受到别人尊重时，内心的好感必然会油然而生。

应用馈赠接近法需要注意：

（1）根据顾客的喜好慎重选择馈赠物品。

（2）馈赠物品要能体现礼轻情意重，既不能给造成对方心理负担，又能体现自己的诚意。

（3）赠送的礼品要与所推销的产品有关联性，尽量与企业的整体形象和谐一致。

【案例】

巧妙馈赠

一位推销员到某公司推销产品，被拒之门外。女秘书给他提供一个信息：总经理的宝贝女儿正在集邮。第二天推销员快速翻阅有关集邮的书刊，充实自己的集邮知识，然后带上几枚精美的邮票又去找经理，告诉他是专门为其女儿送邮票的。一听说有精美的邮票，经理热情相迎，还把女儿的照片拿给推销员看，推销员趁机夸其女儿漂亮可爱，于是两人大谈育儿经和集邮知识，非常投机，一下子熟识起来。

（资料来源：《推销技巧》，邱训荣主编，东南大学出版社，2004。）

（十）赞美接近法

"每个人的天性都是喜欢别人赞美的。"赞美接近法是指推销员利用顾客的虚荣心来引起顾客的注意和兴趣，进而转入正式洽谈的接近方法。赞美接近法的实质是推销员利用人们希望赞美自己的心理来达到接近顾客的目的。喜欢听好话是人们的共性，用这种方法接近顾客，有时会收到意想不到的效果。当人们在心情愉快的时候，很容易接受他人的建议，这时，推销人员应抓住时机，正确地引导推销活动。让人产生优越感最有效的方法是对他自傲的事情加以赞美。顾客的优越感被满足，初次见面的警戒心也自然消失了，彼此距离拉近，能让双方的好感向前迈进一大步。

使用赞美接近法应注意以下几点：

（1）要选择适当的赞美点。个人的长相、衣着、举止谈吐、风度气质、才华成就、家庭环境、亲戚朋友等等，都可以给予赞美，若是顾客讲究穿着，您可向他请教如何搭配衣服；若顾客是知名公司的员工，您可表示羡慕他能在这么好的公司上班。如果推销员信口开河，胡吹乱捧，则必将弄巧成拙。

（2）赞美要发自内心。推销员赞美顾客，一定要诚心诚意，要把握分寸。事实上，不合实际的赞美，虚情假意的赞美，只会使顾客感到难堪，甚至导致顾客对推销员产生不好的印象。

（3）赞美方式因人而异。对于不同类型的顾客，赞美的方式也应不同。对于严肃型的顾客，赞语应自然朴实，点到为止；对于虚荣型顾客，则可以尽量发挥赞美的作用。对于年老的顾客，应该多用间接、委婉的赞美语言；对于年轻的顾客，则可以使用比较直接、热情的赞美语言。

【案例】

推销从赞美开始

有一次，一个推销员向一位律师推销保险。律师很年轻，对保险没有兴趣。但推销员离开时的一句话却引起了他的兴趣。

推销员说："安德森先生，如果允许的话，我愿继续与您保持联络，我深信您前程远大。"

"前程远大，何以见得?"听口气，好像是怀疑推销员在讨好他。

"几周前，我听了您在州长会议上的演讲，那是我听过的最好的演讲。这不是我一个人的意见，很多人都这么说。"

听了这番话，他竟有点喜形于色了。推销员请教他如何学会当众演讲的，他的话匣子就打开了，说得眉飞色舞。临别时他说："欢迎您随时来访。"

没过几年，他就成了当地非常成功的一位律师。推销员和他保持联系，最后成了好朋友，保险生意自然也越来越多。

人都喜欢听夸奖自己的话，客户也不例外，你要准确地把握客户的心理，恰当地赞美客户，在融洽的交谈中寻找机会推销。

(十一) 调查接近法

所谓调查接近法，是指推销人员利用调查机会接近顾客的一种接近方法。在许多情况下，无论推销人员事先如何进行准备，总有一些无法弄清的问题。因此，在正式洽谈之前，推销人员必须进行接近调查，以确定顾客是否可以真正受益于推销品。此方法可以看成一种销售服务或销售咨询法。采用这一方法比较容易消除顾客的戒心，成功率比较高。推销人员可以依据事先设计好的调查问卷，征询顾客的意见，调查了解顾客的真实需求，再从问卷比较自然、巧妙地转为推销。如一位电脑推销员打电话给某厂长说："张厂长，听说贵厂准备利用电子计算机进行科学管理，这是企业管理现代化的必然趋势，您可是先走一步了！我公司经营各类电子计算机，品种多，性能好，但不知贵厂适用哪一种型号。您知道，如果不适用，再好的设备也是废物。为了提供最佳服务，我想先做一些实地调查，您看怎样?"

在利用调查接近法时，推销人员必须注意3个问题：

(1) 突出推销重点，明确调查内容，争取顾客的支持和协助。

(2) 作好调查准备，消除顾客的防备心理，达到接近顾客的目的。

(3) 运用适当的调查方法，确保调查成功，顺利接近顾客。

总之，调查接近法作为一种比较可行的接近方法，既是为生产厂家服务，也是为消费者服务，既有利于推销人员收集市场情报，又有利于顾客获得最佳的推销服务。

(十二) 搭讪与聊天接近法

搭讪与聊天接近法就是指利用搭讪与聊天的形式接近陌生顾客的方法。搭讪与聊天接近法不会很快进入聊天程序，有时要用很长时间追踪与寻找机会，因此要花费很多精力。

使用该方法时应该注意：

(1) 要选准时机。只有顾客非常重要，而又没有其他方法或者机会可以接近的情况下，搭讪与聊天才可以是一种接近顾客的方法。最好的时间是顾客有较充裕的自由掌握的时候。

(2) 要积极主动。对于没有与之搭讪机会的重要顾客，推销人员应该在了解顾客生活习

惯的情况下，主动创造条件和机会与之搭讪。

(3) 紧扣主题。

以上介绍了12种接近顾客的技巧方法，在实际工作中，推销员应灵活运用，既可以单独使用一种方法接近顾客，也可以多种方法配合使用，还可以自创独特方法接近顾客。

工作回顾

接近顾客是推销过程中的一个重要环节，它是推销人员为进行推销洽谈与目标顾客进行的初步接触。接近的方法有介绍接近法、产品接近法、利益接近法、好奇接近法、震惊接近法、戏剧化接近法、提问接近法、请教接近法、赞美接近法、馈赠接近法、调查接近法、搭讪与聊天接近法。

工作实施步骤

(一) 工作要求

根据以下案例所反映的内容来回答相关问题。

(二) 工作实施的步骤

【案例一】

加德纳正准备把他的汽车开进库房。由于近来天气很冷，斜坡道上结了厚厚的一层冰，给行车驾驶带来了一定困难。这时候，一位懂文明讲礼貌的过路行人顺势走过来帮助，他又是打手势又是指方向，在他的帮助下，汽车顺利地绕过了门柱。他凑过来问加德纳："你有拖绳吗？"加德纳回答说："没有。"然后加德纳又补充道："可能没有。不过，我一直想买一条，但总是没有时间。怎么啦？是否你的汽车坏了？"过路人回答说："不是的，我的车没有坏，但我可以给你提供一条尼龙拖绳。经试验，它的拉力是5吨。"这个过路人的问话即刻引起了加德纳的注意，并且使他意识到他确实需要一条拖绳。这个过路人采用这种方法销售了很多拖绳。

【案例二】

日本一家铸砂厂的推销员为了重新打进已多年未曾往来的一家铸铁厂，多次前往该厂拜访采购课长。但是采购课长始终避而不见，推销员死缠不放，于是那位采购课长迫不得已给他5分钟的见面时间，希望这位推销员能够知难而退。

这位推销员胸有成竹，走进办公室后，在采购课长面前一声不响地摊开一张报纸，然后从皮包里取出一个砂袋，突然推销员将里面的铸砂猛地倒在报纸上，顿时屋内砂尘飞扬，几乎令人窒息，呛得课长咳了几声。

采购课长十分恼火地大吼起来："你在干什么？"

这时推销员才不慌不忙地开口说话："这是贵公司目前所采用的铸砂，是上星期我从你们的生产现场向领班取来的样品。"

说着他又在地上另外铺上了一张报纸，然后又从皮包里取出另一袋铸砂倒在报纸上，这次却不见砂尘飞扬，面对静静躺在这张报纸上的这堆铸砂，令采购课长十分惊异。

紧接着这位推销员又取出两袋样品，对其性能、硬度和外观都作了详细的对比和介绍，使那位采购课长惊叹不已。就是在这场戏剧性的演示中，推销员将两种铸砂的质量以最直观的方式展现在客户面前，并顺利地赢得了一家大客户。

问题：试分析以上案例各采用了什么接近顾客的方法。

分析提示：案例中的推销员非常的精明，他在事先调查的基础上发现自己公司的产品质量要远远好于目前客户公司的产品，为了形象地说明这种质量的差异，利用精彩的演示赢得了顾客。

思考与训练

（1）产品接近法的关键之处在哪里？

（2）如何正确利用介绍接近法？

（3）如何巧妙利用赞美接近法进行汽车养护用品推销？

（4）试以推销某一件汽车保养产品为例，举出5种以上接近顾客的方法，并进行模拟演练。

项目七

价 格 谈 判

任务一　定价策略
任务二　报价方法
任务三　讨价还价与让价

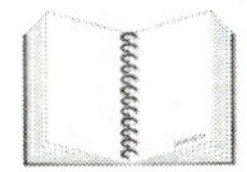

项目理解

任务一：当企业开发完成一个产品，如何给产品定一个适当的价格，是企业的一项重要工作，这是因为价格不仅是企业销量和利润的来源，同时也关系到产品是否能够生存、成功的关键。

任务二：每一辆汽车产品的销售都是汽车推销人员与顾客的一次谈判，而价格始终是销售谈判中最关键、最艰巨的环节。当顾客询价后，汽车推销人员的报价是一项非常重要的工作。报价标志着谈判的正式开始。报价得当与否，对报价方的利益和以后的谈判有很大影响。

任务三：讨价还价是价格谈判中一项重要的内容，一般而言，讨价还价是买方维护自己利益的权利和手段；让价是汽车推销员在推销工作中经常遇到的问题，让价会使自己失去一些利益，给对方带来一些好处，所以该不该让价、让多少是汽车推销员必须要学会分析判断的，在本任务中要学会关注这个问题。

任务一　定价策略

任务描述

价格通常是影响交易成败的重要因素，是市场营销组合因素中唯一为企业提供直接收益的因素，是市场竞争中的一个重要手段。在大多数情况下，就汽车产品而言，价格一直是购买者选择的重要决定因素。企业定价的目标是促进销售，获取利润。定价是否得当，将直接关系到产品的销量和企业的利润。确定合理的定价方法和策略，是汽车企业面临的具有现实意义的重大策划课题。

工作剖析

汽车定价，也就是确定汽车价格的过程。汽车价格是汽车推销中一个非常重要的因素，它在很大程度上决定着营销的其他因素。价格的变化直接影响着汽车市场对其的接受程度，影响着消费者的购买行为，影响着汽车生产企业盈利目标的实现。因此，汽车定价策略是汽车市场竞争的重要手段。汽车的定价策略既要有利于促进销售、获取利润、补偿成本，同时又要考虑汽车消费者对价格的承受能力，从而使汽车定价具有了买卖双方双向决策的特征。

工作载体

【案例一】

某调查机构对北京的400多名车主的调查显示，用户购车的主要原因是性价比、价格、需求、配置4个方面。图7-1是顾客购买汽车的原因调查情况。

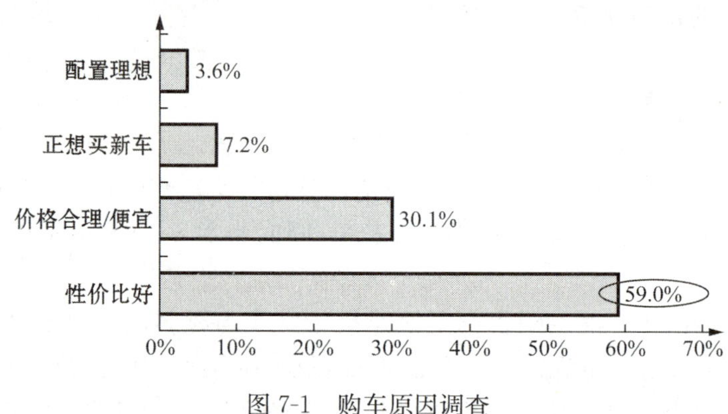

图7-1 购车原因调查

【案例二】

锐志低价入市，领驭高调亮相

2005年车市影响最为深远的两件事就是锐志的低价入市和领驭的高调亮相——丰田越卖越便宜，大众重提领导品牌，或者说"锐志向下，领驭向上"。

锐志的低价入市，当然不是丰田愿意牺牲自己的利润帮助消费者完成私车梦想。现实情况是，丰田虽然已经错过了如大众汽车那样曾经在中国享受过的高利润、高回报的黄金时期，但在2005年以前，丰田一直试图在中国进行所谓的"高质高价战略"，旗下品牌威驰、花冠等甚至比同级别的德系轿车还贵，可惜市场遇冷。于是在2004年年末，在古谷俊男领导下的一汽丰田大幅调整定价策略，花冠和威驰的平均价格下调了两万余元，销量才开始大幅上扬。事实上，随着皇冠、锐志的陆续入市，以及佳美将于明年上市，丰田在中国高中低档车市均有落子，进军全系列车市格局已定。在这种情况下，锐志的低价入市昭示了丰田在中国开始回归全球范围内赖以称雄的"物美价廉"战略。此举可以用"锐志向下"一语概之，这对于丰田而言也是一个标杆，意味着其从此将打破以前所形成的高价印象，回归"物美价廉"的品牌形象。

而领驭的高调亮相，则有更多方面值得回味。长期以来，相比讲究外观和内饰的日韩系轿车，老款帕萨特尽管品质优势明显但外观审美疲劳，内装乏善可陈，尤其是在品牌塑造方面表现平平，由最初的中高级车市领导品牌变成了大众化的普通车型，在时尚、豪华和高端品质的品牌塑造方面几无作为。

失去了品牌支持，南北大众一味地想和日韩系轿车比拼价格，显然不是一件明智之举，短期内也不会在成本控制力上有所成效。可见，坚持高端品牌和口碑，走德系轿车在全球已被证明成功的道路才是可持续发展的方向——在欧美市场，消费者普遍能接受德系车的价格，即使它们要比日韩系车贵20%；在中国，消费者虽然未必能接受如此高的差价，但仍能普遍认可德系车的优越品质。

可以说，就定价策略而言，领驭上市走的并非单纯的低价策略，而是强势品牌引导下的高性价比路线。显然，上海大众要把领驭重新打造成中高级市场的领导品牌，就必须包括价格上的占领和品牌上的塑造两个方面。

相关知识

一、汽车定价概述

(一) 汽车定价的概念

汽车定价，也就是确定汽车价格的过程。汽车价格是汽车产品价值的货币表现，汽车价值决定汽车价格，但在现实汽车市场营销中，由于受汽车市场供应等因素的影响，汽车价格表现得异常活跃，价格往往同价值的运动表现不一致：有时价格高于价值，有时价格低于价值。汽车价格是由汽车生产成本、汽车流通费用、国家税金和汽车企业利润四个要素构成的。

1. 汽车生产成本

汽车生产成本是指在汽车生产领域生产一定数量汽车产品时所消耗的物资资料和劳动报酬的货币形态，是在汽车价值构成中的物化劳动价值和劳动者新创造的用以补偿劳动力价值的转化形态。它是汽车价值的重要组成部分，也是制订汽车价格的重要依据。

2. 汽车流通费用

汽车流通费用是指汽车产品从汽车生产领域通过流通领域进入消费领域所耗用的物化劳动和活劳动的货币表现，它包括汽车生产企业为了推销产品而发生的销售费用和在汽车流通领域发生的商业流通费用，而后者则占了该费用的大部分。汽车流通费用是发生在汽车从汽车生产企业向最终消费者移动过程各个环节之中的，并与汽车移动的时间、距离相关，因此它是正确制订同种汽车差价的基础。

3. 国家税金

国家税金是生产者为社会创造和占有的价值的表现形式，它是汽车价格的构成因素。国家通过法令规定汽车的税率，并进行征收。税率的高低直接影响汽车的价格。

4. 汽车企业利润

汽车企业利润是汽车生产者和汽车经销者为社会创造和占有的价值的表现形态，是汽车价格的构成因素，是企业扩大再生产的重要资金来源。

从汽车市场营销角度来看，汽车价格的具体构成为：

汽车生产成本＋汽车生产企业的利税＝汽车出厂价格

汽车出厂价格＋汽车批发流通费用＋汽车批发企业的利税＝汽车批发价格

汽车批发价格＋汽车销售费用＋汽车销售企业的利税＝汽车销售价格

(二) 影响汽车价格的因素

汽车价格的高低，主要是由汽车中包含的价值量的大小决定的。但是，从推销角度来看，汽车的价格除了受价值量的影响外，还要受以下8种因素的影响和制约。

1. 汽车成本

汽车产品的成本是汽车企业为研究开发、生产和销售产品所支付的全部实际费用以及企业为产品承担风险所付出的代价的总和。如果说市场供需决定了产品的最高价格，而成本则决定了汽车产品的最低价格。因此，汽车成本是汽车价格中最基本、最主要的因素。汽车成本低则汽车产品价格竞争力就强。汽车成本包括汽车生产成本、汽车销售成本和汽车储运成本。汽车企业为了保证再生产的实现，通过市场销售，既要收回汽车成本，同时也要形成一定的盈利。

2. 汽车消费者的需求

汽车消费者的需求对汽车定价的影响，主要通过汽车费者的需求能力、需求强度、需求层次反映出来。汽车定价要考虑汽车价格是否适应汽车消费者的需求能力。需求强度是指消费者想获取某品牌汽车的程度，如果消费者对某品牌汽车的需求比较迫切，则对价格不敏感，企业在定价时，可定得高一些，反之，则应低一些。不同需求层次对汽车定价也有影响，对于能满足较高层次的汽车，其价格可定得高一些，反之，则应低一些。

在一般情况下，尤其是在自由竞争市场条件下，市场价格随市场供给与需求关系的变化而变化。供不应求时，市场表现为卖方市场，价格上涨，企业利润丰厚，市场将刺激生产；当商品供过于求时，表现为买方市场，价格下降，利润变薄，缺乏竞争力的厂家将被淘汰。从我国目前的汽车市场现状来看，虽然市场(尤其是私家车市场)容量和潜力都非常大，但已是一个买方市场。

3. 汽车特征

它是汽车自身构造所形成的特色，一般指汽车的造型、质量、性能、服务、商标和装饰等，它能反映汽车对消费者的吸引力。汽车特征好，该汽车就有可能成为名牌汽车、时尚汽车、高档汽车，就会对消费者产生较强的吸引力，这种汽车往往供不应求，因而在定价上占有有利的地位，其价格要比同类汽车高。

4. 竞争者行为

价格不但取决于市场需求和产品成本，而且还取决于市场的供给情况，既竞争者的情况。定价的高低，也要受到竞争者同类产品价格的制约。在同类型的汽车产品中，质量近似时，消费者总是选择价格较低的产品。因此，对竞争者的产品定价要调查研究，深入了解，做到知己知彼，才能使定价适当，在竞争中取胜。在分析价格因素的同时，还要注意非价格竞争的因素，因为在汽车产品的质量、价格近似时，消费者更倾向于选择认知程度高的产品，而消费者对产品的认知程度要靠产品的质量、特色及宣传等。例如，在我国被人们称为“黑马”的奇瑞轿车，其外观是中档次的车型，但面对竞争者的产品定价，他们除了加大宣传，在让消费者了解其产品的同时，把售价定在了中低档次价位，因而受到消费者的欢迎，上市初期就赢得了较大的市场份额。

5. 汽车市场结构

根据汽车市场的竞争程度，汽车市场结构可分为4种不同的汽车市场类型，即：

(1) 完全竞争市场，又称自由竞争市场，在这种市场里，汽车价格只受供求关系影响，不受其他因素影响。这样的市场在现实生活中是不存在的。

(2) 完全垄断市场，又称独占市场。这是指汽车市场完全被某个品牌或某几个品牌所垄断和控制，在现实生活中也属少见。

(3) 垄断竞争市场，指既有独占倾向又有竞争成分的汽车市场。这种汽车市场比较符合现实情况，其主要特点是：

① 同类汽车在市场上有较多的生产者，市场竞争激烈。

② 新加入者进入汽车市场比较容易。

③ 不同企业生产的同类汽车存在着差异性，消费者对某种品牌汽车产生了偏好，垄断企业由于某种优势而产生了一定的垄断因素。

(4) 寡头垄断市场。这是指某类汽车的绝大部分由少数几家汽车企业垄断的市场，它是介于完全垄断和垄断竞争之间的一种汽车市场形式。在现实生活中，这种形式比较普遍。在这种汽车市场中，汽车的市场价格不是通过市场供求关系决定的，而是由几家大汽车企业通过协议或默契确定的。

6. 货币价值

价格是价值的货币表现。汽车价格不仅取决于汽车自身价值量的大小，而且取决于货币价值量的大小。汽车价格是汽车与货币交换的比例关系。

7. 政府干预

为了维护国家与消费者的利益，维护正常的汽车市场秩序，国家制定有关法规，来约束汽车企业的定价行为。

8. 社会经济状况

一个国家或地区经济发展水平及发展速度高，人们收入水平增长快，购买力强，价格敏感性弱，有利于汽车企业较自由地为汽车定价。反之，一个国家或地区经济发展水平及发展速度低，人们收入水平增长慢，购买力弱，价格敏感性强，企业就不能自由地为汽车定价。

二、汽车定价策略

在竞争激烈的汽车市场，产品价格已成为汽车企业营销活动中十分重要的一项内容。对汽车产品的定价直接关系到产品在市场上的发展。汽车企业要实现既定的汽车营销目标，不仅要研究汽车定价的方法，还要研究汽车定价的策略。现在，汽车产品定价策略已成为汽车企业争夺市场的重要武器，是决定汽车企业营销成败的关键。汽车企业必须根据市场状况、产品特点、消费者心理以及营销组合等因素，采取灵活多变的定价策略，制定出适合汽车市场的产品价格，以使汽车企业能有效地实现营销目标。

(一) 撇脂定价策略

撇脂定价策略是一种高价保利的定价策略，是指将汽车价格定得较高，以便在较短的时期内获得较厚的利润，尽快地收回投资。这种定价策略就好像把鲜奶中浮在上面的一层奶油撇出来，取其精华，故而得名。采用这种定价策略制订的汽车价格即为汽车撇脂价格。

1. 这种汽车定价策略的优点

(1) 如果是汽车产品刚投放市场，那么产品需求弹性小，尚未有竞争者，因此只要汽车产品性能超群、质量过硬，就可以采取高价，来满足一些汽车消费者求新、求异的消费心理。

(2) 由于汽车价格较高，因而可以使汽车企业在较短时期内取得较大利润。

(3) 定价较高，便于在竞争者大量进入市场时主动降价，增强竞争能力，同时也符合顾客对价格由高到低的心理。

2. 这种汽车定价策略的缺点

(1) 在汽车产品尚未建立起声誉时，高价不利于打开市场，一旦销售不利，汽车产品就有夭折的风险。

(2) 如果高价投放市场销路旺盛,很容易引来竞争者,从而使汽车产品的销路受到影响。

3. 这种汽车定价策略一般适应的几种情况

(1) 汽车企业研制、开发的这种技术新、难度大、开发周期长的汽车产品,用高价也不怕竞争者迅速进入市场。

(2) 这种汽车产品有较大市场需求。由于汽车是一次购买,享用多年,因而高价市场也能接受。

(3) 高价可以使汽车产品一投入市场就树立起性能好、质量优的高档品牌形象。

(二) 渗透定价策略

渗透定价策略是一种汽车低价促销策略,是指将汽车价格定得较低,以便使汽车消费者容易接受,很快打开和占领市场。

1. 这种汽车定价策略的优点

(1) 可以利用低价迅速打开产品的市场销路,占领市场,从多销中增加利润。

(2) 低价又可以阻止竞争者进入,有利于控制市场。

2. 这种汽车定价策略的缺点

投资的回收期较长,见效慢,风险大,一旦渗透失利,企业就会一败涂地。

3. 这种汽车定价策略一般适应的几种情况

(1) 制造这种汽车产品所采用的技术已经公开,或者易于仿制,竞争者容易进入该市场,利用低价可以排斥竞争者,占领市场。

(2) 投放市场的汽车产品,在市场上已有同类汽车产品,但是,生产汽车产品企业比生产同类汽车产品企业拥有较大的生产能力,并且该产品的规模效益显著,大量生产定会降低成本,收益有上升趋势。

(3) 该类汽车产品在市场中供求基本平衡,市场需求对价格比较敏感,低价可以吸引较多顾客,可以扩大市场份额。

以上两种汽车定价策略各有利弊,选择哪一种策略更为合适,应根据市场需求、竞争情况、市场潜力、生产能力和汽车成本等因素综合考虑。各种因素的特性及影响作用列于表 7-1。

表 7-1 汽车撇脂定价策略与渗透定价策略选择标准

两种汽车定价策略选择标准	撇脂定价策略	渗透定价策略
汽车市场需求水平	高	低
与竞争产品的差别性	较大	较小
汽车价格需求弹性	小	大
汽车企业生产能力扩大的可能性	小	大
汽车消费者购买力水平	高	低
汽车产品目标市场潜力	不大	大
汽车产品仿制的难易程度	难	易
汽车企业投资回收期长短	较短	较长

【案例】

凌志“挑战”奔驰

凌志汽车挑战奔驰汽车时，其质量和价格定位是高质中价定位，即用中等价格的费用，获得高等品质的满足。尽管这种价格看起来不是很低，但与其提供的产品和服务品质比较，处于较低水平，因而属于低价定位。

丰田汽车公司了解到全世界有相当多的消费者希望购买并有能力购买昂贵的汽车，该消费群体中有许多人想购买奔驰车但认为其定价太高，因此他们希望能买到具有奔驰的质量但价格更合理的汽车。奔驰车的定位是在“高贵、显赫、王者、至尊”的高价位上，只针对一小群非常成功的人士，而对于大多数比较富裕的家庭，质量优越、价格适中的汽车却不多，这正好给了丰田汽车公司一个定位空隙。丰田公司于是产生这样的一个产品概念：开发出与奔驰质量相同的新型汽车，但具有市场竞争力的价格，让购买丰田车的人认为自己作出了明智的选择，而不是为了虚荣去大笔消费。

丰田汽车公司的工程师和设计师在开展市场研究后便着手开发凌志汽车，并通过多种途径来推销。这种汽车的外表犹如雕塑艺术品，十分舒适完美，内部非常豪华。丰田公司在美国宣传凌志汽车时，将其图片和奔驰的并列在一起，并加上大标题：“用 36 000 美元就可以买到价值 73 000 美元的汽车，这在历史上还是第一次。”同时，丰田公司开辟了独立的经销网络来销售凌志汽车，并挑选了最有能力的经销商。在凌志汽车的陈列室中，场地非常宽敞，周围有鲜花和盆栽树木，并提供免费的咖啡，配有专业的销售人员。经销商送给潜在顾客一套精美礼品盒，内装展示凌志汽车性能的录像带，录像带中有一段内容如下：一位工程师分别将一杯水放在奔驰和凌志车的发动机盖上，当汽车发动时，奔驰车上的水就晃动起来，而凌志车上的水却没有晃动；另一个画面上是将一杯水放在行进中凌志车挡风玻璃的内侧，车在街角转弯时杯子仍然立在那里，这说明凌志车发动和行驶时更平稳。事实证明，购买凌志车的顾客非常满意，尽管凌志车的象征意义不如奔驰大，但他们只花费一半的价钱就能享受与奔驰一样性能优异的汽车。

凌志车低价定位的成功有两个方面：一是选择了适当的进攻目标——奔驰，若是选择普通车，即使宣称品质再优越效果也不大，只有与高级汽车比较才能让人信服；二是提供了实在的资料让顾客相信该车质量确实能与高价高质产品媲美，如果质量敏感型的顾客相信这些宣传就会理智地购买该商品，以节省开支。

（三）满意定价策略

满意定价策略是一种介于撇脂定价策略和渗透定价策略之间的汽车定价策略。它以获取社会平均利润为目标，所定的价格比撇脂价格低，而比渗透价格高，是一种中间价格，风险小，成功的可能性大。

这种汽车定价策略的优点是：

（1）能使汽车产品较快地为市场所接受，且不会引起竞争对手的对抗。

（2）可以适当延长汽车产品的寿命周期。

（3）有助于汽车企业树立信誉，稳步调价，并使顾客满意。

以上三种汽车产品定价策略的汽车价格与汽车销量的关系如图 7-2 所示。

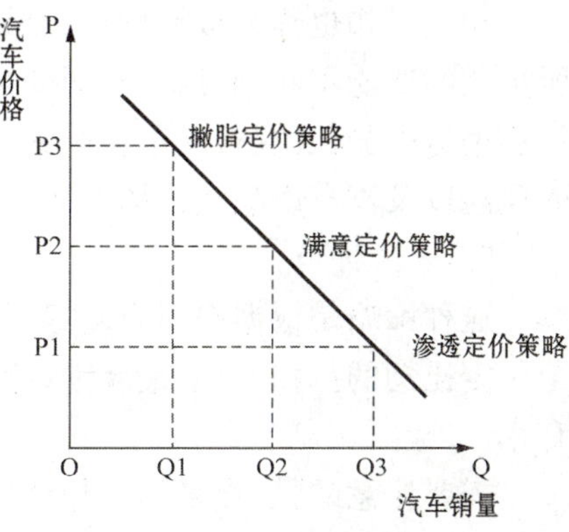

图 7-2 汽车价格和汽车销量的关系

(四) 折扣和折让定价策略

汽车的价格分为标价和成交价,标价是指汽车产品对外标明的价格,而成交价是指汽车企业为了鼓励消费者购买,在汽车标价的基础上,相对地降低售价后得到的汽车价格。在汽车市场营销中,汽车企业为了竞争和实现经营战略的需要,经常对汽车价格采取折扣和折让的优惠政策,直接或间接地降低汽车价格,以争取消费者,扩大汽车销量。具体来说,折扣和折让分为以下 5 种。

1. 数量折扣

当买方购买汽车产品的数量达到一定数目时,卖方在原标价的基础上给买方一定的折扣。数量折扣是用来鼓励买方集中购买或大批量购买汽车产品的定价策略,买方购买的汽车产品数量越多,享受到的折扣越大。

数量折扣又可分为累计数量折扣和非累积数量折扣。前者规定买方在一定时期内,购买汽车产品达到一定数量或一定金额时,按总量给予一定折扣的优惠,目的在于使买方与汽车企业保持长期的合作,为汽车企业培养忠实的消费者,维持汽车企业的市场占有率;后者是只按每次购买汽车产品的数量多少给予折扣的优惠。这可以刺激买方大量购买,促进汽车多销、快销,减少库存和资金占压,从而降低汽车企业的销售费用。

2. 现金折扣

现金折扣是对在规定时间内提前交款或按期付款的买方给予一定的折扣优惠,目的是鼓励买方尽早付款,从而减少资金占用,加快资金周转,减少财务风险。如买卖双方的成交额为 50 万元,且在合同中注明“3/10 净 30 天”,则表示此笔交易的付款期限为 30 天,如在 10 天内付款,给予 3% 的折扣优惠;若在第 11 天~30 天内交付,买方则付全部款项 50 万元;若超过 30 天则属违约。

运用现金折扣应考虑三个因素:一是折扣率大小,二是给予折扣的限制时间长短,三是付清货款期限的长短。

3. 季节折扣

季节折扣是指在汽车销售淡季时,给购买者一定的价格优惠,目的在于鼓励中间商和消费者购买汽车,减少季节差别对企业生产经营活动的不利影响,有利于企业减少库存,节约管理费,加快资金周转。季节折扣率应不低于银行存款利率。

4. 功能折扣

功能折扣也称为贸易折扣、交易折扣,是汽车企业根据各中间商在汽车产品的营销活动中所担负的功能不同,而给予不同的折扣。交易折扣的折扣比例,主要取决于汽车中间商在汽车销售渠道中的地位、对汽车企业销售的重要性、购买汽车的数量、所具备的汽车促销功能、承担的风险以及汽车产品在市场上的最终售价等。

5. 地区折扣

这种策略是根据中间商或零售商所处的地理位置,根据与生产厂距离的远近,在运费上给予一定比例的折扣,目的是鼓励远距离的中间商或零售商购买本企业产品,有利于提高市场占有率。

需要注意的是,在采用折扣和折让定价策略时,一方面,汽车产品一般不宜采用打折的形式,宜采用回扣的形式,因为虽然同样是降价,但汽车消费者在支出了一笔大数目的费用后能

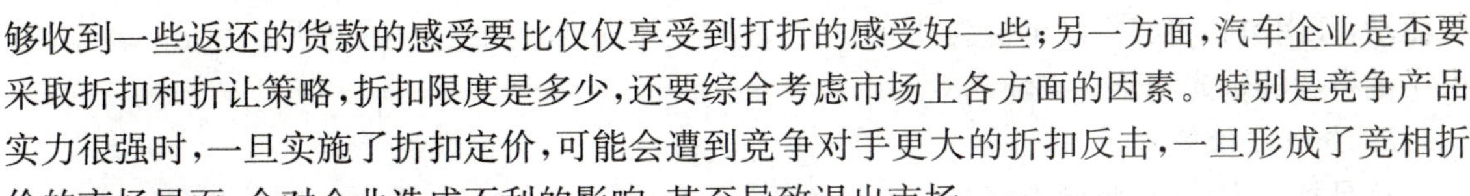

够收到一些返还的货款的感受要比仅仅享受到打折的感受好一些；另一方面，汽车企业是否要采取折扣和折让策略，折扣限度是多少，还要综合考虑市场上各方面的因素。特别是竞争产品实力很强时，一旦实施了折扣定价，可能会遭到竞争对手更大的折扣反击，一旦形成了竞相折价的市场局面，会对企业造成不利的影响，甚至导致退出市场。

(五) 心理定价策略

汽车消费者处于不同的社会文化中，对价格的心理感受和理解是不同的。心理定价策略就是根据汽车消费者对汽车产品需求的心理差异而采取的一种在基本价格的基础上作有限的变化，使产品的实际成交价格更具吸引力的定价策略。心理定价策略有以下 7 种。

1. 整数定价策略

这是汽车企业有意识地将汽车产品的价格取为整数的一种定价策略，凭借整数价格让汽车消费者产生汽车属于高档消费品的印象，提高汽车品牌形象，满足汽车消费者的某种心理需求。主要适用于档次较高、价格需求弹性小、价格高低对需求的影响很小的汽车产品。

2. 非整数定价策略

与整数定价策略正好相反的一种定价策略，是指汽车企业利用汽车消费者求廉的心理，在汽车定价时，不取整数而带零头的定价策略。这种带零头的汽车价格在直观上给消费者一种便宜的感觉，同时还会给消费者带来一种汽车企业是经过了认真的成本核算后才定价的心理感觉，可以提升消费者对该价格的信任度，从而激起消费者的购买欲望，促进汽车销量的增加。例如，把一款汽车定价为 9.97 万元，而不是 10 万元，消费者会觉得比较便宜，激起购买欲望，达成交易。

非整数定价策略一般适用于档次较低、价格对需求的影响很大的经济型汽车。但在实际定价中，无论是整数定价还是非整数定价，都要考虑到地域的差别。比如，美国、加拿大等国的消费者普遍认为单数比双数少，奇数比偶数显得便宜，所以，在北美地区，零售价为 4.9 万美元的汽车产品，其销量要远远大于 5 万美元的产品，甚至比 4 万美元的产品销量也多。但日本企业多以偶数特别是零作结尾，这是因为偶数在日本象征着对称、和谐、吉祥、平衡和美满。

3. 声望定价策略

这是根据汽车产品在消费者心目中的声望、信任度和社会地位来确定价格的一种定价策略，即把名牌产品的价格定得高于其他同类产品的价格，以维护产品的声誉。声望定价策略可以满足某些汽车消费者的特殊欲望，如地位、身份、财富、名望和自我形象等，还可以通过高价格来显示汽车的优质优价。有报道称，在美国市场上，质高价低的中国产品经常竞争不过相对质次价高的韩国产品，原因就在于在美国人眼中高价是高品质的象征。

声望定价策略一般适用于具有较高知名度、有较大市场影响力的深受消费者欢迎的名牌汽车产品。像英国名车劳斯莱斯的价格高居汽车价格榜首，除了其优越的性能、精致的做工外，产品的低产量也是一个很重要的因素。在过去的 50 年里，该公司只生产了 15 000 辆轿车，美国前总统艾森豪威尔因未能拥有一辆金黄色的劳斯莱斯汽车而引为终生憾事。

4. 招徕定价策略

这是将某种汽车产品的价格定得非常高或非常低，以引起消费者的好奇心和观望行为，来带动其他汽车产品的销售的一种汽车定价策略。如利用年节时举行“大甩卖”、“酬宾大减价”

等活动，江南奥拓将其产品定价为 2.98 万元，成为国内市场上唯一一款低于 3 万元的轿车，吸引了消费者的眼光和购买兴趣。

5. 分级定价策略

这是指在定价时，将同类汽车分为几个等级，不同等级的汽车，采用不同价格的一种汽车定价策略。这种定价策略能使消费者产生货真价实、按质论价的感觉，易被消费者接受，而且买卖结算方便，简化了交易手续，缩短了交易时间。

6. 习惯定价策略

有些汽车产品由于同类产品多，成本相对稳定，是价格在一定水平上维持了较长时间，就在消费者的心目中形成了一个较稳定的习惯价格。这类汽车产品的价格若稍有变动(尤其是提价)，就会引起消费者的不满，容易使消费者产生抵触心理。对于此类汽车产品，汽车企业不宜采用调价的方法。

7. 幸运数字定价策略

这种定价策略是根据汽车消费者对某些数字的偏好，如认为“8”可以带来“发”财、“发”达，认为“6”代表“事事如意”、“六六大顺”等。采用相应的幸运数字作为定价依据，容易使汽车购买者对该汽车产品产生一种心理上的好感，认为它可以带来好运，从而购买该产品。这种定价策略常被用于节假日促销，幸运数字与节日的美好气氛相结合，更容易促进汽车的销售。

(六) 汽车产品组合定价策略

一个汽车企业不可能只生产一种产品，常常是多个系列的多种汽车产品同时生产和销售。汽车企业所生产和销售的全部汽车系列和项目的组合就是汽车产品组合。一个汽车产品组合中的不同种汽车产品之间的需求和成本是相互联系的，但同时它们之间又存在着一定程度的“自由竞争”，因而，汽车企业的定价就不能只针对某一产品独立进行，而要结合相关联的一系列的产品组合制定出一系列的价格，使整个产品组合的利润实现最大化。针对汽车产品组合的定价策略主要有 2 种。

1. 同系列汽车产品组合定价策略

这种定价策略是指把一个汽车企业生产的同一系列的汽车产品作为一个产品组合来定价。在其中确定某一车型的较低价格，低价车可以在该系列汽车产品中充当明星价格，以吸引消费者购买这一系列中的各种汽车产品；同时又确定某一车型的较高价格，高价车可以在该系列汽车产品中充当品牌价格，以提高该系列汽车的品牌效应。

2. 附带选装配置的汽车产品组合定价策略

这种定价策略是指将一个企业生产的汽车产品与其附带的一些可供选装配置的产品看作一个产品组合来定价。比如汽车消费者可以选装该汽车企业的电子开窗控制器、扫雾器或减光器等配置。汽车企业首先要确定产品组合中供替换的可选装配置产品，其次再对汽车及选装配置产品进行统一合理的定价。如果汽车价格相对较低，而选装配置的价格相对较高，这样既可以吸引汽车消费者，又可以通过高价的选装配置获取利润，来弥补汽车的低价，增加汽车企业的利润；而一些不生产汽车选配装置的汽车企业为了获取利润，就只好将汽车的价格相对定高，因而其市场竞争能力就自然要受到不同程度的影响。附带选装配置的汽车产品组合定价策略一般适用于有特殊、专用汽车附带选装配置的汽车。

工作回顾

(1) 汽车产品的价格是由生产成本、流通费用、国家税金和利润等组成的。
(2) 能对汽车产品的价格产生影响因素较多,在定价时须考虑到各因素的影响。
(3) 汽车产品可以根据企业及产品自身特点选择适合的定价策略。

工作实施步骤

(一) 工作要求

为某企业的汽车产品选择适合的定价策略。

(二) 工作实施的步骤

可参考下面的步骤:
(1) 确定企业此次定价的目标。
(2) 确定价格中包含的费用,分析影响价格的各因素。
(3) 根据企业及产品特点,选择适合的定价策略。

思考与训练

(1) 影响汽车价格的主要因素有哪些?
(2) 汽车产品的价格由哪些部分组成?
(3) 何谓撇脂定价和渗透定价?
(4) 汽车消费者心理定价策略有哪些? 试举例说明。
(5) 在汽车市场上常见的折扣与折让策略有哪些?

拓展提升

汽车产品定价目标

汽车企业在定价以前,首先要考虑一个与汽车企业总目标、汽车市场营销目标相一致的汽车定价目标,作为确定汽车价格策略和汽车定价方法的依据,科学地确定定价目标是选择定价方法和确定定价策略的前提和依据。

一般来讲,汽车企业的汽车产品定价目标有 6 种。

(一) 以利润为导向的汽车定价目标

利润是汽车企业存在和发展的必要条件,也是汽车企业营销所追求的基本目标之一,汽车企业一般都把利润作为重要的汽车定价目标,这样的目标主要有 3 种。

1. 利润最大化目标

以最大利润为汽车定价目标,指的是汽车企业期望获取最大限度的销售利润。通常已成功地打开销路的中小汽车企业,最常用这种目标。追求最大利润并不等于追求最高汽车价格。

最大利润既有长期和短期之分，又有汽车企业全部汽车产品和单个汽车产品之别。

2. 目标利润

以预期的利润作为汽车定价目标，就是汽车企业把某项汽车产品或投资的预期利润水平，规定为汽车销售额或投资额的一定百分比，即汽车销售利润率或汽车投资利润率。

汽车定价是在汽车成本的基础上加上目标利润。根据实现目标利润的要求，汽车企业要估算汽车按什么价格销售、销售多少才能达到目标利润。一般来说，预期汽车销售利润率或汽车投资利润率要高于银行存款利率。

以目标利润作为汽车定价目标的汽车企业，应具备以下 2 个条件：

(1) 该汽车企业具有较强的实力，竞争力比较强，在汽车行业中处于领导地位。

(2) 采用这种汽车定价目标的多为汽车新产品、汽车独家产品以及低价高质量的汽车产品。

3. 适当利润目标

有些汽车企业为了保全自己，减少市场风险，或者限于实力不足，以满足适当利润作为汽车定价目标。这种情况多见于处于市场追随者地位的中小汽车企业。

(二) 以销量为导向的汽车定价目标

这种汽车定价目标是指汽车企业希望获得某种水平的汽车销售量或汽车市场占有率而确定的目标。

1. 保持或扩大汽车市场占有率

汽车市场占有率是汽车企业经营状况和汽车产品在汽车市场上竞争能力的直接反映，对于汽车企业的生存和发展具有重要意义。因为汽车市场占有率一般比最大利润容易测定，也更能体现汽车企业的努力方向，因此有时汽车企业把保持或扩大汽车市场占有率看得非常重要。

许多资金雄厚的大型汽车企业，喜欢以低价渗透的方式来保持一定的汽车市场占有率；一些中小企业为了在某一细分汽车市场获得一定优势，也十分注重扩大汽车市场占有率。

一般来讲，只有当汽车企业处于以下几种情况下，才适合采用该种汽车定价目标：

(1) 该汽车的价格需求弹性较大，低价会促使汽车市场份额的扩大。

(2) 汽车成本随着销量增加呈现逐渐下降的趋势，而利润有逐渐上升的可能。

(3) 低价能阻止现有和可能出现的竞争者。

(4) 汽车企业有雄厚的实力能承受低价所造成的经济损失。

(5) 采用进攻型经营策略的汽车企业。

2. 增加汽车销售量

这是指以增加或扩大现有汽车销售量为汽车定价目标。这种方法一般适用汽车的价格需求弹性较大，汽车企业开工不足，生产能力过剩，只要降低汽车价格就能扩大销售，使单位固定成本降低，汽车企业总利润增加的情况。

我国为鼓励和保护公平竞争，保护汽车企业经营者和汽车消费者的合法权益，制止不正当竞争行为，国家制定了《反不正当竞争法》。法规规定在汽车定价时，不得以低于变动成本的价格销售汽车来排挤竞争对手；有奖销售的最高奖的金额不得超过 5 000 元。

(三) 以竞争为导向的汽车定价目标

这是指汽车企业主要着眼于竞争激烈的汽车市场以应对或避免竞争为导向的汽车定价目标。在汽车市场竞争中，大多数竞争对手对汽车价格都很敏感，在汽车定价以前，一般要广泛收集市场信息，把自己生产的汽车的性能、质量和成本与竞争者的汽车进行比较，然后制订本企业的汽车价格。通常采用的方法有：

(1) 与竞争者同价。

(2) 高于竞争者的价格。

(3) 低于竞争者的价格。

汽车企业在遇到同行价格竞争时，常常会被迫采取相应对策。如竞相削价，压倒对方；及时调价，价位对等；提高价格，树立威望。在现代市场竞争中，价格战容易使双方两败俱伤，风险较大。所以，很多企业往往会开展非价格竞争，如在汽车质量、促销、分销和服务等方面下苦功夫，以巩固和扩大自己的汽车市场份额。

(四) 以汽车质量为导向的汽车定价目标

这是指汽车企业要在市场上树立汽车质量领先地位的目标，而在汽车价格上作出反应。优质优价是一般的市场供求准则，研究和开发优质汽车必然要支付较高的成本，自然要求以较高的汽车价格得到回报。

从完善的汽车市场体系来看，高价格的汽车自然代表或反映着汽车的高性能、高质量及其优质服务。采取这一目标的汽车企业必须具备以下两个条件：一是高性能、高质量的汽车产品，二是提供优质的服务。

(五) 以汽车企业生存为导向的汽车定价目标

当汽车企业遇到生产能力过剩或激烈的市场竞争要改变消费者的需求时，它要把维持生存作为自己的主要目标。生存比利润更重要。对于这类汽车企业来讲，只要他们的汽车价格能够弥补变动成本和一部分固定成本，即汽车单价大于汽车企业变动成本，他们就能够维持住汽车企业。

(六) 以汽车销售渠道为导向的汽车定价目标

对于那些须经中间商销售汽车的汽车企业来说，保持汽车销售渠道畅通无阻，是保证汽车企业获得良好经营效果的重要条件之一。

为了使销售渠道畅通，汽车企业必须研究汽车价格对中间商的影响，充分考虑中间商的利益，保证对中间商有合理的利润，促使中间商有充分的积极性去销售汽车。

在现代汽车市场经济中，中间商是现代汽车企业营销活动的延伸，对宣传汽车产品、提高汽车企业知名度有十分重要的作用。汽车企业在激烈的汽车市场竞争中，有时为了保住完整的汽车销售渠道，促进汽车销售，不得不让利于中间商。

例如，1974 年的石油危机爆发后，国际汽车市场受到严重冲击，因而汽车市场竞争加剧。日本的马自达公司为了推销汽车，规定每销售一辆汽车给中间商 500 美元的回扣奖励。这一措施使该公司保证了汽车销售渠道畅通，使在 1976 年向市场投放的新车型的销售获得了成功，使该公司受益匪浅。

任务二　报价方法

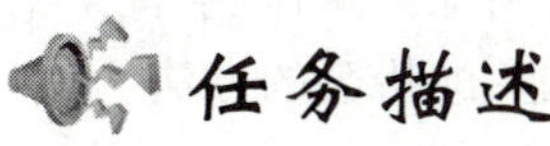

任务描述

如何报价是价格谈判中的一个核心问题。一方面，报价方法的应用很大程度上决定了交易是否能够成功；另一方面，还将在很大程度上决定此次交易是盈利还是亏损。

工作剖析

报价是指价格谈判中一方或双方向对方提出自己全部要求的过程。报价是价格谈判中一个十分关键的步骤，它标志着谈判者的礼仪要求的“亮相”，他不仅给谈判对手以利益信号，而且成为能否引发对方交易欲望的前奏。

在图 7-3 中，x 的大小表示报价的高低，$f_1(x)$ 表示卖方报价高低与所得利益的关系。x 越大 $f_1(x)$ 就越大，所得利益就越多。$f_2(x)$ 表示买方报价高低与所得利益关系。x 越大，$f_2(x)$ 越小，所得利益就越少。$f_1(x)$ 与 $f_2(x)$ 的交点为 C，则 C 为最佳结合点。由于现实的复杂性，很难找到这样一个最佳结合点 C，谈判人员应把握这一原则的精神实质，并尽可能做到，确定能被对方接受的大致范围 (x_1, x_2)。

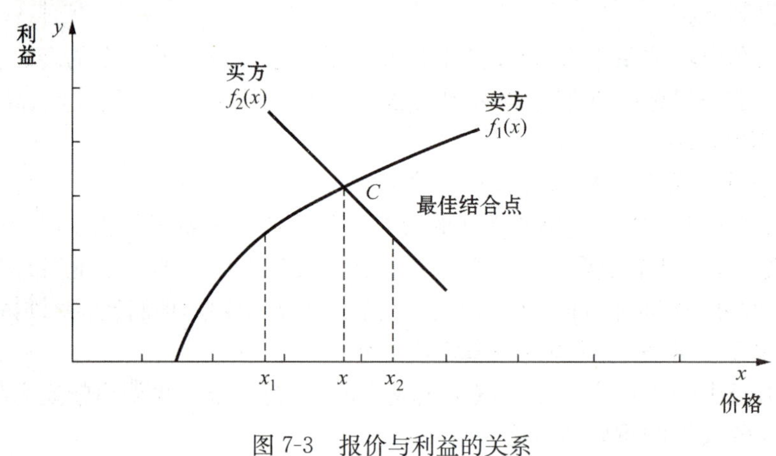

图 7-3　报价与利益的关系

相关知识

一、成本核算法

成本是构成价格的主体部分，也决定了产品价格的最下限。在对产品进行报价时，从分析成本入手，向顾客解释产品价格，是一种普通的做法。

所谓的成本分析法指的就是汽车推销员分析了产品成本的构成之后，进一步告知顾客通过销售该产品企业获得利益的情况，即推销差价的方法。这种报价方法会使顾客认为产品价格是将本求利，合情合理。

二、需求导向法

需求导向法是指汽车推销员在向顾客解释产品报价时，将其放在一个较大的需求背景下来介绍，让顾客认为只有马上去购买，才是最佳的做法，否则就会失去购买的机会的方法。

三、产品比价法

也称同类比较法，指推销员在向顾客解释产品的报价时，列举其他同类产品的价格，比较其他产品与本产品的优缺点，依据同质同价、优质优价、低质低价的原则导出本产品价格的合理性。

【案例】

一位飞鸽牌自行车的推销员在向顾客解释推销报价时，不是先直接报出飞鸽自行车的价格，而是先列举出在市场上同等水平的凤凰、永久、金狮、五羊等其他几种传统名牌自行车的价格，并且要特别注意分型号、分类别地进行对比，最后得出质量大致相同的商品价格也应大致相同的结论。

四、相关比价法

相关比价法是指推销人员在向顾客做产品报价时，采用分析其他相关产品的比价关系的方式，说明价格的合理性。

【案例】

一个推销600元左右的成套厨房用具的推销员在介绍其产品价格时，看到顾客家有一架钢琴，价格比较就由此开始。"您一天弹几次钢琴？您是不是只弹一会儿？钢琴的使用率虽然低，但由于它能够给您带来愉悦，所以您认为钱花得值。可是钢琴的价格少则七八千，多则万元，你使用厨房用具的时间要比钢琴多得多，而其价格比钢琴低得多。"

五、均摊价格法

也称为价格分解法，指的是推销员采用缩短时间单位或采用单一使用单位的方式，分解价格，以减轻价格压力，也就是将一次投资大而受益时间长的产品价格分解到一天、一个星期等较小的时间单位上，使其显得投资很少。譬如说："一辆汽车的价格是10万元，以使用10年计，每天才支付二十多块钱，就可以享受到汽车带给您的方便，不用再挤公交车，不用再为打不上出租车而烦恼，多么受益啊！"

六、优质优价法

如果推销品属于价格比较高的优质产品，推销中就要集中力量说明产品优质之所在。还可以通过展示内部结构，给顾客一个直观印象的方式来进行优质的说明。

【案例】

推销员在介绍龙口粉丝的原料——绿豆的质量讲起，详细说明绿豆的检测设备、检测程序，只有农药残留不超标、水分及其他指标合格才能入库，让经销商相信商品质量可靠，价格稍高一点是完全合理的。

七、灵活价格法

灵活价格法是指推销员故意将商品的价格报得很高，在自己心里保留一个控制价位。这种方法主要是针对那些有砍价欲望的顾客。

不管选择哪种报价方法，都要遵循以下几条原则：

(1) 报价的表达应是准确、完整而又明白，以避免产生误解或曲解。

(2) 报价时不能流露出信心不足，更不能表现出半点歉意。

(3) 报出的第一个价格必须是最高的。

(4) 报价应合乎情理。

总之，报价方法选择是否正确，会直接影响到推销是否能继续进行下去。汽车推销员一定要根据所推销产品的实际情况，结合顾客的个人情况，正确地选择合适的报价方法。

工作回顾

(1) 报价方法包括成本核算法、需求导向法、产品比价法、相关比价法、均摊价格法、优质优价法和灵活价格法等。

(2) 报价的原则是汽车推销员在报价前都必须要遵循的。

工作实施步骤

(一) 工作要求

汽车推销员正对某一品牌汽车产品与顾客进行报价，为其选择合适的报价方法。

(二) 工作实施的步骤

可参考下面的步骤：

(1) 分析该汽车产品特点和顾客特点。

(2) 在遵循报价原则的前提下，为其选择合适的报价方法。

思考与训练

(1) 报价方法有哪些？

(2) 报价时应遵循什么样的原则？

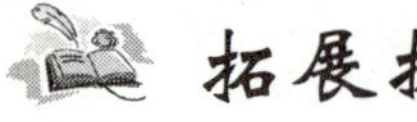

拓展提升

西欧式报价术与日本式报价术

在价格谈判与推销过程中，有两种比较典型的报价术，即西欧式报价术与日本式报价术。

(一) 西欧式报价术

西欧式报价术与我们前边所讲到的有关报价原则是一致的。其一般模式为：首先卖方报出留有较大余地的价格，然后根据买卖双方的实力对比和该笔交易的外部竞争状况，通过给予各种优惠，如数量折扣、价格折扣、佣金和支付条件上的优惠(如延长支付期限、提供优惠信贷等)来逐步软化和接近买方的价格和条件，最终达成交易的目的。实践证明，这种报价方法只要能够稳住买方，往往会有一个不错的结果。

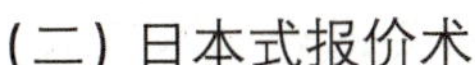

(二) 日本式报价术

日本式报价术的做法是：将最低价格列在价格表上，以求首先引起买方的兴趣。由于这种低价格一般是以对卖方最有利的结算条件为前提的，并且在这种低价交易条件下，各方面都很难全部满足买方的需求，如果买方要求改变有关条件，则卖方就会相应提高价格。因此，双方最后成交的价格，往往高于价格表中所列的最低价。

综合以上两种报价方法，虽说日本式报价术较西欧式报价术更具有竞争实力，但它不适合买方的心理，因为一般人总是习惯与价格由高到低，而不是不断地提高。因此，对于那些谈判高手，会一眼识破日本式报价术的伎俩，而不至于陷入其制造的圈套。

任务三 讨价还价与让价

任务描述

讨价还价与让价也是销售谈判中重要的一项内容，一名优秀的谈判者不但要掌握谈判中的基本原则和方法，还要学会熟练地运用讨价还价与让价的策略和技巧，这是促成谈判成功的保证，同时，讨价还价与还价策略的成功运用，对于争取和维护己方的谈判利益具有根本性的作用。

工作剖析

讨价还价分为“讨价”和“还价”两个概念，当人们在讨价还价时，它实际上是包含了“讨价”和“还价”的多次重复，即有反复几次的价格意见的往来，它标志着谈判的一个阶段。在价格谈判中，双方相互让步是不可避免的，谈判双方在价格上的让步就是让价。分析和了解各种谈判让步形态在实际运用中的利弊得失，以便为各种不同性质的谈判选择适当的让步策略与模式，以促成有利于己方的谈判和局是十分必要的。

工作载体

服务器的销售

一个电脑销售员向一个客户推销服务器，讲明最低价15万4千，费了很多的口舌，终于对方似乎有了兴趣，对方让他把性能再详细说一遍，他耐着性子又重述了一遍。对方请他再晚些时候给自己的合伙人再演示一遍这种服务器的功能，销售员认为客户是诚心想买，高兴地同意了。到了约定的时间，他来到客户办公室。演示完毕，客户与几个合伙人到办公室开了一个会。过了大约两小时，客户出来了。客户告诉他：“合伙人已原则同意买下这台服务器，但给成交价定了一个上限，最多不超过10万块。”客户把手一摊，说“我们只能出这么多钱，一分钱都不能再加了”，并把刚才开会的记录拿给他看，说那是合伙人一致的决定。

客户遗憾地告诉该销售员：“我们的出价很难满足你的要求，合伙人已经指示，找别的厂家看看有没有价格更合适的电脑。”

他对销售员说:“你的这种服务器的确先进,适用,遗憾的是自己的其他合伙人不大懂行。这不,下周又约了其他的厂家来演示了。”

销售员大为吃惊,急忙为自己辩护……

相关知识

在买方对卖方的价格解释给予了评论后,提出“重新报价”或“改善报价”的要求,称为“讨价”,也可称之为“再询盘”。而卖方在听了买方的评论后即修改了报价或未修改报价,就向买方提出“请告诉我你希望的成交价”,如买方以数字或文字描述回应了卖方的要求即视为“还价”,也可称之为“还盘”。

(一) 讨价策略

讨价是指要求报价方改善报价的行为,讨价策略的运用主要包括以下几个方面。

1. 讨价的方式

(1) 全面讨价,常用于买方对卖方的价格解释给予评论后的第一次讨价或者用于较复杂交易的第一次讨价。

(2) 分别讨价,常用于卖方第一次改善报价后仍不适合而采用全面讨价的讨价。如全面讨价后,将交易内容的不同部分,按照价格所含水分的大小,分为水分大的、水分中等的、水分小的三类,再分别进行讨价。

(3) 针对性讨价,常用于在全面讨价和分别讨价的基础上,针对价格仍明显不合理和水分较大的个别部分的进一步讨价。

2. 讨价次数

指的是要求报价方改善报价的有效次数,亦即讨价后对方降价的次数。讨价作为要求对方改善报价的行为,不能说只允许一次。究竟讨价可以进行几次,依据讨价方法和心理因素,一般是:全面讨价和针对性讨价不超过 3 次,以 1～2 次为佳;分别讨价在不同部分的讨价次数也不应超过 3 次,以 1 次为最佳。

3. 讨价技巧

(1) 以理服人。讨价是伴随着价格评论进行的,所以应本着尊重对方和说理的方式进行。同时,讨价不是买方的还价,而是启发、诱导卖方自己降价,以便为买方还价作准备。所以,此时如果硬压对方降价,可能使价格谈判过早陷入僵局,对买方也不利。因此,尤其是初期、中期的讨价,务必保持信赖、平和的气氛,充分说理,以理服人,以求最大的收益,即使对漫天要价者,也应如此。

(2) 相机行事。买方作出讨价表示并得到卖方回应后,必须对此进行策略性分析。若是首次讨价就能得到对方改善报价的迅速反应,这说明报价中策略性虚假部分较大,价格中所含水分较多,或者也可以表明对方急于促成交易的心理,同时还要分析其降价是否具有实质性内容等。这样,通过讨价后对对方反应认真分析,判定或改变己方的讨价策略。

(3) 投石问路。价格谈判中,如果遇到对方固守立场,毫不松动,己方似无计可施时,为了取得讨价的主动权和了解对方的情况,此时不妨可以采用“投石问路”,即通过假设己方采取某一步骤,询问对方作何反应,来进行试探,如:“如果我方有意购买贵方其他系列的产品,价格上能否再优惠些?”

(二) 还价策略

还价指的是买方针对卖方的报价作出的反应性报价,还价是以讨价为基础的。还价策略的运用，主要包括还价前的准备、还价方式、还价起点的确定和还价技巧等。

1. 还价前的准备

还价策略的精髓在于“后发制人”。为此就必须针对卖方的报价，并结合讨价过程，对己方准备作出的还价进行周密的筹划。主要可以从以下两个方面进行：

（1）弄清对方为何如此报价。

（2）判断形势，分析讨价还价的实力。

2. 还价方式

按照谈判中还价的依据，可以分为：

（1）可按比价还价，指的是己方无法准确掌握所谈商品本身的价值，而只能以相近的同类商品或竞争者商品的价格作为参照进行还价。这种方式的关键是所选择的用以参照的商品的可比性以及价格合理性。只有可比价格合理，还价才会让对方信服。

（2）按成本还价，指的是己方能计算出所谈商品的成本，然后以此为标准再加上一定比率的利润作为依据进行还价。这种方式的关键是所计算成本的准确性，成本计算得越准确，还价的说服力就越强。

按谈判中还价的项目，可以分为：

（1）总体还价，也即一揽子还价，它是与全面讨价相对应的还价方式。

（2）分别还价，是指把交易内容划分成若干类别或部分，然后按各类价格中的含水量或按各部分的具体情况逐一还价，它是分别讨价后的还价方式。

（3）单项还价，指的是按所报价格的最小单位进行还价，或是对个别项目进行还价，它一般是针对性讨价的相应还价方式。

3. 还价起点的确定

还价起点即买方的初始报价。还价起点确定的原则主要有两点：

（1）起点要低。

（2）不能太低。

在确定还价起点时可以参照以下因素进行：

（1）报价中的含水量。

（2）成交差距，指的是对方报价与己方准备成交的价格目标的差距。差距越小，还价起点应较高；差距越大，还价起点应较低。

（3）还价次数。在每次还价的增幅已定的情况下，当己方准备还价的次数较少时，还价的起点应较高；当己方准备还价的次数较多时，还价的起点应较低。

4. 还价的技巧

（1）吹毛求疵，即百般挑剔，买方针对卖方的产品，想方设法寻找其缺点，并夸大其词，虚张声势，以此作为还价的依据，亦即言不由衷。本来满意之处，也非要说成不满意，并故意提出让对方无法满足的要求，表明自己“委曲求全”，为还价制造借口。但应注意的是，吹毛求疵不能过于苛刻，应近乎情理和取得卖方的理解，否则，卖方会觉得买方缺乏诚意，甚至被卖方识破。

（2）积少成多。人们通常对微不足道的事情不太计较，买方可以利用这样的心态将总体交易内容进行分解，然后逐项分别还价，通过各项获得的看似微薄的利益最终实现自己的利益目标。细分后的交易项目，因其具体容易寻找还价理由，使自己的还价具有针对性和有根有据，从而易于被卖方接受。

(3) 最大预算。运用此技巧,通常是在还价中一方面表示出对产品及报价的兴趣,另一方面利用自己的“最大预算”为由,迫使卖方作出最后让步和接受自己的还价。

(4) 最后通牒。一般是在买方处于有利地位或买方已经把价格提高到理想价格时发出最后通牒。最后通牒的出价一般不能低于卖方的保留价格。运用此技巧时,言辞不要过硬,依据要过硬,要具有较强的客观性和不可违抗性,要留有弹性。最后通牒并不是要把卖方逼入绝境,即要么接受条件,要么使谈判破裂,而是给卖方施压,使卖方再作让步的一种手段。

(5) 感情投资。整个谈判过程要遵循平等互利的原则,要做到“台上是对手、台下是朋友”,注重展示自己的修养和人格魅力。在谈判时,对于某些次要问题,可以不过分计较并主动迎合对方,使对方觉得你能站在他的角度考虑问题。可以利用间隙机会,谈论业务范围以外对方感兴趣的话题,以增加交流,增进感情。对于彼此之间有过交往的,要常叙旧,回顾以往合作的愉快经历和取得的成功,增加此次合作的信心。

(三) 让价策略

在价格谈判中,双方互相让步是不可避免的。谈判双方在价格问题上的让步就是让价。谈判双方都明确各自的最终目标,同时还必须明确为达到这个目标可以或愿意作出哪些让步,作多大的让步。让步本身就是一种策略,它体现了谈判双方用主动满足对方需求的方式来换取己方需要的精神实质。怎样运用让步策略,是价格谈判中非常重要的环节。

1. 让步的原则

(1) 维护整体利益。

(2) 明确让步条件。

(3) 选择好让步时机。

(4) 确定适当的让步幅度。

(5) 不要承诺作出与对方相同幅度的让步。

(6) 在让步中讲究技巧。

(7) 不要轻易向对方让步。

(8) 每次让步后要检验效果。

2. 让价方式

假设某卖方在价格谈判中作出让价,让价幅度为60元,需要经过四轮让价,那么常见的让价方式可以归结为8种,如表7-2所示。

表7-2 让价方式

让价方式	第一轮让价	第二轮让价	第三轮让价	第四轮让价	让价幅度
冒险式(正拐式)	0	0	0	60	60
刺激式(阶梯式)	15	15	15	15	60
诱发式(高峰式)	8	13	17	22	60
希望式(低估式)	22	17	13	8	60
妥协式(虎头蛇尾式)	26	20	12	2	60
危险式(断层式)	49	10	0	1	60
虚伪式(钓钩式)	50	10	−1	1	60
低劣式(反拐式)	60	0	0	0	60

(1) 冒险式,这是一种坚定的让价方式。在价格谈判的前期和中期,无论买方作何努力,卖方始终坚持初始报价,不愿做出丝毫退让,而到了谈判后期,才迫不得已作出大的让步。这种让价方式容易使谈判陷入僵局,甚至可能导致谈判的中断。

(2) 刺激式,指的是以相等或近似相等的幅度逐轮让价的方式。这种方式的特点是使买方每次的要求和努力都能得到满意的结果,但也会因此刺激买方坚持不懈地努力,以取得卖方的继续让步,而一旦停止让步,就会很难说服买方,并有可能造成谈判的中止或破裂。

(3) 诱发式,指的是让步幅度逐轮增大的让价方式。在实际的价格谈判中,应尽量避免使用这种让价方式,因为这会使买方的期望值越来越大,并会认为卖方软弱可欺,从而助长买方的谈判气势,很可能使卖方遭受重大损失。

(4) 希望式,指的是让步幅度逐轮递减的让价方式。这种方式的特点在于,一方面表现出卖方的立场越来越强硬;另一方面使买方感觉卖方仍留有余地,从而始终抱着继续讨价还价的希望。

(5) 妥协式,指的是开始先作出一次大的退让,然后让价幅度逐轮急剧减少的让价方式。它的特点在于既向买方显示出卖方的谈判诚意和妥协意愿,同时又巧妙地暗示卖方已作出巨大的牺牲和尽了最大努力,进一步的退让已近乎不可能。

(6) 危险式,指的是开始让价幅度极大,接下来则坚守立场,毫不退让,最后一轮又作了小小的让价的方式。这种方式充分表明了卖方的成交意愿,也表明进一步的讨价还价是徒劳的。但一开始的大幅度让价也会提高买方的期望值,虽然之后卖方态度转为强硬会消除这一期望,但买方的期望一旦瞬间化为泡影又会很难承受。另外,一开始就作出巨大让价,可能会使卖方丧失在较高价位成交的机会。

(7) 虚伪式,指的是开始作出大的让价,接下来又作出让价,之后安排小小的回升,最后又被迫作出一点让价的方式。这是一种比较巧妙的让价技法,往往能操纵买方心理。它既可表明卖方的交易诚意和让价已达到极限,又可通过"一升一降"使买方得到一种心理上的满足。

(8) 低劣式,指的是开始就把己方能作出的全部让步和盘托出的方式。这种方式会在谈判初期大大提高买方的期望值,但也没有给卖方留出丝毫余地。而后几轮完全没有让价,缺乏灵活性,又容易使谈判陷入僵局。再者,开始便作出全部让价,也可能使卖方损失原不该损失的利益。

在实际的价格谈判中,较为常用的是"希望式"和"妥协式"两种。

总之,在价格谈判中,没有让价就没有成功,不同的让价传递着不同的信息,让价是没有固定模式的。只有根据自己的需要,在谈判实践中灵活运用各种让步方式,才能取得谈判的成功。

工作回顾

(1) 讨价是指要求报价方改善报价的行为。讨价策略包括讨价方式、讨价次数和讨价技巧等。

(2) 还价指的是针对卖方的报价买方作出的反应性报价,还价是以讨价为基础。还价策略的运用,主要包括还价前的准备、还价方式、还价起点的确定和还价技巧等。

(3) 让价就是谈判双方在价格问题上的让步。让价原则和让价方式是价格谈判中进行让价的参考标准。

工作实施步骤

(一) 工作要求

假设某一汽车产品价格谈判，根据所学，练习该产品的讨价还价与让价。

(二) 工作实施的步骤

可参考下面的步骤：

(1) 分析某汽车产品的特点和顾客特点。

(2) 根据所学，尝试运用讨价还价与让价策略。

思考与训练

(1) 讨价方式有哪些？讨价技巧有哪些？

(2) 还价方式有哪些？怎样确定还价起点？

(3) 还价技巧有哪些？

(4) 让价原则和方式有哪些？

拓展提升

价格解释和价格评论

(一) 价格解释

由卖方向买方就其报价的内容构成、价格的取数基础、计算方式所作的介绍或解答，统称为价格解释。通过价格解释，买方可以了解卖方报价的实质、态势及其诚意。卖方可以充分利用这个机会表示自己报价的合理性及诚意，降低买方要求。

价格解释的原则主要有：

(1) 不问不答，即买方不主动问就不答，买方未问到不答，以免言多有失。

(2) 有问必答，即对于买方所问问题卖方要回答，且令人有“痛快感”。

(3) 避实就虚，即卖方回答买方问题时，提供的资料要以好讲的为主，不好讲的部分、利润高的部分为次，能挡则挡，以其“特点”、“异点”渲染充斥解释的时间转化、缓解气氛，转移买方的视线。能拖则拖，不急于回答，态度诚恳，认真记下问题，过后再说。这样，在遵守讲实话的原则下，尽力维护自己的价格立场。

(4) 能言勿书，指可以口头解释的不用文字写。实在要写，写在黑板上，纸上写粗不写细，细的口说。给可能的错误不留文字依据，争取修改的权利。

一般价格解释的内容包括货物价格的解释、技术费的解释和技术服务费及资料费的解释。

(二) 价格评论

买方对通过解释了解到的卖方价格的构成性质所作出的批评性反应被称为价格评论。价格评论是买方通过对卖方的解释予以研究，寻找其漏洞，找出其价格上的不合理点，并对这些

“水分”在讨价还价前先挤一挤，为之后的价格谈判创造有利条件。从卖方来看，其实是对报价及其解释的反馈，便于了解买方的需求、交易欲望以及最为关切的问题，利于进一步的价格解释和对讨价还价有所准备。

价格评论的方法既要猛烈又要有节奏；既要自由发言，又要严密组织；重在说理，以理服人；评论中再侦察，侦察后再评论。

价格评论一般是对货物的价格、技术费和技术服务费进行评论。

项目八

顾客异议及其处理

项目理解

任务一：就购买像汽车这样的一件大宗商品而言，在顾客往往是一项较难的决策，而且会产生各种各样的异议。在汽车推销过程中，首先解决顾客为何产生异议，针对在汽车推销过程中顾客产生的异议进行分类，对不同的顾客异议使用不同的解决方法和应对策略。其次是针对不同的顾客异议，选择不同的时机、不同的方法和应对策略。

任务二：在现实生活中，顾客异议是屡见不鲜、很正常的事情。但是，作为汽车推销人员在处理顾客提出的异议时一定要把握好几大原则，也就是掌握处理顾客异议的准则。有了处理顾客异议的准则，在处理顾客提出的异议时，才能有效地、针对性地回答顾客提出的异议，使顾客消除顾虑，从而达到购买的欲望。

任务三：在汽车推销过程中，处理好顾客的异议是一项艰巨而复杂的任务。如果汽车推销员能有效地解答疑问、处理异议，就有更大可能争取到潜在客户。这就要求汽车推销顾问要掌握一套行之有效的处理异议的方法和技巧。这里总结介绍了多种在实际推销过程中处理顾客异议的方法，通过这一整套行之有效的方法，针对不同顾客的不同的异议，得到比较完善的处理结果，进而在维护客户利益的同时争取到客户。

任务四：在汽车推销交易场所洽谈过程中，顾客提出各种各样的异议是不能避免的。准确有效地掌握处理顾客异议的策略，是每一位优秀汽车推销员在谈判时留住顾客的有效而且很实用的一个策略技术，也是从不同角度使顾客达到目的、使顾客满意，进而促成汽车交易的一种手段。

任务一　顾客异议概述

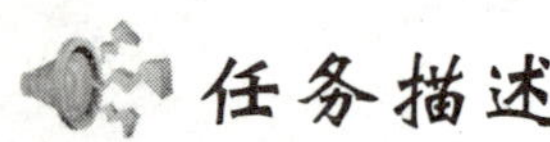

任务描述

在汽车推销过程中，汽车作为大宗商品在购买时，是使顾客比较难以下决断，而且容易产生各种各样异议的产品。通过大量的推销实例使学生认识顾客异议，分清顾客异议的种类，明白顾客产生异议的原因，进而解决推销过程中顾客所产生的异议，达到留住顾客、完成推销的目的。

工作剖析

顾客异议又叫推销障碍，是指顾客针对汽车推销人员及其在推销中的各种活动所作出的一种反应，是顾客对汽车推销品、推销人员、推销方式和交易条件发出的怀疑、抱怨，提出的否定或反对意见。在实际推销过程中，这样的异议屡见不鲜。进行科学的分析、研究，找出顾客产生异议的原因是成功的基石。如果对顾客异议不理解或不明原因，盲目地回答顾客的异议，最终会使顾客因不信任、不满意而流失。

工作载体

某日一位老板走进一间专门推销进口品牌汽车的车行，与推销人员有如下对话：

顾客：宝马 730 是不是全铝车身？

推销人员：（客户提出的这个问题有点突然，而且他是第一次听到全铝车身的概念）哦，不太清楚，我要查一下资料。（查完资料后告诉客户）不是全铝车身。

顾客：刚才我到了某车行看了奥迪 A8，他们的推销人员告诉我奥迪 A8 采用的是全铝车身，是最新的技术，能够提升动力而且省油，我以前开的是宝马 530，对宝马车比较了解，现在想换一辆车，准备在奥迪和宝马之间作出选择。如果宝马也是全铝车身的话，我就买宝马。

推销人员：老板，您能告诉我选购一辆全铝车身的汽车会给您带来什么好处吗？

顾客：我也不太清楚，只是他们告诉我全铝车身比钢结构的车身好，而且更高档，也是最新技术。

推销人员：既然这样，让我们一起来讨论一下铝合金车身是如何加工的。正像您知道的，铝合金的金属特性与钢铁不同，用钢铁可以一次冲压完成的钣件，改用铝合金之后却可能要分成数个部件，再用其他的技术结合起来，这样在汽车制造的时候，或许手续繁杂、或许成本增加。只是，如果场景一换，变成是车子因为事故意外而有所损毁时，那维修可就不像新车制造那么简单了，这时候不但需要特殊的技术、更需要特殊的配备，有些车体部位更是只能更换、不能用传统方法钣金，这就造成了很多的不便。

顾客：原来是这样的，我真的不知道。

推销人员：既然您对宝马情有独钟，为什么会因为一个全铝车身的问题而让您去挑选一种您从来没有开过的汽车呢？这是一项新技术，刚才谈到了新技术意味着要多花一些不应该花的钱，也许还会承担更大的使用风险。再者，这项技术很多人都不知道，而且是用在汽车内部，他们可能根本不知道您花了那么多钱，也难以体现您的价值。

相关知识

异议处理贯穿于汽车推销过程的始终，从接近客户开始一直到顾客签约的每一个汽车产品推销步骤，都有顾客提出异议的可能。汽车推销人员在寻找顾客到达成交易的整个过程中，不可避免地会遇到顾客的各种异议。销售过程实质就是处理异议的过程。越是懂得异议处理的技巧，您越能冷静、坦然地化解客户的异议。总之，通过各种异议的处理，能使汽车推销人员具有丰富而娴熟的异议处理技巧。

一、顾客异议的含义

顾客异议又叫推销障碍，是指顾客针对汽车推销人员及其在推销中的各种活动所作出的一种反应，是顾客对汽车推销品、推销人员、推销方式和交易条件发出的怀疑、抱怨，提出的否定或反对意见。在实际推销过程中，推销人员会经常遇到“对不起，我很忙”、“对不起，我没时间”、“对不起，我没兴趣”、“价格太贵了”、“质量能保证吗”等被顾客用来作为拒绝购买推销品的问题，这就是顾客异议。还有，在你要去拜访一位汽车消费客户时，他有时会说暂时没有购车意愿；在你询问客户需求时，客户会隐藏真正的购买动机；你向他解说产品时，他会带着不以为然的表情等等，这些也都是客户异议。

多数新加入推销行列的推销人员，对异议都抱着负面的看法，对太多的异议感到挫折与恐惧，但是对一位有经验的推销人员而言，他却能从另外一个角度来体会异议，揭露出另一层含义。

(1) 从客户提出的异议，让您能判断客户是否有需要。

(2) 从客户提出的异议，让您能了解客户对您的建议书接受的程度。

(3) 从客户提出的异议，让您能迅速修正您的推销战术。

(4) 从客户提出的异议，让您能获得更多的信息。

“异议”的这层意义，是“推销是从客户的拒绝开始”的最好印证。

二、正确对待顾客的异议

顾客异议具有两面性。如果顾客提出的问题、意见和看法没有得到令他满意的答复，就可能不会采取购买行为，异议就成为成交的障碍；但如果推销员合理地解决了顾客异议，并有效地利用了顾客异议，那顾客异议就成为交易成功的一个机会。

(一) 异议是顾客的必然反应

顾客异议既是整个推销过程中的一种正常现象，也是使推销走向成功时必须跨越的障碍。从这个意义上说，每当遇到顾客异议，这只是整个推销工作的真正开始。因此，正确对待并妥善处理顾客提出的异议，是现代推销人员所必须具备的能力。推销人员只有正确分析顾客异议的类型和产生的原因，并针对不同类型的异议采取不同的策略，妥善加以处理，才能消除异议，促成交易。

汽车推销是对顾客进行汽车产品介绍、推销的活动，寻找、发现并唤起汽车消费者需求，促使顾客采取购买行动的过程。在这个推销过程中，推销人员与顾客作为两个不同的利益主体，顾客总是处于主动的、有利的交易地位，而推销员处于被动的、不利的交易地位。推销员被顾客拒绝或顾客产生各种异议是一种正常现象。现代社会是汽车产品供大于求的社会，产品竞争非常激烈，顾客整天被各种各样的产品信息所包围，所以顾客已经习惯于拒绝推销，以保护自己的权益。

（二）推销从顾客异议开始

推销的过程其实就是处理顾客异议的过程。顾客对推销人员与汽车产品等提出异议，当然为进一步汽车推销设立了障碍。但是，障碍的出现使推销人员有了与顾客沟通的机会，使汽车产品的成交出现了希望。戈德曼博士认为，推销是从顾客拒绝开始的。只有顾客提出了真实异议，推销才从信息单向沟通性的产品介绍和说服，转入信息双向沟通的实质性阶段。一些成功的推销人员认为，顾客提出异议正是推销面谈所追求的目的和效果。只有产品介绍、洽谈等推销活动引起了顾客注意，激起了顾客的兴趣，顾客才会提出异议，这样才表明推销活动取得了效果。并且顾客开口说话，提出自己的看法或反对意见，推销员才能知悉推销的重点和方向之所在，才能开展进一步的、有针对性的说服工作。异议是了解顾客真正需要的最好途径。没有异议的顾客，才是最难对付的顾客。

因此，推销人员应尊重顾客异议，引导和欢迎顾客提出各种意见。顾客异议既是成交的障碍，也是成交的信号。只要顾客提出的不是拒绝性异议和明显的托词，就表明顾客已经开始对产品发生兴趣。异议表示顾客仍有求于你，只是他对产品使用价值的理解，或推销员提供的交易条件与他的需求还有一定的距离。只要推销员妥善处理一项顾客异议，就克服了成交路上的一个障碍，离成交目标就更近一步。有关数据显示，有异议时达成交易的概率是64%，无异议时达成交易的概率只54%。顾客异议是成交的信号。俗话说，"嫌货人是买货人"、"褒贬是买主、喝彩是闲人"，讲的就是这个道理。推销员应持积极主动的心态，希望顾客提出异议，再去处理、解决顾客异议，而不是回避顾客异议。所以说，顾客提出异议是表明汽车推销已经向成交跨进了一步，使汽车推销有了进一步发展的基础。因此推销人员既要看到顾客的异议为汽车推销工作设立的障碍，也应看到解决顾客异议就可成交的前景。

三、客户异议的种类

顾客异议是多种多样的，根据不同的分类方法，客户异议可以分为不同的种类。在实际的汽车推销过程中不同的顾客有不同的异议。对同一内容的异议又会有不同的异议根源。因此，推销人员必须善于观察判断顾客的言谈举止，洞察顾客的动作表情，把握顾客的心理活动。只有正确理解顾客异议的内容，区别与判断不同的异议根源才能有的放矢地处理好顾客异议。

（一）从客户异议指向的客体来看，可将客户异议分为8种类型

1. *产品异议*

产品异议是顾客对汽车推销人员所推销的汽车产品的内在素质、外观形态等方面提出不同看法和意见而形成的一种异议。具体表现为对质量、式样、设计、结构、型号等方面提出异议。例如："该款产品的质量太差。""这款车小毛病太多。""这款式不时兴了。""这款车噪声太大，而且耗油量比较大。""款式和颜色都不好看。"……

产品异议表明顾客对这款汽车产品不够了解，或有一定的认识，具有比较充分的购买条件，却存在自身的购买习惯或偏见，而不能形成购买。

2. *价格异议*

价格异议是顾客以推销汽车产品价格过高而拒绝购买的一种异议。价格异议是十分普遍的。例如："太贵了，我买不起。""别的4S店的价格比较便宜。""虽然不贵，但我还是付不起。"

顾客对产品价格最敏感，因为这与顾客的利益有直接关系。当顾客提出价格异议时，往往

表明顾客对汽车推销品产生了购买兴趣和购买倾向，只是价格高了，要千方百计通过讨价还价迫使汽车推销员降价。

3. 服务异议

服务异议也是产品异议的一种，它是指顾客对汽车推销人员或所代表的企业提供的服务，即汽车产品的附加产品，包括维修、售后服务等一系列问题不满，而拒绝购买其产品的异议。例如："我不想买此款，我的一个朋友买过，但他说这款汽车小毛病多，不是很好。""这牌子汽车产品的售后服务不行。""你们店在这一领域的信誉不佳。"……

现代汽车产品在品质接近、价格接近的情况下，其竞争力就取决于服务了。汽车产品的品质与价格都存在一定的限度，但服务却没有限度，服务的项目越多、花样越新，顾客就越欢迎，销售情况就越好。

4. 货源异议

货源异议是指顾客对汽车推销品的来源、汽车推销人员的来历提出的异议。顾客认为不应该从有关公司的推销人员那里购买汽车推销品。例如："我现在开的是某某厂的某牌汽车，从来没有买过此牌的汽车产品。""没有听说过你们这款汽车。""很抱歉，汽车产品我们和某某公司有固定的供应关系。""老板关照过了，没有他的同意，任何人不得擅自自作主张。"

当顾客提出货源异议时，表明顾客愿意按照汽车推销人员的报价购买这款汽车产品，只是不愿意向这位汽车推销人员及所代表的公司购买。在企业信誉不佳、同行竞争激烈等情况下，顾客可能产生货源异议。

5. 推销人员异议

推销人员异议是指顾客针对个别汽车推销人员，表示对他们的不信任而提出的异议。顾客的异议表现在顾客认为汽车推销人员太年轻，或者没有推销经验。例如："你多大了，干汽车推销工作几年了？""小伙子，我上几次来没有见过你呀。""我听不懂你说的话。"

顾客提出这一异议，表明顾客愿意购买这种产品，只是不信任、不喜欢或不愿意向特定汽车推销人员购买。

6. 需求异议

需求异议是顾客从自身出发，自称根本不需要所推销的该款汽车产品而产生的异议。它往往是在汽车推销人员向顾客介绍产品后，由顾客提出的。例如："这款汽车我不太喜欢。""我家里已经有了这样的一款车。""我们根本用不上它的这些功能。"

可能有人确实不需要所推销的汽车产品。一个有钱的人一般不会对低档汽车感兴趣，同样，生活在山区或草原上的人不会需要一般的轿车。这往往是因为推销对象不对路造成的。如果在寻找和鉴别客户时付出足够的努力了，那么就有理由相信，所面对的顾客需要所推销的汽车产品。

7. 购买时间异议

购买时间异议是指顾客通过有意拖延购买时间来拒绝推销或达到其他目的的一种购买异议。例如："让我再想一想，过几天答复你。""你先让我考虑考虑。""我再需要一些时间作购买决定。"

这种异议的真正理由一般不是时间，而是汽车价格、质量或其他问题。当然，因客户资金不足、资金周转困难、无决策权等原因，也会导致购买时间异议。

8. 权力异议

权力异议是指顾客以缺乏购买决策权为理由提出的一种反对意见。例如:“我做不了主,还需要请示上级。”“改天让我们的主管来与你商定。”“我们的老板不太喜欢这款式的汽车。”

权力异议有真实和虚假之分。真实的权力异议是推销活动的直接障碍,汽车推销人员应对顾客的购买权力进行认真的分析,找准目标客户。虚假的权力异议,应看作顾客拒绝汽车推销人员的一种借口,要采取适当的转化技巧进行化解。

(二) 根据客户异议的内容与实际关心的内容之间的关系,客户异议分为 3 种类型

1. 真实的异议

真实的异议就是在推销人员介绍产品时,客户表示目前没有需要或对您的产品不满意或对您的 4S 店的产品抱有偏见,例如:从朋友处听到您的产品容易出故障。面对真实的异议,您必须视状况采取立刻处理或延后处理的策略。

2. 假的异议

假的异议分为 2 种:

(1) 客户用借口、敷衍的方式应付推销人员,目的是不想诚意地和推销人员会谈,不想真心介入推销的活动。

(2) 客户提出很多异议,但这些异议并不是他们真正在意的地方,如“这款汽车去年卖得很火,今年卖不动了”、“这车子的外观不够流线型”等,虽然听起来是一项异议,但不是客户真正的异议。

3. 隐藏的异议

隐藏的异议是指客户并不把真正的异议提出,而是提出各种真的异议或假的异议。目的是要借此假象达成隐藏异议解决的有利环境,例如客户希望降价,但却提出其他如质量、外观、颜色等异议,以降低产品的价值,而达成降价的目的。

从分类可以看出,顾客异议根源既有必然因素又有偶然因素;既有可控因素也有不可控因素;既有主观因素也有客观因素;既有客户愿意说明的原因,也有顾客不愿意说的原因,还有连顾客自己也说不清、道不明的原因。从顾客的异议中,推销人员能获得更多的信息,能判断顾客是否有需求,能了解顾客对建议接受的程度,并能迅速调整推销策略。

总之,在推销过程中,顾客异议是推销人员经常遇到的,只有正确地认识、妥善地处理,才能有效地促成交易。客户异议是一种自然现象,推销人员要做的工作,就是充分利用顾客提出异议这一契机,及时给顾客以满意的答复,策略性地使顾客加深对所推销的汽车商品的认识,改变顾客原来的看法。

工作回顾

(1) 顾客异议又叫推销障碍。顾客异议产生的原因来自顾客方面、汽车产品方面、汽车产品推销人员方面、汽车推销企业方面。

(2) 顾客提出异议是非常正常的事情,要正确地看待顾客的各种异议。顾客异议是多种多样的,根据不同的分类方法,客户异议可以分为不同的种类。推销人员必须要辨别清楚真实的、虚假的和隐藏的异议。

工作实施步骤

(一) 工作要求

通过本任务知识的学习,使学生了解顾客异议的含义、类型。学生通过认真学习和体验,掌握客户异议的主要原因。

(二) 工作实施的步骤

(1) 认识顾客异议的概念,理解顾客异议产生的原因。

(2) 要正确对待顾客的异议。

(3) 根据不同的分类方法,将客户异议分为不同的种类。强调了推销人员必须要辨别清楚真实的、假的和隐藏的异议。

思考与训练

(1) 顾客异议的含义是什么?

(2) 顾客异议产生的主要原因是什么?

(3) 为何要正确对待顾客的异议?

(4) 从客户异议的内容与实际关心的内容之间的关系来看,客户异议分为几种类型?

任务二 处理顾客异议的原则

任务描述

在汽车推销过程中,推销人员的回答应简明扼要,不要偏离主题;既要尽量避免长篇大论的谈话方式,又要尽量避免用推销人员个人的看法去影响顾客。只有正确地掌握处理顾客异议的原则,才能把握住顾客心理状态,进而留住顾客,达到汽车推销的目的。

工作剖析

面对汽车推销这种大额交易,通常会存在顾客异议。推销人员面对顾客异议时应遵循一些基本原则。推销人员在推销前要充分估计顾客可能提出的异议,做到心中有数。这样,即使到时候遇到难题,也能从容应对。事前无准备,就可能不知所措,信口胡诌,顾客得不到满意答复又得不到尊重,自然无法成交。

工作载体

一个阳光明媚的下午,上海某授权经销商的车行内,来访的客户并不多,三三两两,有的在看着样车,有的在办公桌前与推销人员商谈着,还有的在前台仔细阅读着车款、车型、新特色等介绍手册。此时,2 位男士偕同 1 位女士款款走进了车行。这 3 个人刚走进车行,汽车推销员就主动迎接他们。

推销员:“3 位下午好！我是这里的推销顾问李力涛,叫我小李就可以了。三位到这里还好找吧?”

张顾客:“还可以。”

李力涛:“您好！这是我的名片,您贵姓?”

张顾客:“我姓张,这是我们万总,这是方女士。”

李力涛:“万总好,方女士好,这是我的名片。我店车辆有好多不同的款式,各有千秋,需要我介绍什么吗?”

张顾客:“我们考虑买一款比较现代、安全性能好的车。对了,这款是新到的吧?”说着指着旁边的一辆车说。

李力涛:“是的,最近走得不错,而且是新上市的,德国组装的。”

张顾客:“我觉得推销人员肯定都说自己的产品好,这款车与丰田汽车相比怎么样?”

李力涛:“其实,市面上各种各样的车都有自己的独到之处,不过就看你最看中什么方面了。丰田汽车我还不太了解,我们的汽车独到的地方就是无可挑剔的质量,最完美的安全配置,最人性化的车内技术应用。总之,在许多方面这款汽车都获得过国际大奖,其独到的发动机技术目前还受到专利保护。”

李力涛边说边与 3 位顾客走到样车旁,并主动拉开车门:“万总,您坐一下,感觉一下。方女士,您可以坐一下后座。张先生,您要不要看看发动机的情况?”

张顾客:“不用了,主要是老板满意,就没有什么问题。对了,这款车的价位如何?”

李力涛:“现在这款车的价位还是比较高的,我们也要求厂家能否降一降,可是根本就没有什么空间,让我们也没有什么赚的。这款 2.0 四驱的 A2,价位是 22 万 8 千。”

方小昕(老总的妻子):“后面还是很舒服的,这么贵?”

李力涛:“厂家也跟我们解释了多次,现在这款车是刚上市,而且都是德国原装的,就当国产车卖的,价位是高一些,如果有可能等的话,我估计明年全部国产化了以后,有可能降一些,不过可能降得也不多。您等用车着急吗?”

万总:“当然,早拿到更好了。”

李力涛:“这款车,昨天走了 3 台,今天早晨经理开会时还说,今天要是也走 3 台,明天就没有车了,下次要半个月以后了。您喜欢什么颜色的?”

方小昕:“我就喜欢这个蓝色的。”

李力涛:“怎么现在喜欢这款蓝色的人这么多?就是蓝色的走得好。您是现款购车,还是我们协助您办理银行贷款手续?”

张东明:“我们肯定是现款,看万总,您还有什么问题?”

万总:“这样吧,我们回去再商量一下,这里有你的名片,小张回头与你联系。”

李力涛:“好的,3 位慢走。您看我们就顾着说话,连水都没有给您上。”

万总:“不用客气,最后给我们挑一款好车就行了。”

李力涛:“没问题,放心吧。”

次日该公司就派张东明来提走了一款 A2 的 2.0 汽车。

相关知识

面对汽车这种大额交易顾客的异议，推销人员的回答要简明扼要，不要偏离主题；既要尽量避免长篇大论的谈话方式，又要尽量避免用推销人员个人的看法去影响顾客。要把握好以下几个重要原则。

一、作好准备工作

“不打无准备之仗”，这是推销人员面对顾客拒绝时应遵循的一个基本原则。推销前，推销人员要充分估计顾客可能提出的异议，做到心中有数。这样，即使遇到难题，到时候也能从容应对。事前无准备，就可能不知所措，顾客得不到满意答复，自然无法成交。可以说，良好的准备工作有助于消除顾客异议的负面性。加拿大的一些企业专门组织专家收集客户异议并制订出标准应答语，要求推销人员记住并熟练运用。

汽车推销商也应该编制关于汽车方面的标准应答语。具体方法是：

步骤1：把大家每天在汽车推销过程中遇到的客户异议写下来。

步骤2：进行分类统计，依照每一异议出现的次数多少排列出顺序，出现频率最高的异议排在前面。

步骤3：以集体讨论方式编制适当的应答语，并编写整理成文章。

步骤4：大家都要记熟。

步骤5：由老推销人员扮演客户，大家轮流练习标准应答语。

步骤6：对练习过程中发现的不足，通过讨论进行修改和提高。

步骤7：对修改过的应答语进行再练习，并最后定稿备用。最好是印成小册子发给大家，以供随时翻阅，达到运用自如、脱口而出的程度。

二、尊重顾客异议

尊重顾客异议，首先要求推销人员诚恳地欢迎提出异议，因为顾客异议对每一个成功的推销人员来说都是一种帮助。顾客提出异议并不可怕，重要的是对顾客异议作出令人满意的解答，使顾客感到你总是重视他的见解，对解决他提出的异议有诚意。对顾客异议主要注重以下几点：

(1) 不论顾客的异议有无道理和事实依据，推销员都应以温和的态度和语言表示欢迎。

(2) 善于倾听顾客的异议，不要轻易打断顾客讲话；

(3) 在提出对顾客异议的处理意见之前，可以沉思片刻，让顾客感觉到你很重视他的意见并经过了认真考虑。必要时，推销员可以简单概括和重复顾客异议。

三、强调顾客受益

推销员要常常换位思考，从顾客的角度来处理顾客异议。顾客花钱购买产品，总是希望以最小的代价获取最大的利益。之所以会产生异议，是存在自身利益可能会受到损失、怕承担利益风险的顾虑，那么，推销员在处理顾客异议时，应强调顾客受益原则，即推销员对异议的解释着眼点应该放在顾客利益上。只有将你的解释、你的处理落实到能让顾客受益，或者顾客的利益并没有受到他所理解的损失，才有可能帮助顾客克服风险顾虑，缩小顾客的心理差距，有利于异议的消除。

一个成功的推销员总是诱使顾客回答他们自己的异议。有一句推销格言："如果你说出来，他们会怀疑；如果他们说出来，那就是真的。"所以，对顾客提出异议，推销员在解释、说明是要尽量避免用你个人的看法去影响顾客，少说"如果我是你的话，我将……"、"我有过亲身体验……"之类的话，因为顾客并不那么相信你或试图征求你的意见，这样回答更容易引起顾客的疑虑或反感。要让顾客自己去发现问题的真实情况是什么，让顾客自己去得出结论。推销员需要做的是引导他们如何去思考、去发现。

这一点与利益推销一致。这样处理，有利于增进与顾客的感情，缩小与顾客的心理差距，有利于成交。在推销汽车过程中一定要抓住顾客的心理，顾及顾客利益和想法去回答客户异议。

【案例】

顾客受益原则

顾客：不会吧，28 万？××车才 20 万不到呢！

推销员：您说得没错。我想请教您一个问题，您出差在外，是喜欢住三星级宾馆还是五星级宾馆呢？

顾客：当然是五星级宾馆啦，三星级的肯定没有五星级的舒服。

推销员：那就对了。三星级和五星级的肯定没法比的。开这款车和开××的感觉肯定不一样的，否则就不会有那么多的老板喜欢开这款车了。

四、选择恰当的时机

根据美国对几千名推销人员的研究，优秀推销员所遇到的顾客严重反对的机会只是其他人的十分之一，原因就在于优秀推销员往往能选择恰当的时机对顾客的异议提供满意的答复。在恰当时机回答顾客异议，便是在消除异议负面性的基础上发挥了其积极的一面。懂得在何时回答客户异议的推销人员会取得更大的成绩。汽车推销人员对客户异议答复的时机选择有 4 种情况。

（一）汽车推销人员在顾客提出异议之前进行处理

在汽车或其他产品推销中始终要防患于未然，这是消除客户异议的最好方法。推销人员觉察到客户会提出某种异议，最好在客户提出之前，就主动提出来并给予解释，这样可使推销人员争取主动，先发制人，从而避免因纠正客户看法或反驳客户的意见而引起的不快。

汽车推销人员是完全有可能预先揣摩到客户异议并抢先处理的，因为客户异议的发生有一定的规律性，如推销人员谈论汽车产品的优点时，客户很可能会从最差的方面去琢磨问题。有时客户没有提出异议，但他们的表情、动作以及谈话的用词和声调却可能有所流露，推销人员觉察到这种变化，就可以抢先解答。

（二）汽车推销人员在顾客提出异议时当即进行处理

绝大多数异议需要立即回答，这样既可以促使客户购买，又是对客户的尊重。例如，当顾客提出你的汽车价格比别的偏高、太贵时，你不要默许，应该立即作出回答。你应该反问一句客户："能说说您是以哪款车来作比较认为这辆车贵的吗？"这样等于又向顾客提出了一个问题。客户这时一般会说，比如某某车，那么，你这时就应该有机会用你的专业水平来“以礼服客”了。

(三) 汽车推销人员需要推迟处理客户异议

有些时候推销人员对异议需要暂时保持沉默：异议显得模棱两可、含糊其辞、让人费解的时候；异议显然站不住脚、不攻自破的时候；异议不是三言两语可以辩解得了的时候；异议超过了推销人员的议论和能力水平的时候；异议涉及较深的专业知识，解释不易为客户马上理解的时候等等。急于回答客户此类异议是不明智的。经验表明，与其仓促错答十题，不如从容地答对一题。

(四) 对客户的异议不予处理

许多异议不需要回答，如无法回答的奇谈怪论、容易造成争论的话题、废话、可一笑置之的戏言、异议具有不可辩驳的正确性、明知故问的发难等等。推销人员不回答时可采取以下技巧：沉默；装作没听见，按自己的思路说下去；答非所问，悄悄扭转对方的话题；插科打诨幽默一番，最后不了了之。

五、切忌顾客发异议时与其争辩

不管顾客如何批评，推销人员永远不要与顾客争辩，因为争辩不是说服客户的好方法，正如一位哲人所说：“您无法凭争辩去说服一个人喜欢你的产品。”与客户争辩，失败的永远是推销人员。一句推销行话是：“占争论的便宜越多，吃推销的亏越大。”与顾客发生争辩，很容易使顾客感到他没有受到应有的尊重。推销员取得争辩胜利的同时，他将很可能取得推销的失败。

顾客永远是对的。西方国家有公司这样规定：

第一条，顾客永远是对的；

第二条，当顾客不对时，参见第一条。

【案例】

争辩的结果

有位推销员，他过去曾经是一名汽车司机，他对自己推销的汽车非常熟悉。在推销过程中，只要有人挑剔他所推销的汽车，他立即与之争论，因为他的经验丰富，他经常是争论的胜利者，每当他走出顾客办公室的时候，他总是自豪地说：“我又教训了他一顿。”事实上他确实以其丰富的知识和经验教训了许多客户，可是最终他没有卖出几辆车。

以上这个事实说明，推销人员赢得了争论，就会失去客户，因为你伤害了顾客的感情和自尊。推销人员必须时刻把握住，你是来推销的，最终的目的是达成交易。当然，不与顾客争论不是不敢否定顾客的异议。在某些情况下，直接地否定顾客，往往可以有效地吸引顾客倾听你的意见，收到良好的效果；一时难以处理的异议，也可以适当地转移话题，避免过于集中讨论某一方面的异议，以分散顾客对某一方面异议的注意力。

对永不争辩的原则，需要把握一个合适的度，既要使对方注意到你的意见的正确性，又不使对方难堪而产生对立情绪。

在汽车推销中一定要给顾客留面子。顾客的意见无论是对是错、是深刻还是幼稚，推销员都不能给对方留下轻视的感觉。推销员要尊重顾客的意见，讲话时面带微笑、正视顾客，听对方讲话时要全神贯注，回答顾客问话时语气不能生硬。例如："你错了"、"连这你也不懂"、"你没明白我说的意思，我是说……"。这样的表达方式抬高了自己，贬低了顾客，挫伤了顾客的自尊心。另外更不要训斥、诋毁顾客。如果顾客没有听清楚你的解释或回答，重复问相同的问题，推销员不能不耐烦地说："我刚才不是告诉过你吗？"

工作回顾

（1）在汽车推销过程中灵活运用顾客异议的原则是推销产品行之有效的措施。

（2）选择恰当的时机处理顾客异议有利于提高顾客的购买欲望。

工作实施步骤

（一）工作要求

本任务要求汽车推销人员严格遵循和灵活运用一定的原则，并在恰当时机处理顾客异议。

（二）工作实施的步骤

（1）在推销过程中遇到的一些顾客异议，通过统计分析，编写出标准应答语。

（2）在汽车推销中推销人员必须遵循应该遵守的原则和面对异议时需选择恰当的处理时机作出应对。

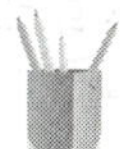

思考与训练

（1）在汽车推销过程中，处理顾客异议应遵循哪些原则？

（2）在汽车推销过程中，处理顾客异议的时机有哪些？

任务三　处理顾客异议的方法

任务描述

汽车推销人员在与客户接洽的过程中，总会有各种各样的突发情况需要处理。在实际案例中分析出现顾客异议的主要原因，总结处理顾客异议的具体方法与技巧，为今后的汽车推销实战奠定基础。

工作剖析

提出疑问和异议的人往往是有购买倾向的人，如果汽车推销顾问能够有效地解答疑问、处理异议，就更有可能争取到这一客户。如果当异议出现时，对异议处理不当，不仅会损害客户的利益，同时也会失去客户。

工作载体

这是一个普通的工作日,一对夫妻带着两个孩子走进了车行。凭着做了10年汽车推销工作的直觉,推销员认为这对夫妻是真实的买家。

推销员热情地上前打招呼,"两位需要什么帮助?"

顾客说:"我们现在准备考虑买一辆新车,我们对越野车非常感兴趣。"

推销员非常认真地倾听来自客户的所有信息,然后他慎重而又缓慢地说:"车行现在的确有几款车可以推荐给您们,因为这几款车比较符合您们的期望。"

推销员首先推荐了"探险者",也展示了"远征者",一种较大型的越野车,因为后者的利润会大一些。这对夫妻看了一眼展厅内标有价格的招牌,叹了口气说:"18万元?这车也太贵了吧?超过我们的预算了"。

推销员:"您说得不错,对于普通老百姓来说,现在汽车还是属于高档消费品。其实与其他消费品不同,汽车不是用一两年就会坏的,何况您又不跑长途,用上十年八年不成问题。不要说10年,就以6年来算,您1年只需要支出3万元,就能拥有一辆属于自己的汽车,过上有车一族的生活。而如果没有汽车,像您这样做生意的,每天打的费用都得要一两百元吧?"

顾客:"汽车本身我是没有什么可以挑剔的了,就是这价格好像太高了,我按月付款的负担还是很大的,能不能便宜点?"

推销员:"沈先生,按照每月付款方式,您只需每月支付XX元,也就是说,每天还不到XX元。可是您可知道,汽车租赁公司出租这种型号的车,每天收取的费用是XX元?想一想自己驾车的乐趣,难道您还会觉得买得不值吗?"

顾客:"听上去有些道理。"

通过推销员给顾客对汽车功能、配置、油耗等全方面的介绍及解答后,顾客与推销人员最终达成了成交协议。

相关知识

掌握了客户异议处理原则,还要在实际推销过程中掌握一定的工作方法,这样才能从容处理客户异议,提升自己的推销能力。处理顾客异议的目的就是为了最终实现销售,而不是为了逞一时的口舌之快或是表现自己。汽车销售人员处理异议时,既要消除顾客的不同意见,又不能驳了顾客的面子。由于顾客异议发生的时间、地点、环境、条件各不相同,因此处理顾客异议的方法应该而且必须是多种多样的。为了进行有效的推销,汽车推销人员既要抓住适宜的时机,又要针对具体问题,选用合适的方法,灵活、妥善地处理顾客异议。因此要求汽车销售人员必须掌握几种有效处理异议的方法。

一、直接反驳法

(一) 直接反驳法的含义

直接反驳法是汽车推销人员根据较明显的事实与理由,直接否定顾客异议的一种处理方法。推销人员采用这种方法给顾客直接、明确、不容置疑的否定回答,迅速、有效地输出与顾客异议相悖的信息,能加大说服的力度和反馈速度,从而达到缩短推销时间、提高推销效率的目的。

例如当顾客因不了解情况,提出了对你们店的售后服务的异议:"你们公司的服务肯定有问题,电话老是没人接,我还以为你们公司关门了。""我听说你们公司的售后服务不好,车卖出去就算完了,根本不管维修。"这时,汽车推销人员可以反驳说:"我相信您知道的一定是个案,但绝不会发生在我们公司。我们公司的经营理念就是服务第一,客户至上。公司全省各地的技术服务部门都设有电话服务中心,全天 24 小时开机,随时联络在外服务的技术人员,希望以最快的速度为顾客服务,以达成电话叫修后两小时一定到现场的承诺。"这样,既可以消除误会又避免争执。

【案例】

直接反驳法处理异议

客户:我听说这款汽车故障率较高。

推销人员:我相信您说的一定只是个个案,我们公司销售出去的这款车的返修率是很低的,不信您可以到我们后面的维修车间去看看。问问来我们这里做固定保养的车主们。

(二) 直接反驳法的特点

1. 优点

(1) 通过摆事实、讲道理,以合理而科学的根据反驳顾客,可以加大推销说服力度,增强顾客购买信心。

(2) 针对顾客异议中的谬误,直截了当地回答并说明有关情况,可以节省推销时间,提高推销效率。

(3) 用途十分广泛,而且符合多数顾客的习惯。

(4) 有利于道破顾客的各种借口,促使其接受推销。

2. 缺点

(1) 销售人员直接否定顾客异议,容易引起抵触、反感情绪,形成不融洽气氛。

(2) 容易增加顾客的心理压力,导致顾客回避推销。

(3) 直接反驳可能会降低企业、推销品及销售人员在顾客心目中的信誉度。

(三) 直接反驳法的适用范围

(1) 反驳法并不适用于所有顾客异议,只有当顾客异议是由顾客的偏见、成见、信息不足等原因引起的,如提出有损企业形象与声誉的异议,但确实与事实不符时,才能使用反驳法。

(2) 当顾客因缺乏对产品的了解,害怕买后吃亏而提出相关异议时。

(3) 当顾客因无知,提出不切实际的异议时,应及时否定其异议,指出其荒谬之处。

(4) 不适用于处理无关的、无效的顾客异议。

(5)不适用处理因情感因素或个性问题引起的顾客异议。

(6)不适用于有自我表现欲望与较为敏感的顾客提出来的异议。

(四) 直接反驳法应注意的问题

(1) 察言观色,密切关注顾客的心理变化。反驳法并不适用于所有的顾客异议,只有当顾客异议是由顾客的偏见、成见、信息不足等原因引起的，才能使用反驳法。

(2) 反驳要有理有据，用事实说话。必须运用科学合理的根据去反驳顾客异议。

(3) 态度友好，以诚待客。汽车推销人员应当始终保持良好的推销氛围，反驳法如使用不当，容易引起双方的正面冲突，不利于推销活动。因此，推销人员应做到态度诚恳，面带笑容，用词委婉，从顾客角度出发说服顾客。

例如顾客提出："请问，您能以什么优惠价格给我呢？"这时，汽车推销员可以说："哎呀，您开玩笑了。实在对不起，这已经是本公司最低价格了。因为我们决不会在产品质量与服务上打折扣，当然也不能在价格上予以更多的优惠。换句话说，我们汽车产品的质量和服务绝对一流。如果折扣很大，您还会购买我们的产品吗？还认为我们的产品物有所值吗？"

二、间接处理法

(一) 间接处理法的含义

间接处理法也称为婉转法，是汽车推销员根据有关事实与理由间接否定顾客异议的一种处理方法。销售人员应用这种方法，首先要承认顾客的看法有一定的道理，也就是向顾客作出一定的让步；然后再根据有关事实和理由来间接否定顾客的意见，提出自己的看法。

人都有一个共同个性：不管有理没理，当自己的意见被别人直接反驳时，内心总是不痛快的，甚至会被激怒，尤其是遭到一位素昧平生的推销员的正面反驳。因此，汽车推销员最好不要开门见山地直接提出反对意见。在表达不同意见时，先对顾客异议表示同情、理解，或者仅仅是简单地重复，使顾客心理有暂时的平衡，然后用转折词"不过"、"然而"、"诚然"、"除非"、"如果"等，把话锋一转，再对顾客异议进行婉转的反驳。

例如，顾客指出："这款汽车价格太高了，不是我马上能支付的。"此时，推销员可以婉转地说："是的，我想大多数人都和您一样是不容易立刻支付的。如果我们能配合您的收入状况，在您发年终资金时，多支一些，其余部分按您每个月的收入，采用分期付款方式的话，会让您感到一点也不费力。"这就是先承认顾客异议，再提供更多的推销信息，间接地否定顾客异议。

【案例】

委婉的答复

客户：这款车别的4S店的售价比你们低2 000元。

汽车推销人员：我们为您提供了百分之百的服务承诺和满意保证，并有完善的监督机制和系统作保障。只是我想知道，您希望我们的服务也打折吗？

(二) 间接否定法的特点

1. 优点

(1) 销售人员尊重异议，承认异议，态度委婉，顾客容易被说服。

(2) 可赢得时间去分析异议的性质和根源，能够缩短推销人员与顾客的心理距离。

(3) 销售人员不是直接驳斥,而是间接否定,有利于保持良好的推销气氛和人际关系。

2. 缺点

(1) 推销人员首先作出的“退让”,可能会削减顾客购买的信心,降低推销人员说服的力量,也会促使顾客因为受到鼓励而提出更多的异议。

(2) 推销话题的转换,可能会使顾客觉得推销人员圆滑、玩弄技巧而产生反感情绪。

(3) 由于故意回避顾客的异议,易使顾客产生错觉。而且间接处理需要时间,不利于提高工作效率。

(三) 间接处理法的适用范围

(1) 从间接处理法的基本思想来看,它不适用那些敏感的、固执的、个性强且具有理智型购买动机的顾客。

(2) 不适用于探索研究性的、疑问类型的顾客异议。

(3) 适用于那些因顾客成见、偏见及信息不通而产生的异议。

(4) 适宜在“以柔克刚”的情况下应用,不得滥用。

(四) 注意事项

(1) 推销人员运用间接否定法的关键是,要注意如何不露声色地转移话题。

(2) 推销人员采用的词汇要恰当,否则也会让顾客感觉被否定而产生不满。

(3) 运用这种方法要注意推销的重点。承认顾客异议有一定道理,是为了保全顾客面子,缩短双方的心理距离,从而达到消除顾客异议的目的,因而要淡化对顾客的“退让”,突出“但是”之后的推销劝说,使顾客改变原有看法而接受推销人员的建议。

三、劣势转换法

(一) 劣势转换法的含义

劣势转换法也称为补偿法,又称抵销处理法,是汽车推销员利用顾客异议以外的功能或服务的优点,来抵消顾客异议的处理方法。当顾客异议确实符合实际情况时,推销员在勇于承认的同时,及时提出该款汽车产品的优点,并拿出充分的证据让顾客感觉到,异议中的问题与该款汽车产品优点相比是微不足道的,从而使顾客达到心理平衡。

例如,当顾客提出“这款汽车的外形设计、颜色都非常棒,令人耳目一新,可惜此车的配置低了些”时,汽车推销员可以说:“您真是好眼力,的确这款车的外形很棒,配置较低,若选用高配置,价格恐怕要高出现在的好几成。”再如,当顾客提出某款汽车产品价格太高时,汽车推销员在承认价格高的基础上,可以用该款汽车的功能多、配置高、质量好等优点来抵消顾客对价格的异议,使之产生购买兴趣。

【案例】

劣势转换法处理异议

顾客:“这款车的后备箱空间太小了。”

汽车销售人员:“的确,后备箱的空间是比较小,但是这是为了让汽车的乘坐空间更加宽敞,使您坐在里面不会像同类型其他的车一样感到很压抑。”

表 8-1 劣势转换法示例表

购买这款车的不利点	购买这款车的有利点
动力稍差	适合城市用车、油耗低
工艺粗糙	价格便宜、适合家庭用车
两厢式，不气派	后门可以打开，只要后排放倒，可以运载很多家庭用物品，而且国外家庭用车也主要以两厢车为主

(二) 劣势转换法的特点

1. 优点

(1) 对顾客坦诚，有利于推销人员赢得顾客，有助于建立融洽的洽谈气氛。

(2) 通过运用此方法，有助于重点推销，突出产品的优势，促成交易。

(3) 坦承产品缺点，可缓解顾客的抱怨和不满；也可以给推销员留有一定的回旋余地。

2. 缺点

(1) 某种情况下，也可能使顾客失去信心，认为推销人员只顾自己的利益。

(2) 运用不恰当，可能会使顾客产生质疑和误解，增加推销难度。

(三) 劣势转换法应注意的事项

(1) 运用这种方法的前提是顾客得到补偿的利益要大于异议涉及问题所造成的损失，否则得不偿失，结果反而会动摇顾客的购买决心。

(2) 推销人员所承认与肯定的顾客异议必须是真实而有效的，并且要及时使顾客得到推销品及其成交的有关优点和利益方面的补偿。

(3) 在劝说中，应淡化顾客异议，强化符合顾客主要购买动机的推销品优点，使顾客认为异议可以得到补偿。

(4) 切忌在某些疑虑与问题上与顾客纠缠不清，这样容易浪费大量宝贵的时间，降低推销效率。

四、沉默法

(一) 沉默法的含义

沉默法也称为不理睬法或忽视法，是指当顾客提出一些反对意见，并非真的想要获得解决或讨论时，汽车推销员可以故意不作理睬或一带而过，以分散顾客的注意力，从而回避矛盾的一种处理方法被称为沉默法。通常情况下，推销人员应该热情地解答顾客提出的各种问题，以帮助其了解、认识商品，解除疑惑。但有时顾客提出的异议是推销人员无法回答的，如果非要回答，则会陷入纠缠不清的辩解之中。另外，对于与推销无关的异议、故意刁难的异议或微不足道的异议，推销人员也可以采用沉默法，以保持良好的洽谈气氛。对于顾客一些不影响成交的反对意见，汽车销售人员最好不要反驳，采取不理睬的方法是最佳的。

例如，客户问："为什么这款车不用原装本田的发动机?"汽车推销人员答："我已经记下来了，并会把您的意见告诉厂家。"再如，当顾客由于无知或成见，提出"这款汽车太贵了"的价格异议时，推销员可以置之不理，继续说："大哥，关于价格问题，现在我们不谈，还是先看看它的配置吧!"一旦顾客真正认识到该款汽车的配置及相应的功能和特点，先前的所谓价格异议也就不复存在了。

(二) 沉默处理法的特点

1. 优点

(1) 可以使推销员按照预定的推销计划和策略展开工作，集中精力考虑重点推销，可节省时间，提高推销效率。

(2) 不去正面反驳异议，可以缓和双方紧张的交易气氛，保持良好的洽谈气氛。

(3) 可以大事化小、小事化了，便于转换话题。

2. 缺点

(1) 忽略顾客异议，可能会使顾客觉得自己的异议没有得到应有的重视而产生不满。

(2) 如果使用不当，可能会忽略一些其他重要的顾客异议，影响交易达成。

(三) 沉默处理法注意事项

(1) 要注意，即使顾客提出的异议是无效的或虚假的，也要耐心聆听，态度要温和谦恭，让顾客感到受尊重。

(2) 在忽略顾客的某一异议时，注意马上找到不应忽略的问题，避免顾客感到受冷落。

(3) 有时为了沟通感情，也可以花费一点时间回答顾客一些无关紧要的问题。

五、询问法

(一) 询问法的含义

询问法是指汽车推销员在未完全理解顾客异议的具体内容时，对顾客进一步询问，以了解顾客真实想法异议的一种策略和方法。在实际推销过程中，顾客异议往往具有不确定性、复杂多变性，推销人员很难分辨异议的性质、类型、真实原因等，因而需要通过不断询问、沟通，掌握更多的异议信息，从而确定异议的真实根源，为排除异议提供方向。

例如，顾客说："我还想再考虑一下。"汽车销售人员可说："李先生，我觉得我已经介绍得很清楚了，不知道您还要考虑什么问题呢？如果您有什么疑虑，可以说出来我们再讨论一下，一起把问题解决。"如顾客提出"我听人说此品牌汽车容易出问题"时，汽车推销员可以说"您能谈谈他们都提出了哪些问题吗？或许我可以帮助您弄清某些事实"，等等。再如，顾客提出"这款车的配置好像比其他款的要低"时，汽车推销员不要着急去处理顾客的反对意见，而是提出这样的询问："请问您觉得少哪些，比哪一款的汽车配置低？"这样，在顾客进一步的答复中，汽车推销员便可以了解到顾客异议的具体内容。应首先找出顾客真正的异议点，然后再对其加以详述，化解顾客的异议。

(二) 询问法的特点

1. 优点

(1) 可以更深入地了解顾客及其异议。运用询问法来处理顾客异议，使推销人员能够得到更多的顾客信息，为进一步推销创造条件。

(2) 真诚虚心的询问会让顾客感到受尊重或重视，从而愿意配合推销人员的工作，使推销保持良好的气氛与人际关系。

(3) 可以迫使顾客说出异议根源，还使推销人员从被动听顾客申诉异议变为主动地提出问题与顾客共同探讨，从而有利于其采取有的放矢的推销策略。

(4) 询问法方式灵活，能让顾客自己来处理自己所提出的有关购买异议。

2. 缺点

(1) 对于推销人员的提问,有些不愿意回答的顾客,可能会产生反感与抵触情绪。

(2) 推销人员的多次询问也可能会使更多异议产生,从而破坏推销气氛,阻碍推销工作顺利进行。

(三) 询问法应注意事项

询问法如果运用不当,也会引起顾客的反感,在运用这种方法时应注意:

(1) 推销人员向顾客询问时,不要急于求成,要由浅入深、循序渐进地提问。

(2) 对于顾客异议要有针对性地进行询问,以免浪费时间,延误成交时机。

(3) 推销人员要尊重顾客,询问要适可而止,不能把顾客逼到山穷水尽的地步。

(4) 汽车推销员的询问要及时,应及时引导顾客把真实的想法说出来。

(四) 询问法的应用范围

(1) 询问法主要适用于处理各种不确定型的顾客异议。

(2) 询问法不宜处理各种无关异议。

六、转化处理法

(一) 转化法的含义

转化法也称为利用法,即汽车推销员将顾客异议正确的一面转化为顾客购买的理由,从而说服顾客完成购买行为的一种异议处理方法。顾客提出的异议,从辩证角度看,存在两重性,即积极的一面和消极的一面。汽车推销员可以利用异议本身的两重性,抓住其有利于成交的方面,有效地促成交易。

例如,当顾客提出:“该款汽车工艺显得很粗糙。”汽车销售人员可以说:“但它价格便宜,适合家庭使用。”当顾客提出财力异议,说“这款车太贵了,买不起了”时,汽车推销员可以说:“是呀!物价都在涨,汽车还会涨价的!现在不买,将来就更买不起了!”将顾客拒绝购买的理由转化为说服顾客购买的理由,直接促成交易。

【案例】

处理客户价格异议

客户:你所说的这个价格我无法接受。

推销人员:我知道这辆车的价格比较贵,但它的性能真的很不错。根据我们的调查,这款车的车主都反馈说很满意,也很少需要去修理厂维修,相对其他品牌的汽车来说,这可以为您省下不少维修费用。与其买一辆经常需要“治疗”的汽车,还不如买一辆不怎么“生病”的汽车,事实上它们本身的价格也相差不了多少,不用多久,您就会把这差价赚回来的。总的来说,这价格还是很划算的。

客户:你说得也对。

(二) 转化处理法的优点

(1) 销售人员利用异议处理异议,不必回避顾客异议。

(2) 销售人员可以改变有关顾客异议的性质和作用,将顾客拒绝购买的理由转化为说服顾客购买的理由。

(3) 销售人员直接承认顾客异议，有利于保持良好的人际关系和营造融洽的推销气氛。

(4) 有效利用推销哲学，把顾客异议转化为推销提示，把推销异议转化为推销动力，把不利因素转化为有利因素。

(三) 转化处理法的缺点

(1) 可能使顾客产生抵触情绪。

(2) 顾客希望自己的意见受到尊重，但采取转化法容易使顾客失望。

(3) 如果滥用，会导致顾客提出更多异议，弄巧成拙，适得其反。

(四) 转化处理法的注意事项

(1) 要做到真诚地响应顾客异议，由于在利用转化法时，顾客异议中所包含的积极因素是利用的依据，推销员不仅应肯定顾客异议的实际性、合理性与积极性，而且应做到态度诚恳，语气热情，讲究礼仪，不能伤害顾客的感情，并保持良好的推销气氛。

(2) 必须认真分析与区别对待顾客异议，推销人员首先要肯定顾客的异议，但不是不加分析地肯定与赞美顾客的全部异议，而是要抓住顾客拒绝购买的关键因素。

(3) 应当正确分析顾客购买动机，向顾客传递正确的信息，不要欺骗顾客。

七、延缓处理法

(一) 延缓处理法的含义

延缓处理法也叫拖延处理法或推迟处理法，是指推销人员在听到顾客表达了异议以后，暂时不对顾客异议进行处理，等待适当的时候再进行异议处理的一种方法。特别是在顾客带着怒气提出问题，或者不愿意继续往下交谈的时候，汽车推销员最明智的做法是不必直接进行反驳，而是集中力量把谈话进行下去。对顾客的异议暂时不作处理，待顾客重新提出时再行答复。

例如，在顾客提出汽车产品价格异议时，最好在客户对某一品牌车型还没有全面了解之前，先别急于与其讨论价格，而要引导客户，向其全面地介绍该车型及价值，让客户先喜欢上该车型，认识到它的优点和价值。待顾客重新提出时再行答复。

【案例】

用“缓兵之计”法处理客户异议

客户：这种款式的车卖多少钱？

推销人员：您先别急着讨论价钱，先看看它符不符合您的要求再说，关键是要您喜欢。您说呢？

客户：这辆车看起来不错，要多少钱呢？

推销人员：有道是一分钱一分货，您先了解一下它的性能，看看是否能满足您的要求？

客户：那你先给我介绍一下吧。

推销人员：好的。

(二) 延缓处理法的特点

此法是汽车推销员不直接进行顾客异议的反驳，有利于交谈继续下去。延缓处理法可以给顾客自我消化的时间，也给推销人员继续努力和改变推销方法的时间。顾客提出异议后，如果推销人员对顾客的异议暂时不理睬，给顾客以充分的考虑时间，顾客在推销人员的继续提示与推销介绍下，异议也许变得容易处理。在这段时间，推销人员可以让顾客更好地了解产品，可以让顾客对产品进行更加深入的认识、鉴定，甚至试驾，可以通过人际交往增强与顾客的关系，使比较难以解决的异议自然消失。

(三) 延缓处理法的注意事项

延缓处理法在实际使用中也存在许多问题，因为延缓处理法在顾客提出异议后没有及时地给予处理，可能会引起顾客的不满，同时在推迟与等待的过程中，还会出现各种预料不到的事情，这些都可能使推销人员前一段的努力付诸东流，因此推销人员在使用时必须谨慎。

八、预防法

(一) 预防法的含义

预防法是汽车推销员在顾客尚未提出某些预知的异议时，抢先就顾客可能提出的异议内容进行主动处理的方法。这是一种先发制人、争取主动的方法。汽车销售人员在销售的过程中，在顾客尚未提出某些拒绝立脚点时就有意把某些问题提出了，并作适当的答复。

运用此方法，首先要求汽车销售人员必须在和客户接触前准备充分，对于顾客大概会提出什么问题，这些问题该怎么回答，汽车销售人员应该心中有数。其次，汽车销售员应看准时机，提出问题、解释问题时应该让顾客感觉自然合理。另外，运用此方法应尽量避免一些牵涉面广、容易造成分歧的问题。

例如："我们都谈了这么久了，汽车您也了解得差不多了，您不会再说还要考虑吧！"这是汽车推销员经过认真分析和预测，预料顾客可能会提出需求异议来阻碍成交，于是抢先提出并加以妥善处理。再如，顾客一般会因面子而促成交易："王科长，听人说您是一位精明强干的人，遇事都有主见，从不推脱责任，我想这件事您完全可以做主！"经过分析，汽车推销员预测王科长可能会提出权力异议来阻碍成交，于是就使用预防法，不惜美言，先声夺人，抢先提出顾客异议，从而及时有效地防止了王科长借口推托，直接促成交易。

(二) 预防法的优缺点

1. 优点

(1) 该方法的最大好处就是先发制人，抢先提出并给予处理，防患于未然。

(2) 通过阻止顾客异议，提高了洽谈效率，使交易能很快达成。

2. 缺点

(1) 预防法在实际生活中较难应用。如果汽车推销员进行预先处理时，万一语气与用词不当，就会使顾客感到心理压力加大而无法忍受。

(2) 该法用之不当，可能会形成异议的传染与扩散，让顾客失去购买信心，不仅达不到预定的结果，还可能造成不好的影响。

(三) 预防法注意事项

(1) 汽车推销员必须广泛收集资料，充分准备，及时观察顾客的心理变化与行为反应，视具体情况灵活运用。

(2) 使用预防法要看准时机，将说服与汽车产品信息传递有机地结合在一起，使顾客感觉自然合理。

(3) 汽车推销员必须淡化自己提出的异议，以防止顾客提出新的购买异议。

工作回顾

通过本任务知识的学习，使学生掌握了处理各种各样顾客异议方法的含义、特点，明确了处理各种各样顾客异议方法的应用范围和注意事项。

工作实施步骤

（一）工作要求

理解处理各种顾客异议方法的含义、特点。掌握处理各种顾客异议方法的适用范围和注意事项。能够灵活运用处理顾客异议的技巧与方法，达到成功推销产品的目的。

（二）工作实施的步骤

(1) 通过知识学习了解处理各种顾客异议方法的含义、特点。掌握处理各种顾客异议方法的适用范围和注意事项。

(2) 通过知识与案例学习，使学生灵活运用处理顾客异议的技巧与方法。

思考与训练

(1) 在汽车推销过程中，直接反驳法的含义、特点和使用范围有哪些？

(2) 在汽车推销过程中，处理顾客异的方法有哪些？

任务四　处理顾客异议的策略

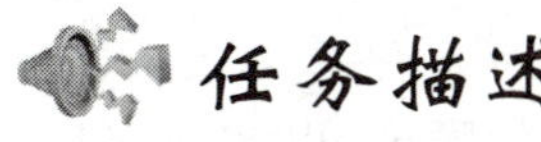

任务描述

在汽车推销洽谈过程中，顾客提出各种各样的异议是在所难免的。作为一名合格的汽车推销人员，应熟练掌握运用顾客异议的各种策略，灵活运用相关的策略去解决顾客提出的不同异议。

工作剖析

在汽车推销过程中，汽车推销员只有以正确的态度去面对顾客异议，积极寻找顾客异议的缘由，灵活运用处理顾客异议的策略去解决顾客提出的各种问题，才能对顾客异议进行有效处理，才能有效地促成汽车的交易。反之，汽车推销员没有较好的技巧策略去解决顾客异议，会因顾客的不满或反感而错失潜在顾客的良机。

工作载体

在国产宝马的展厅里，范小姐和她的家人正在推销人员的引导下了解3系宝马汽车。

他们半年前就有买车的打算，价格控制在45万元左右。今天是第二次来这里，第一次来的时候，通过交流，推销人员得知他们买车主要是为了谈生意。

推销人员：范小姐，您好，考虑了几天，您决定了吗？

范小姐：上次我忘记问您了，这款车的市场定位是怎样的？

推销人员：面向家庭的高档用车。

范小姐：如果是家里人开，的确很舒服，但我们买车主要是为了谈生意，那就不太合适了。

推销人员：范小姐，有一点我要向您澄清，虽然这款车是面向家庭，但在同价位的车里，宝马车的知名度和豪华程度不亚于任何一款车。您说要用来谈生意，这绝对是佳选中的佳选，开宝马车一定有助于您打动客户的心，将每一单生意做成、做好。

范小姐：哦，是这样！

相关知识

在汽车推销过程中，顾客会提出各种各样的异议，汽车推销人员只有以正确的态度去面对，才能对其进行有效处理，达成交易。这些异议都是不可避免的，而处理顾客异议的策略有很多，关键是推销人员如何合理地运用。

一、处理顾客需求异议的策略

(一) 分析法

分析法是指汽车推销员对消费者的异议进行认真分析。需求异议分为真实异议和虚假异议。真实的需求异议是成交的直接障碍，比如你所推荐的该款汽车产品确实不是消费者所需要的，那么你就应该立即停止推荐活动。而虚假异议，即消费者不是真的没有需求，只是因为某方面的原因才提出拒绝，比如对该款汽车产品的不了解，或者曾遇到过不愉快的消费经验或使用经历等，这时就应当进一步探究异议的原因，解决异议，从而达成交易。

(二) 专业法

专业法是指向消费者提供专业的服务、指导，帮助消费者消除心中的顾虑，以实现交易。比如对于不了解本店汽车产品特性的消费者，汽车推销员可以将其与大众化的、顾客了解的汽车产品进行比对介绍，这样容易使顾客理解本店产品的特性。进而通过汽车推销员专业的讲解，帮助汽车消费者弄清楚该款汽车的特性，异议便自然消除了。

二、处理价格异议的策略

价格异议是汽车推销活动中不可避免的客户异议，是所有消费异议中最常见的一种，主要表现为：消费者因汽车产品的价格过高而产生异议，拒绝购买。因为一般情况下价格是客户购买时考虑的首要因素，它也是汽车推销活动中买卖双方讨论的主要话题。因此，汽车推销人员能否妥善处理价格异议，直接关系到交易的成败。有人曾对世界各地参加推销研究班的推销人员进行了调查，调查结果揭示了顾客提出价格异议的动机主要有以下几个方面：

(1) 顾客想买到更便宜的产品。

(2) 顾客想利用这种策略达到其他目的。

(3) 顾客想比其他顾客以更低的价格购买推销品。

(4) 顾客想在讨价还价中击败推销人员，以此显示他的谈判能力。

(5) 顾客想向众人露一手，证明他有才能。

(6) 顾客不了解商品的价值。

(7) 顾客想了解商品的真正价格。

(8) 顾客想从另一个供应商那里买到更便宜的产品，先从你这里多方面了解汽车产品，想把你的价格压下来，以便与他人讨价还价。

(9) 顾客还有更重要的异议，这些异议与价格没有什么联系，他只是把价格作为一种掩饰。

(一) 价值与价格结合策略

汽车推销人员在洽谈中，可以从产品的价值、使用寿命、使用成本、性能和优势等方面进行对比分析，强调"一分价钱一分货"，使顾客充分认识到该款汽车的价值和优点，认识到该款汽车给其带来的实质性利益和实惠，以激发顾客强烈的购买欲望，从而分散顾客对价格问题的看法。尽量做到把汽车产品的价值与价格联系起来，通过与顾客进行共同的计算、分析和比较等，使顾客认识到相对而言，该款汽车的价格还是合理的，性价比较高。

(二) 让步策略

在交易的过程中，讨价还价是不可避免的。在遇到价格障碍时，汽车推销员可根据具体情况，在权限许可的范围内适当调整价格，以有效解决价格异议。采取这一策略可使顾客提高购买的几率，或者增加顾客购买的信心。但汽车推销员在作一定让步时，需要遵循以下原则。

(1) 不轻易让步，只有充满自信，才可能说服别人，如果只想以降价化解价格异议，很容易处于被动地位。

(2) 不要作无意义的让步，应体现出自己的原则和立场。

(3) 以退为进，在让步时提出某些附加条件，减缓让步的速度。

(4) 让步要恰到好处，一次让步幅度不能过大，让步频率也不宜太快。

(5) 不做损害企业利益和形象的让步。

(三) 说服策略

当顾客提出价格异议时，就是其对该款产品感兴趣的一种信号，说明顾客对该款产品的其他方面(如品牌、质量、外形等)比较满意。在向顾客报价时，首先说明对该车报价是考虑顾客情况后，给予顾客的最优惠价格，并暗示顾客这已经是本店所能够给予的价格底线，努力说服顾客以抑制其继续讨价还价。

三、处理顾客产品异议的策略

产品异议在顾客的购买过程中很常见，顾客往往会从主观意志出发，对产品性能、款式、规格、可靠性、安全性和耐用性等方面提出自己的看法。比如消费者会说"这款汽车产品的动力较小，不符合我的要求"，"我想要广东产的那款车，而不是上海产的"，等等。此外，对产品外形、质量、颜色等方面产生的异议，也属于产品异议的范畴。通常情况下，消费者提出产品异议，表明其对该款汽车产品有一定的认识，但了解还不够，担心这种产品能否真正满足自己的需要。因此，虽然有比较充分的购买条件，就是不愿意购买。为此，汽车推销人员一定要充分掌握汽车产品知识，能够准确、详细地向顾客介绍每款汽车产品的使用价值及其利益，从而消除顾客的异议。

在汽车推销过程中，一些顾客常常因自己的购买意愿和购买习惯而对其他同类产品的各种属性提出异议，认为不是自己需要的，或者这些产品可能达不到预想的要求。因此，处理这类产品异议的有效方法就是采取现场示范的方法，将汽车的特点、功能等向顾客展示，让顾客进行试驾或用真实案例说明，现场证明该款汽车的实际使用效果，打消顾客的疑虑，使顾客信赖该款汽车，促使交易达成。

倘若由于本类汽车产品的特性所限，其性能和使用效果是很难用肉眼看到的，因此现场示范法也无法让顾客真正了解该款产品的实际效用，这种情况下必须让顾客亲身体验。让顾客亲身感受此汽车，亲自试驾，顾客才会对该款汽车的各种性能充分了解，从而深信不疑。

四、处理货源异议的策略

货源异议是与该款产品品牌、汽车制造商、销售商等有关的异议，也是由顾客的购买经验和购买习惯造成的，汽车推销人员必须正确对待这种异议，真诚地去解决问题。处理该异议的策略应该是锲而不舍，坦诚相见。

在顾客受其他产品采购时的影响，或者经历过上当受骗的事情时，对汽车推销人员可能会产生不信任和反感情绪，由此会产生货源异议。这种情况下，汽车推销员应多与顾客交流，加深彼此之间的了解。尊重顾客的异议，真诚倾听顾客的意见，这样顾客就容易接受汽车推销人员，并可能会向汽车推销人员说出自己的顾虑和期望。此时汽车推销员就可以对顾客进行有力的解释和劝说，最终促成交易。

但要注意，汽车推销员在推销自己的产品时不应贬低或诋毁竞争对手及产品。否则，就等于暗示买主的判断力有问题。

五、处理顾客财力异议的策略

在汽车推销过程中，许多情况下，顾客虽然对汽车推销品存在需求和购买动机，只是因为支付能力的限制，导致顾客提出财力异议。如："这款车太棒了，就是价格贵了点。"针对顾客财力异议的措施有以下几种。

(一) 引导法

引导法是指汽车推销人员通过消费引导，使消费者放弃财力异议的一种说服方法。在此之前，汽车推销人员必须分清消费者所提出的财力异议是真实异议，还是虚假异议，对于顾客这种提出财力异议的同时又不想放弃高价车的情况，汽车推销人员不要一味地更换汽车产品档次，推荐便宜的汽车产品给消费者，这样不利于成交。因为顾客提出财力异议的原因，也许只是不想泄露自己的经济状况，或者希望能够降价。此时，汽车推销人员可以说："价格不同，品质也不同，这款车确实效果不错，多花点钱也是值得的，一份价格一分货嘛。"只要汽车推销员引导得当，消费者还是会接受的。

(二) 分期或延期付款法

对于确实因为财力有限而提出财力异议的消费者，汽车推销人员可以建议使用分期付款或延期付款的方式。首先要确定消费者的财力异议是真实的还是虚假的。例如，汽车推销员问"您认为什么样的价位和什么样的汽车产品，您能接受呢"，如果消费者回答"这款汽车产品我能接受，价格再优惠一点就好了"。这说明财力异议是虚假的，是希望汽车降价，汽车推销员可适当调整。如果顾客确实存在支付困难，可在顾客提供信用担保的条件下，给予顾客分期或延期付款的优惠。

六、处理顾客权力异议的策略

权力异议的产生，一般有以下 3 个方面的因素：

(1) 不符合顾客自身的消费向往，比如消费者和家人一直想购买另一种品牌汽车，和汽车推销员推荐的不一致，因此消费者不得不以“缺乏购买决策权”而提出异议，这是一种虚假的消费异议。

(2) 顾客还处于消费犹豫期，担心该汽车产品的价格高于同类车，或者对产品的质量不放心等，因此提出权力异议作为不购买的借口。

(3) 顾客确实没有决定权，特别是一些未成年人、老年人或者家庭妇女，常常需要遵照家庭成员的意见消费，因此提出权力异议，这是真实的权力异议，理应得到商家的尊重和理解。

(一) 引导鼓励法

对于有权作出购买决定，但又举棋不定的顾客来说，采用引导鼓励法会收到一定的效果。汽车推销人员面对这种顾客，要积极引导、说服顾客，帮助顾客认清这一决定可以为自己的家人或单位带来益处和实惠，以打消顾客的顾虑，促成交易。

(二) 顺水推舟法

顺水推舟法是根据消费者提出的权力异议，首先表示认同和理解，然后顺水行舟，一步步解除消费者的异议。对于存在真实权力异议的消费者，汽车推销员一定不能强买强卖，而要先找到消费者权力异议的根源。比如当顾客表示“要和家人商量一下”的时候，汽车推销人员不妨拿出手机，大方地交给顾客：“请用我的手机给您的家人打个电话，我也可以把该车的特点详细地在电话里向您家人阐述清楚，我想他们一定会支持您的正确选择。”这样，消费者的后顾之忧就可以顺利解除，交易成功就是顺理成章的事情。需要汽车推销人员注意的是，顺水推舟法只适用于帮助那些具有真实权力异议的消费者，对于持虚假的权力异议者是无效的。

七、处理购买时间异议的策略

在汽车推销活动中，往往是在汽车推销人员详细地介绍汽车产品之后，顾客经常会提出购买时间异议，拖延成交的时间。顾客购买时间异议的产生大致分为 3 种情况：

(1) 顾客确实存在一定的困难。

(2) 顾客拒绝购买的一种借口。

(3) 优柔寡断无法决定。

实际上，顾客借故推托的时间异议多于真实的时间异议，他们主要是为了对所购产品进行更多的比较或者为了争取更大的价格或者服务优惠。无论是何种情况，汽车推销人员都要以积极的态度去对待。可以采取以下几种策略。

(一) 良机激励法

主要是采用对顾客有利的机会激励顾客，使其不再犹豫，抛弃“等一等”、“看一看”的观望念头，当机立断，快速成交。例如：“目前正值展销期间，在此期间购买可以得到 5%的优惠价格。”“我们的存货已经不多了，而如果您再犹豫的话，就可能就被别人买去了。”或者提醒顾客，未来产品的供求关系很有可能会发生变化，随着物价水平的上升，顾客可能要花费更多的金钱来购买同款汽车商品，而且拖延购买不仅费钱、费时、费力，还会增大顾客的机会成本和时间成本。这种方法具有一定的局限性，必须确有其事，千万不可欺骗顾客。否则将适得其反，欲速则不达。

（二）潜在风险法

这种方法是利用顾客意想不到，但又很可能会发生的一些潜在风险提醒对顾客进行影响。例如，利用厂家调价、原材料涨价等情况对顾客进行影响，使顾客认识到存在的这些不确定因素可能给自己带来的损失，促使顾客尽早作出购买决定。

总之，顾客异议形式多样，错综复杂，推销人员要积极深入地分析根源，探寻有效解决异议的方法，为排除推销障碍、促成交易打下良好的基础。

工作回顾

（1）通过本任务知识的学习，使学生掌握了处理顾客异议的各种策略。

（2）熟练掌握了处理顾客异议基本策略的基础知识，灵活运用应对顾客异议的基本策略去处理顾客所提出的不同异议。

工作实施步骤

（一）工作要求

掌握处理顾客异议各种各样的策略及基本策略的基础知识，灵活运用处理顾客异议的基本策略去处理顾客所提出的各种异议。

（二）工作实施的步骤

（1）通过本任务知识学习了解处理顾客各种异议的策略方法。

（2）通过知识与案例学习，掌握处理顾客异议基本策略的基础知识，灵活运用顾客异议的基本策略去处理顾客所提出的不同异议。

思考与训练

（1）在汽车推销过程中，处理顾客异议的策略方法有哪些？

（2）在汽车推销过程中，处理价格异议的策略方法有哪些？

（3）在汽车推销过程中，处理购买时间异议的策略方法有哪些？

项目九

推销成交

任务一　汽车推销成交的含义和时机

任务二　推销成交常用方法

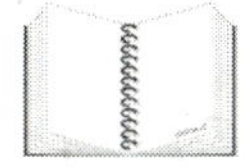

项目理解

任务一：购买汽车产品是一项比较大的投资，在推销过程中，推销人员应充分理解汽车推销成交的内涵，把握好有利的时机。在掌握好成交条件的基础上，学会一些推销成交技巧，这样才能在今后的实际工作中容易促成交易签约成功。

任务二：在汽车推销过程中，一个成功的推销员首先需要了解购买汽车客户的特征，其次是掌握一套行之有效的成交方法。掌握购买汽车客户的特点并针对性地使用一套行之有效的成交方法，从而使汽车推销成交率大大提高。

任务三：在汽车推销过程中，有一定的方法易使汽车成交率提高，在顾客有购买意向时，一定成交技巧策略会使汽车推销人员与顾客的签单成交更加圆满。所以在现实推销过程的最后成交阶段，掌握好灵活多变的成交技巧策略，会提高我们的汽车签单成交率。

任务一　汽车推销成交的含义和时机

任务描述

汽车推销是一项难度比较大的项目，因为涉及的金额较大，人员较复杂，一般是不可能直接、立即就交易的。故需要一定的时间，使顾客逐步了解，慢慢进入，最终达成交易。

工作剖析

在汽车推销过程中，认清推销的内涵和重要性是推销的基础。掌握汽车推销成交的条件和时机是推销成功的法宝。如果在汽车推销过程中，不讲究成交的条件与时机，很随意地、没有章程地去引导顾客，会使顾客反感而失去一名潜在的消费者。

工作载体

小张是一名某公司职员。这天下午，她到单位附近的一家4S店去咨询车辆保养的事情，顺便到大厅里看了看车的行情。正要离开时，一名汽车推销员主动与其搭讪："大姐，您好。您是想看车吧？"

小张说："没错，我顺便看看。"

推销员说："这款是我们店昨天刚进的新款，您要不要看一下呢？"汽车推销员指着旁边的一辆车说。"功能比较多，车体小巧，非常适合女士，您开着效果一定很好！"

小张说："谢谢，我现在有一辆车，还没准备换呢！"

推销员说："不要紧，您可以了解一下这款车的功能。"

一向谨慎且反感推销的小张很不耐烦地说："不用了，我随意看看。"

推销员接着说："好的，你可以关注一下，有的车价格是很低的。这款车也在促销做广告，优惠额度比较大，比平时少2万多元呢！总共下来也就是5万多一点。"

小张一听，紧张的脸部也放松了下来，心想车看起来很不错，价格也比较低，就有些动心了。她迟疑了一下，虽然自己现在有车开，但上下班老公与自己之间总有人去挤公交车，此车可以考虑。

推销员见状马上说："这款车的功能比较全，外形也比较耐看，但是价格确实是比较低的，主要是促销阶段，过了这段时间要恢复原价。"

此时小张上前仔细观察着汽车说："都有哪些功能和配置？"

推销员："这款汽车配备的是铃木发动机，直列四缸，顶置凸轮，虽然发动机排量才1.3升，却有很好的动力特性。前门是自动车窗，司机位置有气囊，可以送您倒车雷达。这款车今天已经销售了3辆了，您不再考虑考虑？"

小张说："你们配置的是原装发动机还是组装的？"

推销员："是原装的，日本生产的。"

小张说："你说这是原装进口的发动机，如果今后坏了不是维修费用很高吗？"

推销员："我理解您的担心，只是该发动机性能非常稳定，质量非常好，我们卖了那么多年，没有一个客户反映发动机有问题。即使出现了故障，我们有充足的配件，您不用担心。"

小张说："既然这款发动机那么好，为什么会这么便宜呢？"

推销员："主要是我们采用了零部件进口，成本上比整车进口要低，因而能够大大降低制造成本。其次，我们严格控制自己的利润空间，力图将最大的实惠让利于客户。再者是促销优惠阶段，主要是宣传，所以价格较便宜。今天订一辆吧。"

小张说："是不错，不过我得回去与家人商量一下。"

推销人员："当然了。不过您尽快作决定，这几天销售量比较大，货不是很多，晚了就得等下一批了，价格也就不一定这样低了。"

小张说："哦，好的。"

第二天小张果然带着家人来到了4S店，经过推销人员的讲解和顾客自己的了解后，小张终于订购了一辆红色的小轿车，实现了与老公同时开车上下班的愿望。

相关知识

汽车推销经过了接待、沟通、商品说明、需求分析、试乘试驾等环节，就进入成交阶段。所谓成交，是指顾客接受汽车推销人员的建议及推销演示，并且立即购买商品的行动过程。

在汽车推销过程中，成交是一个独特的阶段。它是整个推销工作的最终目的，其他推销阶段只是达到推销目的的手段。换言之，其他推销阶段的活动都是在为最终成交准备条件。只有到了成交阶段，顾客才决定是否购买所推荐的汽车。因此，成交是推销过程中最重要、最关键的阶段。没有成交，汽车推销人员所作的一切努力都成为徒劳。由此，一个优秀的汽车推销人员应该具有明确的推销目的，千方百计地促成交易。

推销成交是汽车销售活动的高潮和关键阶段。推销活动进入成交阶段表明销售活动已接近胜利，但同时这也是最艰难、最关键的时候。在这个阶段，本来非常有购买意愿的顾客可能因为种种突发因素影响其购买行为，又或者并没有购买意愿的顾客被某些方面的因素打动，产生购买意愿。汽车推销人员在此环节中应当谨慎捕捉沟通过程中客户表现出的各种行为和情感细节，在把握基本原则的基础上，选取恰当的推销成交策略方法，从而最终成功完成推销活动。

一、推销成交的内涵

推销成交，顾名思义是指顾客正式接受推销人员的推销建议和推销品。推销成交是在继续前面的接近顾客、价格谈判，以及很大程度甚至完全彻底打消掉顾客疑虑之后的推销活动的延续，是推销成功的重要标志，但不是最终结果。

在这一阶段，推销人员不仅要继续接近顾客和坚持解说及说服顾客，还要能够及时有效地采取措施调动顾客的心理驱动力，抓住最佳时机和要点，促使顾客作出最终购买决定。为了使汽车产品推销活动顺利进行，必须对推销成交环节有清晰和正确的认识：

(1) 推销成交是一个信息沟通的过程，以顾客最终作出购买决策为实现依据。

(2) 推销成交是顾客对推销人员推销行为和推销汽车产品的一种积极反应。推销人员在信息沟通的过程中为了实现推销成交，直接的目标就是使得顾客对推销汽车产品产生积极的反应。

因此在传播信息时应当突出重点，在分析顾客需求和心理的基础上突出描述顾客需求关注的汽车产品的正面信息，并且尽可能打消顾客对推销汽车产品负面信息的疑虑，通过刺激顾客对推销汽车产品产生积极反应，来促进推销成交的实现。

(3) 推销成交是汽车销售过程的重要环节，但不是最终环节。推销最终目的是要赢得顾客对产品、服务以及品牌的忠诚，因此推销人员促成推销成交必须以诚信为前提，以消费者满意为最终目标，而不是以单次推销成交为终极目标。

二、推销成交的重要性

达成交易是推销活动最重要的也是最根本的目的。美国名将麦克阿瑟说过："战争的目的在于赢得胜利。"商场如战场，推销的目的就在于赢得交易的成功。如果没能达成交易，整个推销活动就是失败的。虽然汽车推销员在整个推销过程中作了艰苦努力和大量工作，作了生动的推销说明与演示，正确地处理了顾客的异议，帮助顾客解决了许多问题，但是最后顾客还是没有作出购买产品的决策，那么推销员的前面那些工作就没有任何价值可言。“如果没有卖掉，那就意味着什么也没发生。”这句推销界的名言，说明成交是推销活动的中心。作为一个推销员要时时刻刻记住：“不管白猫黑猫，抓住老鼠就是好猫。”

有些推销员，尤其是缺乏经验的推销员，把推销说明作得很突出，处理顾客异议的技巧也相当高明，但是往往忽视了可试探进行促成交易的重要信号，或者犹豫要不要提出成交，怕遭到顾客拒绝，以致失去了成交的良机。这对许多推销人员来说，也许是推销成功最大的一个绊脚石。

三、推销成交应具备的基本条件

（一）顾客对此汽车及交易条件有全面的了解

推销实践表明，顾客可能比较熟悉推销员推销的汽车商品，会表现出购买的热情，或表现出想与推销员沟通的意向，甚至接受推销员的推销建议。反之，他们往往会毫不客气地拒绝推销员，包括推销员推销的汽车产品。因此，在达成交易前，推销员必须根据顾客的不同心理，多给顾客了解汽车产品的时间和机会。

（二）顾客对推销员及所代表的公司有良好的信任度

顾客对推销员以及公司如果没有足够的信心和信赖，那么即使推销员手中的汽车商品质量再好，价格再优惠，顾客购买汽车商品的决心也会产生动摇、变化。因此，推销员要取得顾客的信任，这是成交的必要条件。

（三）顾客对此汽车产品有强烈的购买欲望

人类的物质需求是有限的，但其欲望却是无限的。当顾客具有一定购买能力时，某一种欲望就有转化成需要的可能或条件。推销就是通过有技巧的说服工作，设法影响顾客将欲望转化为需要，而该汽车产品正是可以满足这种特定需要的商品。因此，推销员的工作重心应始终放在做好推销说服工作上，这样才能影响和带动顾客的购买欲望和购买能力的产生。

（四）有适当促使顾客作出购买决策的动机出现

作为汽车推销人员，要等待合适的成交时机，但必要时也要想办法制造合适的时机，促使顾客作出购买决策。“事在人为”，只要通过努力，任何事物的发展和变化都是有可能改变的。如与顾客的谈话达到高潮的时机、重大的节假日销售时机等，都是推销员可能创造或利用的机会。

（五）最后阶段的洽谈工作具有较充分的准备

在洽谈的最后阶段，如何处理顾客提出来的意见，如何使顾客自始至终对推销人员的推销工作及所推销的汽车商品保持浓厚的兴趣，如何引导顾客积极参与推销员的推销工作，这些都应该在推销行动方案中有明确、细致的安排。

四、汽车推销成交的时机

在向顾客作完价格说明后，成交也就成为销售的最终目的了。在这个阶段，汽车推销人员不仅要继续接近和说服顾客，而且要帮助顾客作出最后决定，促成交易并完成一定的成交手续。如何实现成交目标，取决于推销人员是否真正掌握并灵活运用成交的基本策略、时机和成交技术。一个积累了丰富的经验，掌握了有效的策略、时机和方法的推销员，知道应该在什么时候、用什么方法结束各个不同的推销过程，他们能够本能地把握成交机会。下面介绍几种：

(1) 确认客户已经完全理解在本阶段里双方所提方案中的所有内容，回答客户所有的担心和疑虑，让客户有充分的时间自己来思考和核准方案的可行性。

(2) 成交时机是客户购买欲望达到最高的时候，通过把握住客户的性格、想法、要求、条件等，从气氛、动作、表情的变化中抓住成交时机，不要放过客户任何不经意流露出来的本意，积极地促进成交。

(3) 如果错过成交时机，则机会稍纵即逝，会变成没有机会或是再需要更辛苦的努力重新制造机会，也会造成客户的疑虑和不满。

(4) 寻求成交的时机要根据客户的个性、当时情况、洽谈气氛等而定，要稳稳地把握住时机，即使第一次无法成功，还要创造下一次机会。

(5) 当客户心情非常欢乐、轻松时，推销人员适时提出成交要求，成交的几率会很大。例如，客户开始向推销人员敬烟时，对推销人员突然亲热时，对推销人员的谈话表示十分赞同时，推销人员就要抓住这样好的时机，因为此时客户的心情很好，非常放松，多数人是会听从你的建议立即购买此汽车产品。

(6) 当推销人员进行完商品的说明、介绍和回答了客户提出的疑问之后，就要抓住时机，技巧性地向客户询问所需汽车的型号、数量或者颜色等，也可以询问客户采用什么方式付款，上午提车还是下午提车，现在就给他安排做 PDI(新车交车前的检查)等。这时提出的诱导性建议是成交的一种最好的办法。

(7) 当客户提出反对意见时，推销人员就要向客户作正确的解释，解释完之后，再征求客户的意见，询问客户是否完全了解产品的说明，是否需要补充，当客户认可推销人员的说明时，推销人员就要抓住这一有利时机，进一步询问客户选择何种产品，是手动挡的还是自动挡的，或是必须有特定喜好的配置。当推销人员对客户的反对意见作出的说明和解释被认可后，便可以直接向客户要求成交。

对于优秀的推销人员而言，若想成功地完成推销，关键是全面地了解目标客户的态度以及他对产品成交试探所作出的反应。这就要求推销人员选择使用最恰当的成交技巧，而不是简单直接地询问目标客户是否愿意购买。同时，推销人员若能在第一时间捕捉到客户的购买信号，并以恰当的方式提出成交建议，是最好不过的了，也是在本阶段必须要运用的非常重要的推销技能。

成交信号是指顾客在接受推销过程中有意无意流露出来的各种成交意向。我们可以把它理解为一种暗示。在实际推销过程中，顾客出于所处地位的特殊性心态，往往不首先提出成交，更不愿意主动地明确地提出成交。其目的是为了保证自己所提出的交易条件得到满足，取得心理上的优势。但是，顾客的成交意向总会通过各种方式表现出来。对于推销人员而言，必须善于观察顾客的言行，捕捉各种成交信号，适时把握机会，准备引导客户，及时促成交易。在实际推销工作中，成交信号取决于一定的推销环境和推销气氛，还取决于顾客的购买动机和个人特性。顾客的成交信号可分为行为信号和语言信号两种。推销人员可根据下列特征判断成交时机已经成熟了。

(一) 语言信号

顾客有了购买欲望后，往往会发出一些购买信号。有时候，这种信号是下意识地发出的，顾客自己也许并没有强烈地感觉到或不愿意承认自己被你说服，但他的语言或行为会告诉你可以和他做买卖了。语言信号是在顾客与推销人员的交谈过程中通过顾客语言表现出的成交信号。语言信号的常见表现如下：

(1) 顾客经过反复比较挑选后，话题集中在某款车型。

(2) 顾客对目前没有车的生活表示不满。

(3) 顾客对汽车推销人员的介绍表示积极的肯定与赞扬。

(4) (专心聆听、寡言少语的)顾客仔细询问付款及细节。

(5) 顾客将推销人员提出的交易条件与竞争对手的交易条件相比。

(6) 反复提出已答复过的或已弄清楚的问题，表现出对细节特别的关注。

(7) 开始认真地杀价，进一步压低价格，但价格合理时，仍然坚持压价。

(8) 要求作出某些保证，如"买了你们的车，出了故障怎么处理"。

(9) 表达一个直接的异议，如"这里有一点小划痕，应该怎么处理"。

(10) 讨价还价是客户准备购买的一个征兆。对于准备花钱的客户，目的只有一个，就是物有所值，而压价是一个最有效的途径。使用与购买相关的假设语句，如"假如一次性付款，能优惠吗"。

(11) 询问交货及付款方式等事项。

(12) 提出附加条件，如"还有其他优惠吗，有没有赠送什么东西"。

(13) 开始询问同伴的意见，与同伴低语商量。

(14) 询问售后服务、保修历程、各种费用、保险、维修地点等事项。

在顾客的这些言谈中，尽管没有明确提出成交，但已明确地流露出成交的意向了。

【案例】

客户反复压价，提出假设性问题

客户：这款车价格是多少？

推销人员：107 800 元；

客户：如果一次性付款，能优惠多少？

推销人员：这个价已经是最低价了，您也知道，原来这款车的价格是 143 800 元，配置没有变，但已经降了近 4 万元！

客户：如果我今天就定下来，那能够再送我一些装饰吗？

推销人员：这已经是成本价了，我们公司已经亏本在卖，如果您今天能定下来，我只能以个人的身份送您一副脚垫。

客户：假设我今天就付款，什么时候能够交车？

推销人员：……

(二) 行为信号

除了语言这样较为明显的成交信号以外，推销人员还应注意客户的身体语言和情绪等隐性信号。当客户的行为有所变化，显示成交的时机已经到来时，推销人员应熟练地运用交易技巧主动要求与客户成交，否则机会稍纵即逝。

行动信号是指在推销人员的销售过程中，从顾客的某些行为中表现出来的成交信号。行为信号的常见表现如下：

(1) 十分关注推销人员的动作和谈话，对推销人员的说明开始不住点头时。

(2) 反复、认真翻阅汽车彩页广告、订购书等资料，拿手上的汽车样本资料做笔记。
(3) 使用计算器或纸试算，翻阅日历或记事本思考或开始热烈讨论时。
(4) 离开了又再次返回。
(5) 认真地查看汽车有无瑕疵。
(6) 姿态由前倾转为后仰，身体和语言都显得轻松。
(7) 擦脸拢发，或者做其他放松舒展等动作。
(8) 转身靠近推销人员，掏出香烟让对方抽表示友好。
(9) 突然用手轻声敲桌子或身体某部分，以帮助自己集中思想，最后定夺。
(10) 靠在椅子上，左右顾盼后突然双眼直视推销人员。
(11) 客户突然间点根烟，深呼吸一下，然后沉静下来思考时。

【案例】

客户的购买信号

场景：推销人员向客户推介汽车。
客户：(翻看资料露出微笑的表情)好极了，看起来正是我们想要的汽车。
推销人员：的确是非常适合你们。
客户：如果一旦发生了问题，随时都有人维修?
推销人员：是啊，只要打一个电话。
客户：以前我们总是担心销售商的服务，但现在放心了。
推销人员：我们的服务堪称一流，拥有业内最大的售后服务队伍。
客户：这个我也知道了，而且价格也很合理。
推销人员：您放心吧，我们已经给出了最低的价格，还是找总经理特批的呢!
客户：(抬头笑着看着推销员)
推销人员：(抬头笑着看着客户)
客户：我们能签合同吗?
推销人员：(松了一口气)太好了，我早准备好了。

(三) 表情信号

表情信号是指在推销人员销售过程中，从顾客的面部表情和体态中所表现出来的一种成交信号。例如：微笑、下意识地点头表示赞成你的意见，对此次展示的商品表示关注等等。表情信号的常见表现如下：

(1) 嘴巴微张、嘴边肌肉松弛时。
(2) 面部表情从冷漠、怀疑、深沉变为自然大方、随和、亲切。
(3) 眼睛转动由慢变快，眼神发亮而有神采，从若有所思转向明朗轻松。
(4) 嘴唇开始抿紧，似乎在品味、权衡什么。
(5) 表现出满意或者接受的表情时。
(6) 当汽车推销人员说明有关细节和付款方法时，顾客显出认真的神情。
(7) 随着推销人员的讲话，表情微妙变动时。

(8) 向与其同来的伙伴使眼色，彼此相互对望，或者眼神里传递着“你的意见怎么样”这种神情。

(四) 事态信号

事态信号是在推销人员在推销过程中，就形势的发展和变化所变现出来的成交信号。例如：顾客要求看销售合同；顾客接受推销人员的重复约见；顾客对推销人员态度逐渐转好；在面谈中，顾客主动向推销人员介绍自己所在企业的有关负责人或高级决策人。这些事态的发展都明显地表现出顾客的成交意向。根据现场气氛具体表现如下：

(1) 客户的反应变得积极时。

(2) 对推销人员的态度比平常亲切时。

(3) 对决策者以外的人表现出友好的态度时。

工作回顾

(1) 学习了汽车推销成交的含义及其推销成交的重要性。

(2) 通过学习弄清了汽车推销成交应该具备的基本条件。掌握了汽车推销成交的时机及判断该时机的基本信号特征。

工作实施步骤

(一) 工作要求

弄清汽车推销成交应该具备的基本条件，掌握了汽车推销成交的时机及判断该时机的基本信号特征。

(二) 工作实施的步骤

(1) 了解汽车推销成交的内涵及重要意义。

(2) 弄清汽车推销成交应该具备的基本条件。

(3) 通过学习总结汽车推销成交的时机及判断该时机的基本信号特征。

思考与训练

(1) 汽车推销成交的含义及其推销成交的重要性是什么？

(2) 汽车推销成交应该具备哪些基本条件？

(3) 汽车推销成交的时机及判断该时机的基本信号特征有哪些？

任务二 推销成交常用方法

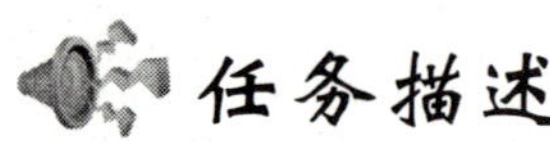

任务描述

在汽车推销成交过程中，应根据不同客户、不同情况、不同环境，采取不同的汽车推销成交

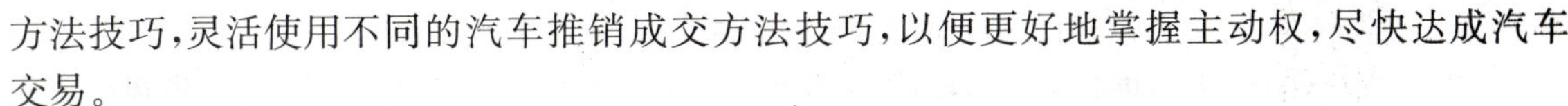

方法技巧，灵活使用不同的汽车推销成交方法技巧，以便更好地掌握主动权，尽快达成汽车交易。

工作剖析

汽车推销成交方法技巧是通过长期的汽车推销成交过程总结出来的一些简单而且非常实用的方式方法。这些方式方法能在实际工作中给予我们指导。在汽车推销成交过程中，如果没有一套较好的方法技巧，面对各种各样的顾客、各种各样的问题，汽车推销员可能会束手无策。顾客面对一个不知所措、不懂自己所销售的产品、不理解或不懂得顾客的人，不可能与其交流下去，最终可能导致推销成交失败。

工作载体

宝来车展厅里，洪先生带来了一位业内人士一起来看车，对于性能、外形及售后服务方面都已经认可，但谈来谈去，洪先生还是拿不定主意。

推销员：近期宝来车没有促销活动，所以价格上不会有大幅度的调整。

洪先生：但我看杂志分析说年底大部分车型都要降价，尤其是这种家庭用车。

推销员：这些我也知道，但现在是年中，还有半年时间才到年底，您愿意这半年时间还处于无车状态吗？早买早受益嘛。

洪先生的朋友：降价是大趋势，但像这样的车性价比已经比较合理了，降的话的确也不会有太大的空间。

推销员：我们的推销业绩一直比较稳定，没有说因为大多数顾客为了等年底降价而影响我们推销的。

洪先生：这倒是，我看我同事最近新上牌的车不少。

推销员：是的，每天来我店购车的人也不少呢！洪先生，就这款车身的颜色而言，您喜欢灰颜色的还是红颜色的？

洪先生：如果从颜色上来看，我倒是喜欢红颜色的。

推销员：您真有眼光，现在最流行的就是红颜色。那么，汽车是明天还是后天您来提？

洪先生：既然要买，就越快越好呗！

经过这样一番对话，顾客等于说了要买，因此这时推销员说：那么明天您来提，再办一些相关手续。

洪先生：好的，那我先交部分订金吧。

相关知识

汽车推销成交方法是在汽车销售过程中，汽车推销人员在适当的时机，用以启发顾客作出购买决定，促成顾客购买的推销成交方法。向顾客介绍车辆时，汽车推销员要根据顾客的性格及具体情况，采取不同的介绍方法，按不同顾客的特点促成交易；当向顾客报价促成交易时更要抓住时机、讲究方法。尤其要注意把握不同客户的特点：

(1) 男性顾客比女性顾客的决定速度快，这是由性别特征所决定的。

(2) 公务车的购买速度比私人车的购买速度快，一旦用车单位有了购买指标，并制订了车型，是不需要比较的，讨价还价后就可以立即签订合同。

(3) 买高档车的顾客比买中档车的顾客购买速度快，因为高档车高在哪里，就高在每款高档车都有独特的功能特性，买高档车的顾客购买目的非常明确，买哪款车以及要从车中享受什么都已经清楚。而中低档车多集中在家庭用车上，这些车配置类似，外观略有差异，价格参差不齐，所以给车主很大的选择空间，车主选来选去，延长购买的时间，快买车的可能性小。

(4) 经济发达城市的居民选择时间短于不发达城市的居民。

(5) 对于要购买新下线刚刚投入市场的汽车的顾客，他们的决定速度相对快一些。

(6) 自己做生意的车主比公务员类车主或普通打工者的决定速度快，尤其那些买商务车的老板，一旦他觉得对他的生意有帮助，基本上看过一次后就会下决定。

(7) 说话快，不喜欢转来转去；走起路来步子大，动作幅度大的顾客的购买速度较快。

(8) 对性格温和的顾客，可以把节奏放缓慢一些，待时机成熟后，再稳操胜券地提出购买建议，否则会过犹不及。

在汽车销售中，成交谈判的环节至关重要，如果最后未能成交，那么之前的所有努力将付诸东流。掌握并熟练运用各种成交方法和技巧是汽车推销员必备的技能。汽车推销员应针对不同的推销对象，灵活运用各种成交方法，及时、有效地达成交易。以下介绍几种根据顾客的特点提示成交的方法。

一、试探成交法

(一) 试探成交法的含义

试探成交法是指通过观察法还无法捕捉到顾客的购买欲时，采用的一种试探性的方式试探顾客意向的成交方法。对于犹豫不决、考虑再三的顾客，就需要作些试探。有些顾客会说："我正在考虑是否购买。"这表示他目前还没有足够的购买欲望。面对这样的顾客，汽车推销人员必须要比平时多付出一些热诚，同时要专心倾听顾客所说的话，千万不能妄加批评。如果顾客说出类似"如果不仔细考虑的话……"这样的说法，表明他并没有明确拒绝，也不是一句毫无意义的话。使这些模棱两可的话，变为明确的决断，便是汽车销售人员的责任。假如能做到这一点，那么你就可以说服顾客了。

当顾客说："如果不加以考虑的话……"汽车推销人员可以用充满诚意和乐观的语气说："我正洗耳恭听。您认为对这辆车还要加以考虑，不知是什么原因呢？(接着说下去)是我们公司不符合您的要求吗？"如果顾客说"不是"，汽车推销人员要赶紧问下去："那么，是这款车的动力不好吗？"顾客又说"不是"，汽车推销人员再紧接着问："是因为价格吗？"最后顾客只好说实话了："是呀！我所考虑的就是价格太高了呀！"汽车推销人员要不断地连续发问，直到试探出眉目来。此时，问话绝不能停顿，不留给对方犹豫的机会。

(二) 试探成交法的特点

(1) 有利于推销人员把握顾客的购买意向，掌握成交的主动权，不断进行成交尝试。

(2) 能够节约推销时间，提高推销效率，有效促成交易。

(3) 适用于犹豫不决、没有主见的客户。

(4) 如果使用不当，也可能给顾客带来厌烦或心理压力，造成不利的成交气氛。

(三) 试探成交法的使用策略

(1) 在试探顾客的购买欲时，切不可笨拙地问:“那么，就这么定了吧?”虽然在推销技术中认为用问句比较好，但到了建议成交时，问句就显得笨拙了，因为人们都有许多“硬颈”的倾向，所以即使顾客有了购买欲，当你说:“就定下来吧?”他便可能会说“我还得考虑考虑”，而把话题又岔开了。

(2) 我们可以在领悟谈话内容时多作试探。只要汽车推销人员从顾客的实际行动与表面印象中可以看出他对于汽车推销人员所提的事情的确感兴趣，就可作此试探。如果他还没有决定要买，他是会明白地告诉你的，这对于你的试探并无伤害。如果他确已准备购买，那么你这一试探就可以使你自己和顾客都能节省时间，而且不至于错失成交良机。这样不断地试探下去，一直等到你真正相信他的确不想买了，或者等到你认为讲下去可能会引起他的反感时为止。

【案例】

展厅里，于先生已经是第二次来看车了，这次来了后他详细问了该款车的配置和价格，以及可以附送的礼品，和推销人员聊了一个多小时。

于先生：手动挡的和自动挡的差这么多钱呀!

推销员：是呀，您以前也开过车，也知道手动变速箱和自动变速箱在技术含量上相差不少，贵也是合情合理的。您夫人的驾驶技术如何？平时谁开车的机会多一些?

于先生：新手开自动挡的好一点，我太太开车技术就不太熟练，要买还真得买个自动挡的。以前我们家的那台手动挡车都是我开，每天还得像司机一样接送她上下班。

推销员：一看就知道于先生是个好老公，时刻都想着您的爱人。那么就这样，现在交订金，如果采取分期付款的方式，可能就需要等上一个月的时间，但如果是一次性付清，只要等一周的时间就可以。您准备选择哪种付款方式呢?

于先生：我和我太太商量好了，这次要买款自动挡的。因为我们以前那款车已经放在二手车市场寄卖了，听那边的评估师说，车一放在那边，就有买主出了不错的价钱订了，这样，我们准备一次性付款。

推销员：那太好了，我们公司在搞活动，对于这个月的5号到下个月的5号期间买车的车主，不管是买的哪款车，怎么付款，都可以享受我公司送的全车防爆膜、倒车雷达和3次保养送机油的优惠。怎么样，于先生，您看一下这份合同，如果没有什么异议可以考虑在上面签字享受新车了。

于先生：好，我再看看合同，签好后给您。

二、请求成交法

(一) 请求成交的含义

请求成交法，也称直接发问法，是指汽车推销人员直接要求顾客购买其销售产品的一种成交方法。当汽车推销人员和顾客经过一番面谈后，尤其是当双方的主要看法趋于一致的时候，汽车推销人员就应该抓住机会及时提出成交要求，以便达成交易。这是一种最简单、最基本的成交方法，在许多场合下，也是一种最有效的成交方法。汽车推销人员应该利用各种成交机会，积极提示，主动向顾客提出成交要求，努力促成交易。

【案例】

当汽车推销人员和顾客主要看法趋于一致时，可以进行下面的谈话。

推销员："宋先生，是否能把您的身份证给我，让我帮您办理购车手续。"

顾 客："好的，在这里。"

推销员："手续办完了，这边请，我们去挑选一辆新车吧！"

（二）请求成交法的特点

(1) 节约推销时间，提高推销效率，有效促成交易。在实际推销活动中，有时顾客会故意拖延成交时间，迟迟不作出购买决定。因此，推销人员发现成交时机已经成熟，就直接提出成交，能节省时间，提高效率。

(2) 有效捕捉成交信号，充分利用各种成交机会。在推销过程中，会出现一些有利的成交机会和信号，推销人员一旦发现这些机会与信号就立即向顾客提出成交要求，能及时促成交易。

(3) 适时提出交易请求，有效促进推销成交实现。因为在推销活动中，顾客普遍有这样一种心理，即使有比较明显的购买意向，也不愿意主动提出成交。在这种情况下，若推销员能看准时机，主动提出成交要求，就可以促使顾客立即作出购买决定，达成交易。

（三）请求成交法的局限性

请求成交法有许多优点，在推销实践中可以灵活运用，但它也有一些局限性，主要表现在：

(1) 过早地使用请求成交法有可能产生成交高压，破坏成交气氛。在汽车推销过程中如果汽车推销人员没有恰当地把握好推销成交时机，过早地给顾客施加成交压力，要求成交，就可能使顾客产生一种高度紧张的心理状态，使顾客有意识或无意识地自动抵制成交，破坏成交气氛。

(2) 时机不当地使用请求成交法，可能僵化推销氛围，使汽车推销人员失去成交控制权。请求成交提出的时机不正确，有可能导致顾客对汽车推销人员和推销品直接产生消极反应，给予推销员否定的回答，僵化气氛，最终使得汽车推销人员不但失去成交控制权，而且毫无回旋余地。

(3) 沟通不成熟时使用请求成交法有可能会使汽车推销人员处于被动局面。在使用请求成交法的过程中，如果汽车推销人员沟通方式掌握不恰当，有可能使顾客在心理上马上处于主动地位，觉得是汽车推销人员"有求于"自己。顾客掌握了成交的主动权，汽车推销人员自己则处于被动成交的位置。

（四）请求成交法的使用策略

请求成交法可以适时适地地使用，一般在下列几种情况下使用：

(1) 用于老顾客。因为买卖双方已建立了较好的人际关系，并且汽车推销人员了解顾客的需求，顾客也已经接受了汽车产品。因此，顾客一般不会回绝你的购买建议。例如，面对老顾客，汽车推销人员可以轻松地说："您好！近来生意可好？昨天刚有几款新车型到，你打算要一辆什么样的？"

(2) 用于已发出购买信号但仍在拖延时间的顾客。顾客对某款汽车商品产生好感，已有购买倾向，但一时又拿不定主意，或不愿主动提出成交需求，用请求成交法可以促成顾客的购买行为。例如，一位家庭主妇对汽车推销人员推荐的奇瑞车型感兴趣，反复询问它的安全性能和价格，但又迟迟不作购买决定。这时汽车推销人员可以用请求成交法帮助她作出购买决定。汽车推销人员可以这样说："这款车型既实用又美观，买下它吧。价格上给你特别的优惠，希望您向亲友、邻居推荐一下。"

(3) 用于在顾客对产品提出的问题已经解决，但却因为一时不好意思立即表示肯定态度而在等待的顾客。顾客对汽车推销人员推荐的汽车产品表示出感兴趣，但思想上还没有马上意识到成交的问题。此时可用直接请求法来提醒顾客考虑购买问题，作出购买决策。汽车推销人员在回答了顾客的提问或详细介绍完某款汽车推销品后接着说："清楚了吗？你看什么时候给您办理上牌？"或者说："产品的质量没问题，厂家实行保修。请您填一下订单。"其实，这样的请求并非一定就是要马上成交，而只是集中顾客的注意力，让顾客意识到应该对是否购买这个问题作出考虑。

(4) 用于多血质气质类型的顾客。请求成交法多适用于多血质型的顾客和受示型的顾客。

【案例】

"等"失良机

某汽车推销店的推销人员小刘接待了一位购车意向很不错的顾客，从接待、洽谈、产品介绍到替顾客排忧解难，所有过程中顾客都比较愉快，也比较满意，但就是到了关键时刻，小刘还没有主动地抓住机会向顾客提出购买的建议，这时顾客把话题转到了与销售不相关的问题上。当顾客一支烟即将抽完的时候，接到了这个顾客的朋友打来的电话，要他马上回去"救火"，就是俗话说的打麻将三缺一。这个顾客对推销人员小刘说："明天再说吧。"就匆匆地走了。结果是这个顾客没有到小刘所在的销售店购车，而是在他那个打麻将的朋友的怂恿下，去了另一家同品牌的销售店购买了相同的车辆。

(五) 应用请求成交法应注意的问题

请求成交法是一种常用的方法，是推销人员应该牢牢掌握的最基本的成交技术。要想使请求成交法发挥出最大的成效，必须注意以下问题：

(1) 要向顾客提出容易作出肯定回答的问题。汽车推销人员提出的每一个问题都要尽量使顾客能够作出肯定和正面回答，鼓励顾客多从正面思考问题，并不断对你的看法表示赞赏。

(2) 把握好请求成交的时机。汽车推销人员应该密切注意各种成交信号，一旦发现有利信号，就应及时提出成交请求。

(3) 汽车推销人员要敢于开口请求顾客成交。直接请求成交法的最大优点就在于汽车推销人员一旦看准推销时机，就及时并直截了当地向顾客提出成交请求，这要求汽车推销人员具备高度的自信心和勇气。

(4) 汽车推销人员应该树立正确的推销态度。汽车推销人员必须将自己与顾客放置于平等地位，两者的关系是自由平等的买卖协议关系，并非是谁求谁的关系。

(5) 汽车推销人员应避免对顾客加压过大。汽车推销人员在作成交请求时过分地热情或者语气过于强硬，会给顾客心理上带来过大的压力，导致顾客对汽车推销人员及其推销方式产生反感情绪，成交压力或者动力就变成成交障碍。因此汽车推销人员在推销过程中要学会“察言观色”，适当地把握主动请求成交的程度和力度。

三、假定成交法

(一) 假定成交法的含义

假定成交法是指汽车推销人员假定顾客已经接受推销建议而直接要求顾客购买推销品的一种成交技术。在整个推销面谈过程中，汽车推销人员随时都可以假定顾客已经接受推销建议。假定成交法的力量来自汽车推销人员的自信心。汽车推销人员应该认真作好接近准备，认真进行顾客资格审查工作，一旦成交机会成熟，汽车推销人员就应该坚信：“这位顾客会买的，他一定会购买的，这一点我毫无疑问。”

例如，汽车推销员在推销过程中可以这样说：“苏小姐，现在没有什么问题了吧？那您准备什么时候提车？”对有意向客户说：“此车非常适合您的需要，您看我是不是给您搞搞装饰？”还有：“杨经理，这是您的订车单，麻烦您签个字吧。”……在汽车推销过程中，经过一番推销演示之后，顾客即使有购买意愿往往也不愿意主动提出购买。汽车推销人员应当准确判断顾客的心理，在充分自信对方会购买的基础上及时运用假定成交法提出成交，同时也能增强顾客的购买信心。

【案例】

推销人员：“看得出来您对这台车的各项性能都比较了解，也比较喜欢。您若购买，是喜欢金色的还是银色的？”

客户：“我喜欢银色的。”

推销人员：“您真有眼光，这款车就银色好卖，差不多就快脱销了。要不我星期五就给您安排交车，好让您在周末可以带着家人一起出门游玩。您看，最近的天气多适合郊游啊！”

客户：“好啊，那我们就尽快签合同吧。”

(二) 假定成交法的特点

首先，正确使用假定成交法，可以适当减轻顾客心里的成交压力。在成交时，顾客心里的接近压力会转化为成交压力，直接阻碍成交。在使用假定成交法时，推销人员不应明示成交，而应暗示成交，尽量避免直接施加成交压力，把推销人员的推销提示转化为顾客的购买提示，可以大大地减轻或者消除顾客的成交心理压力，有利于促成交易。

其次，正确运用假定成交法，可以节省推销时间，提高推销效率。

再次，正确使用假定成交法，可以把成交信号直接转化为成交行为，直接促成交易。在整个推销过程中，顾客随时都有可能有意无意地流露出各种成交意向，推销人员应该密切注意各种成交信号，充分利用它们，直接促成交易。

最后，假定成交法是最基本的成交技术之一，具有十分广泛的用途。假定成交法还是其他各种成交技术的基本依据，例如选择成交法、小点成交法等都是以假定成交法作为基础的。

(三) 假定成交法的使用策略

(1) 汽车推销人员必须密切注意各种成交信号。成交信号是顾客成交意向的外部表现，是一种成交暗示，也就是指汽车推销人员把成交信号假定为成交行为。因此，在使用假定成交法时，汽车推销人员应该密切注意顾客的心理变化和行为反应，密切注意各种有利的成交信号。

(2) 使用假定成交法时必须具有十足的成交信心。假定成交是汽车推销人员假定成交，而不是顾客假定成交。在使用假定成交法时，汽车推销人员主观假定顾客已经接受推销建议，已经决定购买推销品，是单方面假定成交。因此成交的信心和把握是建立在汽车推销人员对推销过程和客户反应的准确判断基础之上。

(3) 汽车推销人员必须在假定成交法使用过程中将成交信号转化为成交行为。成交信号是顾客购买意向的各种外部表现，成交行为是顾客的实际行动过程。成交信号并不是成交行为。在使用假定成交法时，汽车推销人员应该假定顾客已经接受推销建议，已经决定购买推销品，把成交信号转化为成交行为，把顾客的购买意向转化为购买行动。只有及时有效地实现这种转化，才能有效地促成交易。

(4) 假定成交法最适用于老顾客。假定成交法用途很广泛，主要适用于老顾客。对于准顾客来说，推销过程更为系统，购买决策更为谨慎，汽车推销人员不可盲目假定成交。对于老顾客来说，推销过程可以适当简化，购买决策已经形成习惯，汽车推销人员可以迅速假定成交。

(四) 应用假定成交法应注意的问题

(1) 善于分析顾客，有针对性地使用假定成交法。一般来说，对于依赖性强、性格比较随和的顾客及老顾客，可以采用这种方法，但对于那些自我意识强，比较自信的顾客，则不太适合这种方法。

(2) 善于把握机会，适时使用假定成交法。一般应在发现成交信号，确信顾客有购买意向时才用这种方法。

(3) 善于制造推销气氛，要尽量使用亲切、温和的语言，切忌咄咄逼人，使顾客望而却步。

四、异议成交法

(一) 异议成交法的含义

异议成交法又称转化成交法，是指汽车推销人员直接利用顾客异议中有利于推销成功的因素，并对此加工处理，转化为自己观点的一部分去处理顾客异议时，直接向顾客提出成交要求，从而促成交易的一种成交技术。

一般来说，顾客异议既是成交的直接障碍，又是成交的明显信号。只要汽车推销人员能够成功处理顾客异议，就可以有效地促成交易，促使顾客立即购买推销品。例如，推销员经常可以这样说:“张科长，既然您已经弄明白了这两款车的差别与特点，您打算要订哪一款呢?”“李姐，既然您已经同意我的看法，那这款车就定下来吧?”

【案例】

顾客：奇怪了，我上次在某某车行看到了天籁 230，可是你们这边价格比他们高出了 2 万元呢，到底有没有这么贵啊。

推销员：同一种款式的不同型号也有不同的价格，您刚才所提到的天籁是 230JK，我们刚才看到的是 230JM。这 2 万元的差价就在于 JM 有 NAVI 卫星导航系统、7 英寸彩色多功能液晶显示屏、倒车影像监视系统、AS-CD 定速巡航系统等、功能更为完善……

顾客：原来是这样，那可能是我没有看仔细。

推销员：如果可以的话就订这一辆吧。

(二) 异议成交法的特点

1. 优点

正确使用异议成交法有利于推销人员充分利用顾客的各种异议，将推销障碍转化为异议成交信号，从而进一步转化为异议成交行为。

2. 缺点

(1) 可能产生过高的异议成交心理压力。由于顾客异议类型很多，其中有些异议并不是成交信号，而汽车推销人员处理这些并非成交信号的异议后，就立即请求成交，会给顾客造成极大的心理压力，反而不利于成交。所以，在运用异议成交法时，汽车推销人员首先应正确识别异议成交信号，并充分利用各种有利的异议成交时机，对顾客施加适当的异议成交心理压力，以及时促成交易。

(2) 可能会降低成交效率。在实际推销活动中，顾客会提出各种购买异议，既有有关异议，也有无关异议；既有真实异议，也有虚假异议。在成交时，如果推销人员急于求成，或是试图去处理那些无关的或者虚假的顾客异议，可能会招致更多的顾客成交异议，这样反而降低了成交的效率。

(三) 异议成交法的使用策略

异议成交法看似简单，但如果处理不当，异议依然会成为成交障碍，而无法成为成交信号。因此，汽车推销人员在使用该方法时，应该注意以下原则：

(1) 汽车推销人员应该认真深入分析顾客异议及其根源，看准成交信号，充分利用各种异议成交机会。成交过程中，顾客有可能提出各种各样的成交异议，有些异议只是顾客拒绝成交的借口，是一种非成交信号。因此，在使用异议成交法时，汽车推销人员应该认真分析各种异议及根源，针对顾客异议，究其原因，放过无关的异议和非成交信号，看准成交信号，充分利用各种异议成交机会，提升推销效率。

(2) 推销人员应该抓住有利时机，适当施加异议成交压力，及时促成交易。异议成交并不等于成交一定实现，更不一定会直接促成顾客主动成交。在使用异议成交法时，汽车推销人员应该抓住有利的成交时机，向顾客施加适当的异议成交心理压力，把成交信号转化为成交行为，促使顾客自动成交。

(3) 汽车推销人员应该讲究成交策略，同时运用多种成交技术。顾客异议说到底是成交信号，而不是行为。因此，在使用异议成交法的同时，汽车推销人员应该充分利用各种异议成交机会，同时运用多种成交技术，迫使顾客立即购买推销品，及时促进推销成交的实现。

五、承诺成交法

(一) 承诺成交法的含义

承诺成交法是指汽车推销人员直接向顾客提供成交承诺来促使顾客立即购买推销品的一种成交技术，也是汽车推销人员通过向客户提供售后服务的承诺来促成交易的一种成交方法。采取此办法要求汽车推销员必须“言必信，行必果”，不能作不能完成的承诺，那样对于未来的推销情况会产生很大的损害。

顾客在购买过程中往往会害怕或者担心决策失误而拒绝成交，或者故意拖延成交，顾客的这种成交心理障碍直接阻碍成交，不利于及时达成交易，甚至使汽车推销人员失去最后成交的机会。这种障碍产生的原因错综复杂，汽车推销人员可以针对顾客的购买动机，向顾客提供一定的成交保证，消除顾客的成交心理障碍，增强顾客的成交信心，促使顾客立即作出购买决策。

(二) 承诺成交法的特点

(1) 可以消除顾客的成交心理障碍，增强顾客的成交信心，有助于迅速推进成交实现。在成交时，汽车推销人员只要针对顾客的主要购买动机，直接提供有关成交承诺条件，就可以直接消除顾客疑虑，解决顾客的后顾之忧，消除成交心理障碍，增强顾客的购买信心，很有可能在短时间内促进顾客实施购买行为。

(2) 正确使用承诺成交法，可以增强成交说服力和成交感染力，诱发顾客的购买动机，创造良好的成交气氛。汽车推销人员具有说服力和感染力的推销既可以使顾客增强购买信心，减少心理压力，也可以刺激顾客的购买动机，强化购买欲望，创造出良好的推销氛围，使顾客在自愿、轻松的氛围中主动成交。

(三) 承诺成交法的使用策略

(1) 汽车推销人员必须针对顾客疑虑有针对性地提出保证。只有深入分析清楚顾客真正的疑虑，有针对性地提出成交保证，才能彻底打消顾客的成交心理障碍，实现购买。

(2) 汽车推销人员必须出具有效的相关文件和保证材料，“空口无凭”。汽车推销人员往往无法以个人名义向顾客作出关于产品质量、售后服务等承诺，只有出具有效的相关文件和资质证明材料，汽车推销人员的成交承诺才会真正有说服力，顾客才能真正相信，从而实施购买。

(3) 汽车推销人员在使用承诺成交法推销的过程中，自身要具有充足的信心，同时要注意语言的感染力，只有这样，才能从情绪上打动顾客，让顾客在更加良好的氛围中实现成交。

六、选择成交法

(一) 选择成交法的含义

选择成交法是指汽车推销人员直接向顾客提供一些购买选择性方案，让顾客在提供的选择范围之内作出回应并且要求顾客立即购买推销品的一种成交技巧。如提供给顾客两个可选择的成交方案，任其自选一种，但这两种里面都是成交的方案，而没有不成交的方案。

所谓选择成交法，也就是非此即彼法或两者择一法。这是常用的、非常受欢迎的方法，它的要点就是使顾客无法回避要还是不要的问题，堵住顾客说出“不”字。

选择成交法是汽车销售人员为顾客提供的一种购买选择方案，并要求顾客立即作出购买决策。它将顾客带到购物的情境中，在假设顾客一定会购买的基础上为其提出购买决策的选择方案，即先假定成交，后选择成交。例如，汽车销售人员可以说：“您要蓝色的还是红色的?”

【案例】

推销人员：张小姐，您是喜欢自动挡的还是手动挡的?

客户：我想还是自动挡的吧。

推销人员：那好，对于颜色您是喜欢珍珠白还是喜欢水晶银呢?

客户：我比较喜欢这种珍珠白。

(二) 选择成交法的特点

(1) 正确使用选择成交法,可以减轻顾客的购买压力,创造良好的成交气氛。汽车推销人员使用选择成交法,似乎是把成交主动权交给了顾客,实际上是将成交选择权交给顾客,这样可以让顾客主动参与成交活动,减轻顾客成交心理压力,造成良好的成交气氛。

(2) 正确使用选择成交法,可以有效促成交易。在使用选择成交法时,汽车推销人员不是直接请求顾客购买推销品,而是直接假定顾客已经决定购买推销品,直接提供选择成交方案,间接促成交易。汽车推销人员避开成交本身的问题,直接提供具体的成交选择方案,这样使得顾客无法拒绝成交,从而有利于促成交易。

(3) 正确使用选择成交法,汽车推销人员可以掌握一定的成交主动权,留有一定成交余地。也就是说,汽车推销人员直接假定顾客已经决定购买推销品,直接向顾客提供成交方案,把购买选择权交给顾客,让顾客自己作出购买决策,无法全面拒绝成交选择方案,顾客在成交范围内选来选去,最终结果还是成交。这样就把成交主动权留给了自己,使自己留有一定成交余地。即使选择成交失败,还可以利用其他成交策略进一步促成交易。

这种办法是用来帮助那些没有决定力的客户进行交易。这种方法是将选择权交给客户,没有强加于人的感觉,利于成功交易。

(三) 选择成交法的使用注意事项

(1) 汽车推销人员必须针对顾客的购买动机和购买意向,直接假定顾客已经决定购买推销品,先假定成交,后选择成交。汽车推销人员要善于捕捉各种成交信号,假定成交,在此基础上提供选择成交方案,否则选择成交失去基础,汽车推销人员将陷于被动地位。

(2) 汽车推销人员应该看准成交信号,直接向顾客提供成交选择方案。选择成交法的基本原理是选择提示。在推荐选择方案时,汽车推销人员应该注意沟通技巧,自然诚恳,主动热情。

(3) 汽车推销人员应该把成交选择方案限定在成交范围之内。虽然在使用选择成交法时,汽车推销人员向顾客提供成交选择方案,把成交选择权交给顾客,促成双方自愿成交。但是汽车推销人员必须限制顾客的选择权,把顾客的选择范围限定于成交活动本身范围之内,无论顾客作出什么选择,结果一定是成交。

(4) 汽车推销人员应该向顾客提供适当的成交选择方案,有效促成交易。汽车推销人员应该尽量选择与成交行为有直接联系的选择提示,作为向顾客提供的成交选择方案,诸如汽车产品价格、款式、配置、服务要求、订货时间、提车地点等,都可作为选择成交的提示内容。

(5) 汽车推销人员应该掌握成交主动权,积极促进交易。使用选择成交法时,汽车推销人员在将成交选择权交给顾客的同时,自身一定要牢牢掌握成交主动权,控制成交气氛,施加成交压力,主动促成交易。

七、小点成交法

(一) 小点成交法的含义

小点成交法是指推销人员利用成交小点来间接促成交易的一种成交技术,利用了顾客的成交心理活动规律。在重大成交问题面前,顾客往往比较慎重和敏感,一般不轻易作出明确购买决策,甚至不会轻易表露出任何成交信号。而在小的成交问题面前,顾客往往比较容易决策。小点成交法正是利用顾客这种心理活动规律,避免直接提示重大成交问题,而直接提示顾客不太敏感的成交问题，先小点成交，后大点成交，先就成交活动的具体条件和具体内容与顾客达成协议，再就成交活动本身与顾客达成协议，最后达成交易。比如，推销汽车时先解决客户的执照、消费贷款等问题，因为很多买车的客户比较怕麻烦，而且对于他们不懂的事情，他们都有所恐惧，因此我们应注意有意识地减轻顾客的成交压力，有效促成顾客自动成交。

例如："请您放心，购买我们的车后，我们将负责车辆的一切手续的办理。""如果您今天能定下来，我们还能送您一年的交通强制保险。""在促销期间，我们送您全车装饰。""现在您买这款车，我公司赠送倒车雷达，汽车数量有限。"……

(二) 小点成交法的优点

(1) 可以创造良好的成交气氛。汽车推销人员避免了直接提示重大、敏感的问题，而把顾客的成交注意力集中在有关成交的一些小点问题上，从而减轻了顾客的心理压力，有利于营造良好的成交气氛。

(2) 有利于汽车推销人员把握成交的主动权，不断进行成交尝试。汽车推销人员可以利用各种成交小点来尝试成交，多个小点成交，最后小点促成大点。

(3) 小点成交法是汽车推销人员发现与合理利用成交信号的机会。当汽车推销人员向顾客提出一些次要的问题(如汽车赠品)并要求其同意的时候，如果顾客答应得较为爽快，汽车推销人员完全可以把这次小点成交当作顾客愿意购买的信号。例如，一位汽车推销员对顾客说："这款车的价格已经优惠到最低了，装饰赠品给不了你了，不过我可以帮您申请一副脚垫，您看呢?"汽车推销员先就赠品问题(成交小点)与顾客达成协议，然后再间接地促成交易。

(三) 小点成交法的局限性

小点成交法可以创造良好的成交气氛，有利于汽车推销人员主动尝试成交，使汽车推销人员始终掌握成交的主动权，但这种方法也存在着明显的不足：

(1) 可能会分散顾客的成交注意力。虽然汽车推销人员使用小点成交法可以把顾客的成交注意力集中于成交小点，减轻顾客的心理压力，但是成交小点的选择与确定恰当与否，就成了这个方法运用的关键。错误地提示成交小点将会干扰顾客的最终成交决定。

(2) 可能拖延成交时间。由于小点成交法遵循循序渐进、积少成多、逐渐接近目标的规律，需要较长时间达成最终成交，这样可能既耽误了时间，又浪费了精力。

(3) 可能会引起顾客的成交误会。小点成交法是把小点成交看成大点成交的信号，把成交信号假定为成交行为。但小点成交并不等于大点成交，因为在实际推销过程中，顾客接受小点并不等于接受大点，成交信号也并不等于成交行为。因此，如果汽车推销员错误地假定大点成交，很可能会引起顾客的误会，认为汽车推销人员在其他问题上承认了顾客的意见。

(四) 应用小点成交法应注意的问题

(1) 应针对顾客的购买动机，选择适当的成交小点。注意小点问题与大点问题的关系，做到以小点问题的解决构成大点问题的解决。

(2) 针对顾客关心的问题选择适当的成交较轻点，避免直接提示顾客比较敏感的重大决策问题。

(3) 必须认真处理顾客的异议，不能故意回避顾客提出来的有关购买的重大问题。

(4) 假定成交法的应用具有一定难度，推销员平常要注意培养职业灵感。根据推销的产品特点和用户实际需求，选择一些有效的成交较轻点，并制订出一套标准化的成交方案，适时熟练地加以灵活运用。

(五) 小点成交法的适用条件

小点成交法是一种很好的成交方法，它主要适用于顾客心理不太平衡或因小问题拖延时间过长，交易复杂，不能立即达成一致的情况。另外，小点成交法对于优柔寡断型的顾客特别见效，因为这种方法可以让他们在作出最后决定的时候感到更自然。

八、从众成交法

(一) 从众成交法的含义

从众成交法，也称排队成交法，是指汽车推销人员利用顾客的从众心理来促使顾客立即购买推销品的一种推销成交技术。社会心理学研究表明，从众行为是一种普遍的社会心理现象。顾客在购买汽车产品时，不仅要考虑自己的需要，受自己购买动机的支配，同时也要顾及社会规范，服从社会的某种压力，以大多数人的行为作为自己行为的参照。

例如，一位推销人员对顾客说："这是今年新出的最新款式，顶级配置，功能一应俱全。我们这款产品特别畅销，只有几辆了，您不来一辆?"又如，一位汽车推销员对顾客说："王经理，别看捷达车款式老，它可是市面上跑得最多、最流行的，特别适合一般公司办公使用。既方便、实用，又耐用，维修费用还低，家庭用得也比较多。"从众成交法正是利用顾客所处环境对顾客的制约和影响，通过形成一定的购买风气和气氛，说服顾客购买，促成交易。

(二) 从众成交法的优点

(1) 能够吸引顾客。大部分人都存在着从众心理，汽车推销人员可以利用一部分购买者的购买去吸引和说服另一部分购买者，让其感觉只有随大流才是唯一选择。

(2) 有利于提高交易量。在使用这种方法的时候，汽车推销人员利用少数基本顾客或者中心顾客去吸引大批从众顾客，可以促成大量的成交。

(三) 从众成交法的局限性

(1) 不利于汽车推销人员与顾客沟通。在使用这种方法的时候，汽车推销员与顾客都只是关注有多少人买了这种产品，而忽视了对商品性能、特点等信息的传递，也不利于反馈顾客的信息。

(2) 有时顾客购买完汽车商品后会后悔。因为顾客在购买商品的时候是在一种从众心理驱使下作出购买决定的，顾客在购买汽车商品后有时会后悔，这对今后的推销活动也会产生负面影响。有时，如果遇到了个性较强、喜欢标新立异的顾客，用从众成交法进行推销，会让顾客对汽车商品和汽车推销员产生反感，起到相反的作用。

(四) 采用从众成交法应注意的问题

(1) 汽车推销人员应针对顾客的从众心理，选择和使用具有一定成交影响力的基本顾客或者中心顾客。

(2) 汽车推销人员必须讲究职业道德，不能利用虚假的成交气氛来欺骗顾客。

(3) 要将这种方法与有关的汽车广告宣传相结合，以提高企业及其产品的知名度，扩大社会影响，进而吸引大批从众型顾客。

九、机会成交法

(一) 机会成交法的含义

所谓机会成交，也称作限制成交、唯一成交或者最后成交，是指汽车推销人员直接向顾客提示最后成交机会而促使顾客立即购买汽车推销品的一种成交技术。

机会成交法在日常促销环节的推销工作中较为常见，在汽车推销过程中也经常使用。例如，“本店店庆，买车就送大礼包。今天是最后一天了，请大家抓紧时间，莫失良机”。“本店元旦期间购车送全车装饰”、“这款汽车很畅销，我们只剩下最后一台了”、“购车送一年保险”等等。顾客终于被打动了，果断地购买了某款汽车商品。任何人都不愿意错过好的机会，这是人的天性。这种“机不可失，失不再来”的心理效应，通常能够引起顾客的注意力和浓厚兴趣。这种方法最大的优点就是有利于顾客立即购买商品。

例如，销售人员可以这样说：“许小姐，如果现在购买，优惠甚至可以达到 8 000 元，还有送汽油活动，同时还可以参加我们车行的购物抽奖活动，特等奖是欧洲风情十日游哦。”

(二) 机会成交法的优点

(1) 可以创造有利的成交气氛，吸引顾客的注意力。通过稀缺的购买机会提醒消费者，往往能够在第一时间吸引顾客注意力，刺激顾客的购买兴趣和欲望。汽车推销人员辅助以恰当的广告宣传方式，直接提示成交机会，造成良好的成交气氛，非常有利于促进成交实现。

(2) 合理使用此法可以向顾客施加一定的成交机会心理压力，促使顾客主动成交。通过稀缺成交机会，刺激顾客产生一定的成交心理压力，使顾客处于一种决策前高度紧张的心理状态，有利于促进顾客迅速作出购买决策，主动成交。

(3) 合理使用此法可以主动限制顾客的成交款式和成交条件，促使顾客立即购买，及时达成交易。汽车推销人员方面往往限制购买机会，从而限制顾客成交条件和款式，例如店庆促销、假日促销等等，机会成交法可以有效地推进顾客立即购买。

(三) 机会成交法的缺点

(1) 机会成交法如果使用不当，也可能给顾客带来过高的心理压力，造成不利的成交气氛。

(2) 滥用机会成交法，也有可能使顾客失去购买信心或者对汽车推销品失去信任。

(四) 机会成交法的使用策略

在使用机会成交法时，要特别注意以下问题：

(1) 推销人员必须认真选择成交机会，诱发顾客的购买心理动机，否则，顾客对转瞬即逝的机会也会毫不在意。

(2) 推销人员应该结合一定的广告宣传，造成一定的机会成交气氛，并施加机会成交压力，引起大批连锁成交。

(3) 推销人员应该开展重点推销，直接提示成交机会。机会成交法可以利用最后机会、优惠机会、减价机会、展销机会等增强说服力，吸引消费者，诱发顾客的主要购买动机，直接促成交易。

工作回顾

(1) 在推销过程中首先了解了汽车推销成交中客户的基本特征。

(2) 在汽车推销成交案例分析中，总结了汽车推销成交方式方法。

工作实施步骤

（一）工作要求

在汽车推销过程中了解、认识客户，掌握汽车推销成交方式方法。

（二）工作实施的步骤

（1）了解汽车推销成交中客户的基本特征（认识客户）。

（2）在汽车推销过程中巧妙使用汽车推销成交方式方法。

思考与训练

（1）汽车推销成交中客户的基本特征是什么？

（2）汽车推销成交的方法有哪些？

项目十

汽车推销管理

任务一　推销关系管理
任务二　汽车推销人员的管理

项目理解

任务一：在理论上对推销管理的基本理论进行分析。

任务二：推销人员就是明天的销售经理，需要掌握一些推销管理方面的知识和技能。对于一个以推销为职业的人来说，要顺利实现从推销员到管理者的角色转换，就必须学习推销管理方面的知识，熟悉管理岗位的职责，有利于今后职位的提升以及报酬的提高。

任务一　推销关系管理

任务描述

从20世纪90年代以来，关系推销成为一种销售新思维，用顾客的终身价值(Customer Lifetime Value)替代产品，重视顾客关系的建立、培育、维护及发展，以长期合作为基础。

工作剖析

在关系推销观念的指导下，应认为顾客购买的不是产品而是关系。推销人员要放弃短期思维，重点是投入时间和精力建立与顾客之间的友好合作关系，通过稳固的长期关系获取回报，如自动阻止竞争者的“插入”，获得重复的业务订单，实现交叉销售，由于顾客信任而购买公司的新产品，从顾客那里取得终身价值，为公司建立良好的口碑等。

工作载体

同质商品这个词常用来描述那些近乎完全相同的产品或在消费者心目中显然相同的产品。经销商经常采用交易推销战略出售这类商品。在竞争性商品行业中，增加市场份额(同时也是避免交易推销这种常规方式)的方法是，采用能够使表面上类似的产品增加价值的人员推销方式。可以通过产品创新或者是开发实际的服务来实现这一点。邓禄普(Dunlop)轮胎公司的信息主管丹尼斯·康尼(Dennis Counney)提出了如何增加商品销售价值的建议:“某个供应商提供的产品仅仅是所需供应的一小部分。一般来讲,我们可以从若干个来源获得我们所需要的东西,于是任何一个供应商都不是唯一的。我们寻求商品销售价值的增加。我们正在寻求业务理解,我们寻求的是销售人员能适应我们的特殊需求,或他们能给我们提出建议并帮助我们。人们想要他们的销售人员自行增加某些有价值的东西。”

正像康尼所指出的那样,销售人员能够给商品增加价值。例如,某位被顾客认为是值得信赖的销售人员,能够给出果断的和可靠的服务,在顾客的眼里他就能够为产品提供某种程度的独特性。当面对日益扩大的选择面时,顾客感觉到为过量信息所累,他们认为一位见识广博的销售人员是有价值的帮手,知识能够增加价值。

相关知识

一、关系推销的含义

关系推销(Relationship Selling)是一种推销的思维方式,强调在推销过程中销售人员向每位顾客提供个性化、定制化的客户问题解决方案,由此培育长期的战略合作伙伴关系。

从 20 世纪 90 年代以来,关系推销成为一种销售新思维,用顾客的终身价值(Customer Lifetime Value)替代了产品,重视顾客关系的建立、培育、维护及发展,以长期合作为基础。在关系推销观念的指导下,应认为顾客购买的不是产品而是关系,推销人员要放弃短期思维,重点是投入时间和精力建立与顾客之间的友好合作关系,通过稳固的长期关系获取回报,如自动阻止竞争者的“插入”,获得重复的业务订单,实现交叉销售,由顾客信任而购买公司的新产品,从顾客那里取得终身价值,为公司建立良好的口碑等。

二、推销的类型

推销可分为交易推销与关系推销两种。交易推销关注的是某一时间的一次性交易,不注重建立长期关系。关系推销关注的重点是与客户建立协作关系,发生持续的、长期的一系列关联交易,任何一次现实的交易都是以前交易沉淀的结果,也影响到未来的交易。两者的区别见表 10-1。

表 10-1 交易推销与关系推销的比较

因素	交易推销	关系推销
时间	短期交易	长期交易
质量	产品质量	双方协调工作的质量
价格	敏感	不敏感
责任	由法律规范	承诺自律+法律与惯例
合作	没有(除非面临失败)	以信任和共同努力协调利益
人员交往	很少	个人及非经济目的交往突出
合作行为	缺乏协调努力	存在协调努力动机与机制

续 表

因　　素	交 易 推 销	关 系 推 销
经营计划	几乎没有史前的相互参与	对未来交易进行详细计划
交易评价	产品正常时不评价	详尽规划,限定和评价交易的所有方面
强制性	尽可能实施	无此行为,相互依赖
权利义务	明确界定	注重长期利益共享
交易过程重点	达成协议	解决问题
参与人员	销售人员和采购人员	许多部门的人员
内部营销	意义不大	有关键意义

三、关系管理的原则

(一) 长期协作

在关系管理中,要重视与顾客之间建立长期的协作关系,而不是只看重眼前的利益。在买卖关系中,双方的需求扩大,表现为相互磋商的意愿增强,交流沟通增加,甚至开始协商交易中的具体条件。作为推销人员,应设计出一些不同于简单报价的服务,以吸引长期客户;通过与客户建立和维持互利关系,以创造长期的业绩。要重视人员、技术、运营管理和其他非营销功能方面的影响。实施关系管理要求全员协作,而不仅是推销人员满足客户对产品和服务的需求。

(二) 内部营销

实施关系推销战略的企业,必须综合协调生产、销售、人事及其他各个职能部门,内部的协调是关系推销的基础。一线生产人员、后勤人员及管理人员等非营销人员都必须要有营销意识,树立一切为顾客服务的思想,培育员工建立和维持终身客户的理念,以积极的市场化方式提供理性的服务。

(三) 整体思维

关系管理并不只是推销产品,不是为了销售而销售,而是向顾客提供一揽子解决问题的方案,建立长期的战略合作伙伴关系。推销员必须要有整体思维,企业的其他员工同样也需要这种思想的支持。产品质量需得到买卖双方的相互认同,推销服务包含产品安装、技术服务、产品或服务的使用介绍、信息服务、社会联络等,这种全方位的服务体系强化了与顾客的关系,进一步使客户在市场行为上与企业发生必然的链接。

(四) 双向沟通

在很多汽车企业都能向顾客提供技术性能类似的产品时,与顾客之间的交流就显得越发重要。在关系管理推销中,与所有的客户都至少以一种方式保持密切的联系,实施双向的信息沟通,才能够直接检测客户的满意度。关系管理中的这种客户管理行为,为直接了解客户满意度提供了可能。

(五) 顾客价值

关系推销不仅要提供核心产品的价值,还要提供比交易推销多得多的客户价值。推销人员通过技术、信息、经验、知识或社会交往能力与客户建立密切的关系,这些重要的关系就能给顾客带来超越核心产品的利益，从而强化和稳定这种伙伴关系，给企业形成稳定的利润来源，即忠诚顾客创造了顾客价值。在关系推销中，忠诚顾客对价格的敏感度也会大大降低。

四、关系管理的策略

(一) 履行诺言

履行诺言是关系推销中最重要的策略，也是最难持之以恒的策略。履行承诺，是稳定和发展买卖关系的根本。当然，这种买卖关系对双方都是有利的，也是互惠的，能给双方带来共同的预期利益。正是由于其中有共同的利益所在，存在一种无形的机制促成双方都努力履行自身的承诺，并维系这种关系的深化和发展。有了这种战略伙伴似的关系，推销活动的开展也就是水到渠成的事了。

(二) 建立信任

信任是双方行动的基础。相互信任的任何一方都会最充分地考虑对方的利益，每一方都谋求协作，都愿意承担责任，都会很在乎业已形成的商务关系。汽车推销人员要建立起信任，必须向顾客证明自己是可信赖的、坦率的、有能力的，是关注客户利益的，是善于与客户确立和发展和睦关系的。为了得到顾客的信任，汽车推销人员应以书面的形式将关键性承诺按日期记下来，并随时掌握客户的最新需求情况，以便随时能帮助客户解决问题。要让客户知道，顾客可以把他们的利益托付给汽车推销人员。要客观地介绍汽车产品和服务，不能夸大所销售产品的功能，以免顾客使用后感到销售人员的介绍与产品的实际情况存在巨大的反差。掌握必要的营销知识，以便能向顾客提供正确的信息。善于听取客户的意见，询问客户的需求，从而明确客户的需要。要态度友好、讲礼貌，关心客户利益。

(三) 相互合作

关系推销要求有意愿建立买卖关系的各方相互协作，以实现共同的目标。相互合作是建立在买卖双方平等的基础上的。只有相互平衡的制约关系，才能实现利益、责任的相对平衡，也才有合作的稳定性基础。

(四) 顾客满意

关系管理中要使各方，特别是顾客方面达到高度满意，要满足顾客商务活动的要求与期望。这不仅包括在特定产品上的满足，而且也包括在非产品方面的满足。这种稳固的结构性关系得益于关系各方的相互信赖与需要，谁也无法离开谁。

(五) 动态适应

所谓关系中的动态适应是指商务关系的一方改变自身的运作方式或改变产品，以适应另一方的商务活动。一般来说，在建立商务关系的初期，通过相互适应可提高各自的信任度；而在商务关系的成熟期，通过相互适应则能巩固和扩展商务关系。相互适应的商业关系，也能自动阻止竞争者的渗入，成为防止竞争者的最好武器。根据关系建立的不同阶段，动态地适应客户的要求，是关系推销的基础。

(六) 广泛联系

关系管理中，推销人员要与顾客广泛联系，建立深厚的个人友谊，从而密切双方的关系。推销人员与顾客之间建立私人关系，有利于维护商务关系。很多时候，这两种关系是相互渗透、相互推动的，很难区分是因为什么因素导致了某项交易的达成。

(七) 后续推销

后续推销是要求推销人员在客户购买以后一如既往地关心客户，从而留住客户；向购买者提供信息，消除购买后的疑虑，让客户认知其购买决策是合适的；也可通过提供某种奖励或回报来强化客户购买后的信心，增加重复购买。通常的后续推销手段包括：

(1) 建立客户数据库。

(2) 对客户做情感投资。

(3) 保持密切接触。

(4) 了解客户满意程度。

(5) 挽回流失的客户。

工作回顾

(1) 关系推销的含义。

(2) 推销的类型以及关系管理的原则和策略。

工作实施步骤

(一) 工作要求

根据以下案例所反映的内容来回答相关问题。

(二) 工作实施的步骤

皮纳考(Pinacor)公司是一家技术分销商，年销售收入50亿美元，在全球拥有650多个销售代表。该公司从软件、工作网络到计算机通信和影像技术，为25 000多个转卖者、经销商和系统集成者提供定制化的技术解决方案。技术分销产业竞争非常激烈，但是大多数竞争者都提供相似的产品、价格和分销能力。

负责销售和营销的副总裁大卫·坎汉认识到，一个公司要想在该行业脱颖而出，其销售人员必须突破传统的只关注产品、价格和分销的局限。与仅仅把某一个箱子运到某一个地方相比，公司的许多客户正在寻找能为他们的顾客提供解决方案的合作者。所以，公司帮助分布在各地的转卖者把产品拓展到全美国，在一定时间内进行物料搬运；在产品已经符合最终使用者的个性化要求时，要协调安装队伍、用户软件及其他任何限制。这是公司颇有竞争力的业务之一。

尽管公司在这个领域很有竞争力，但依然要重组其销售队伍。公司以前的销售队伍是按地理区域来设计组织的，每个销售人员负责同一区域内许多不同类型的顾客。虽然这种组织结构成本低，但销售人员却难以理解不同行业顾客的独特需求。例如，一个销售人员可能为5个系统集成者、3个转卖公司和6个中小规模的企业顾客服务，这种情形使得销售人员不可能成为任何行业或任何类型顾客的专家。因此，销售人员就只能用同一种方式接待顾客，虽然不同顾客群体有不同的需求和问题。新的销售组织结构由相互独立的销售队伍组成，每个销售队伍负责10个顾客细分市场中的一个细分市场，比如，解决方案的集成者、转卖公司、中小规模公司和战略市场。这种组织结构设计便于每个销售人员为特定类型的顾客群体服务，还可保证销售人员能够对客户及其行业的独特需求有较好的理解，从而为这些顾客提供较好的定制化解决方案。

这种销售组织重组的结果是，延长了公司与诸如EDs和苹果等公司已经建立的合作伙伴关系。当公司的销售人员对其客户及其行业的理解更加透彻时，客户也就为公司带来了更多的业务。许多公司销售人员与客户的日常活动紧密融合在一起，这不但有助于开展业务活动，而且使得竞争者非常难以从公司抢走业务。

问题一：公司负责销售和营销的副总裁大卫·坎汉为什么要对公司的销售队伍进行重组？

问题二：大卫·坎汉组建销售队伍的思维方式体现了公司重视什么推销管理理念？

思考与训练

(1) 什么叫关系推销？关系推销与交易推销存在哪些方面的差别？

(2) 关系管理应遵循哪些原则？

(3) 关系管理有哪些主要策略？

任务二　汽车推销人员的管理

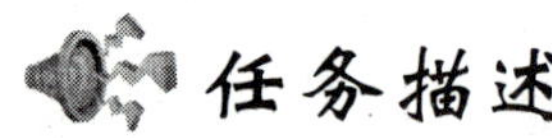

任务描述

今天的推销人员就是明天的销售经理，故有必要掌握一些推销管理方面的知识和技能。管理者的工作毕竟不同于一般推销人员的工作，不仅需要个人在销售方面的技巧，更需要管理和领导的艺术。

工作剖析

对于一个以推销为职业的人来说，要顺利实现从推销员到管理者的角色转换，就必须学习推销管理方面的知识，熟悉管理岗位的职责。这同时也有利于其职位的提升和报酬的提高。即使对于不以管理者职位为追求目标的销售人员来说，学习推销管理方面的知识，也能了解管理者是如何同下属打交道的，从而使自己学会怎样与管理者进行有效的沟通。

工作载体

在销售队伍管理中最有意思的发展，是利用顾客反馈信息来提高销售人员的工作绩效。大多数这方面的培训项目相对而言比较新，且名目繁多，例如360度回馈、顾客认知补偿、顾客满意回报等。那些已经接受评估战略的公司相信销售人员能从收集顾客反馈信息中获利，同时这些信息也能为公司所用，以进一步改进顾客服务。

在许多公司里，销售职位的重要性日益提升，顾客评估方案的作用日渐增多。汤姆·莫特(Tom Mott)是休伊特合伙(Hewitt Associates)公司的顾问人员，他如是说："那些销量大的销售人员已成为公司与顾客之间的关系经理。”莫特指出，顾客回馈在一定程度上反映了销售人员甚至公司的绩效。如果在任何一个层面出现问题，那么顾客不满便会浮出水面。

在这一点上，数据收集方法并不单一。许多公司使用电话访问法，而另外一些公司则可能使用邮寄问卷来获取信息。IBM 曾试验过召开公司顾客、销售人员以及销售经理共同出席的会议以获取相关信息。有些销售人员并不欢迎采用顾客评估。玛丽安(Maryann)是位于纽约的 Cirenza Teleport Communications Group (TCG)公司的高级财务主管，她说当她看到公司呈递给顾客的调查问卷时，她有一种被出卖的感觉。问卷中有一个问题是这样的：“你的销售代表是否熟悉你所在的行业?”玛丽安说：“我认为公司是在审核我。”直到她知道这不只是一项监督制度，而是公司为了实施一项全新的薪酬计划而进行的一项测试时，心中的愤怒才有所平息。在对本次调查进行相关测试后，她因此赢取了大约占其基本工资 20%的红利。格雷格·布斯曼(Greg Buseman)是总部位于芝加哥的 IBM 公司的一名销售人员，他坚信将顾客回馈进一步应用于薪酬制度极大地改进了公司人员销售的绩效。如今，他投入大量时间用于熟悉客户的业务并且努力成为客户的问题解决专家。

相关知识

一、推销队伍设计

(一) 推销队伍设计思路

作为销售经理，要主持和参与企业销售队伍的设计，这也是销售经理的主要职责之一。在设计销售队伍时，要保证能完成企业的总体目标，同时销售队伍结构能有助于推销人员高效地完成销售任务。设计推销队伍时必须全盘考虑以下因素。

1. 专业化与集权化

推销人员是负责推销过程的所有环节，还是按照分工的要求只完成某些工作，这就是推销设计中应考虑的专业化问题。例如，推销人员是负责从寻找顾客开始，直到完成售后服务，维系客户关系的全面工作呢，还是负责其中某个环节？是只推销某一种商品，还是按地域负责所辖地区所有客户的所有商品?

集权化是指销售经理和推销人员在推销决策上的权力集中程度。在集权化的推销队伍结构中，权力高度集中于管理层，推销人员更多的是听从命令或指挥，主观能动性受到限制。在分权化的推销队伍结构中，一般推销人员有更多的决策权，同时承担更多的责任，积极性得到较好的调动和发挥，但可能出现为了自身利益而忽视企业长期利益的情况。

当推销环境变数较多、经常推销新产品，从而推销人员更多地进行非常规性的创造性活动时，则采用分权化的推销队伍较为适宜。反之，当推销环境稳定、经常是做一些重复性的推销时，则采用集权化的推销队伍更能增强其有效性。

2. 管理幅度与管理层次

管理幅度是指销售经理所管辖的下属人数范围，管理层次是指销售管理结构中不同级别组织的数量。通常管理幅度与管理层次成反比。管理幅度越宽，管理层次就越少，越倾向于分权；管理幅度越窄，管理层次就越多，越倾向于集权。如果一个企业倾向于分摊权益，调动推销人员的积极性，则需要建立管理幅度较宽、层次较少的“扁平形”销售队伍结构。反之，企业管理幅度较窄、层次较多时，则需要组建“高塔形”的销售队伍结构。

3. 管理模式

直线销售管理指销售经理对一定数目的下属负有直接责任，并直接向上一级的管理者报告，这类销售经理直接介入产品销售，对销售活动实施管理。采用职能销售管理模式时，管理者不直接参与产品的销售活动，也不管理销售人员，只是发挥招聘、培训的职能作用。当一个企业规模大、强调专业分工时，可能更多地采用职能销售管理模式的销售结构。

4. 需求差异与产品组合

设计推销队伍结构，还要考虑顾客需求的差异性与企业产品的组合状况，见图 10-1。一般说，当企业提供的产品组合较为简单，而顾客又有不同需要时，应采用市场专业化的队伍结构；如果企业的产品组合较多，顾客对某一规格型号的产品存在相似的需求，则应采用产品专业化的销售队伍结构。

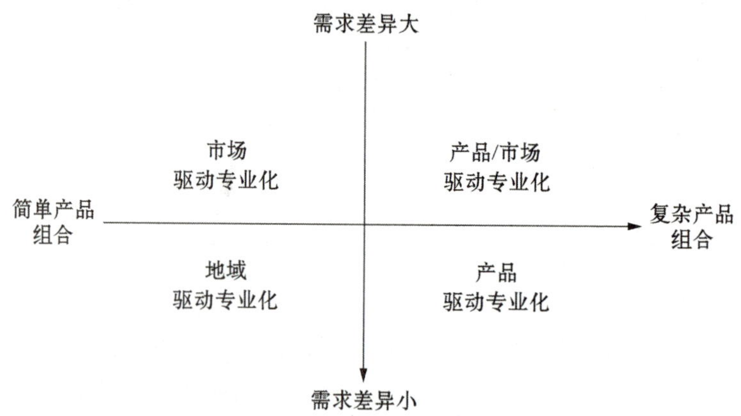

图 10-1 需求差异与产品组合对销售队伍设计的影响

(二) 推销队伍拓展决策

分配推销努力、确定推销队伍规模及划分销售区域被统称为销售队伍拓展(Sale Force Deployment)。销售队伍拓展决策主要回答以下 3 个相互关联的问题：在为客户和潜在顾客提供足够的覆盖服务，以实现销售和利润目标时，需要多少推销努力？提供所需的推销努力需要多少销售人员？如何设计地域范围以确保适当的客户覆盖和为每个销售人员提供成功所需的合理机会？

1. 分配推销努力

尽管推销努力的分配是一件较为困难的事情，但仍然有一些方法来引导。具体包括单一因素模型、组合因素模型和决策模型。

(1) 单一因素模型。单一因素模型是按某一个因素(如市场潜力)对所有客户进行分类，然后把所有客户分配到相同销售、拜访数量的同一类别里。

(2) 组合模型。组合模型是依据客户机会及公司竞争位置把企业客户划分为不同类型的分析方法，见图 10-2。据此划分后，所有客户都被划定到相应的类别中，从而采用不同的推销努力。客户机会指客户对企业产品的需求和购买力，竞争位置则是指公司与客户之间的关系的强弱程度。客户机会与竞争位置的组合构成一个客户的吸引力。客户的机会越大，竞争位

<table>
<tr><td></td><td></td><td colspan="2">竞争位置</td></tr>
<tr><td></td><td></td><td>强</td><td>弱</td></tr>
<tr><td rowspan="2">客户机会</td><td>高</td><td>细分市场1
吸引力
客户因为能提供较高的机会从而非常有吸引力，并且在销售组织有较强的竞争位置
推销努力战略
客户应收到强大的推销努力投入，以便充分利用机会和维持/改进竞争位置</td><td>细分市场2
吸引力
客户因为能提供较高的机会从而有潜在的吸引力，并且在销售组织目前竞争位置较弱
推销努力战略
作进一步分析，以辨别竞争位置可以强化的客户，从而对这些客户进行强有力的推销努力投入，对其他客户实施较小的推销努力投入</td></tr>
<tr><td>低</td><td>细分市场3
吸引力
由于销售组织有较强的竞争位置，客户有一定的吸引力，但未来的机会有限
推销努力战略
应对客户推销力量进行足够的投入，以便维持目前的竞争位置</td><td>细分市场4
吸引力
客户因为能提供的机会甚少从而毫无吸引力，销售组织的竞争位置较弱
推销努力战略
对此类客户推销力量的投入保持最小，在选择的基础上，可用成本的营销方式（如电话营销、直接邮寄）代替人力推销，或者全部撤出</td></tr>
</table>

图 10-2　组 合 模 型

置越强，吸引力就越大。

(3) 决策模型。决策模型是依据从客户处所能得到的回报率来分配销售访问频次，目标是让任何给定数量的销售访问和持续增加的销售访问达到最高的销售水平，直到客户的边际收入与边际成本相等。因而决策模型是以销售额或利润最大化为目标来确定销售访问频次的优化方案。

2. 确定推销队伍规模

推销队伍的规模决定了用于访问客户和潜在客户推销努力的总量。一般可用以下方法来确定推销人员的数量：

(1) 分解法，是指通过预测销售总额和平均每一个推销人员完成的销售额来确定所需推销人员数量的方法。公式为：

推销人员数量＝预测的销售总额÷平均每个推销人员可以实现的销售额

这种方法是用销售额决定所需的销售人员数量，有点“本末倒置”，实际上推销队伍的规模是影响销售额的因素之一。尽管如此，分解法依然是最为常用的决定销售人员数量的方法，因为它简单实用。

(2) 工作负荷法，是指依据覆盖公司的整个市场所需要的推销努力与平均每个推销人员的推销努力之比来确定推销队伍规模大小的方法。公式为

推销人员数量 ＝ 公司总的推销努力 ÷ 平均每个销售人员的推销努力

工作负荷法的关键是确定所需要推销努力的总量，可依据上述推销努力分配的方法来确定。

(3) 增量法(Incremental Approach)，是指根据销售人员的边际利润与边际推销成本来确定推销队伍规模大小的方法。增量法的基本思路是增加销售人员，直到最后增加的一个销售人员使边际利润小于边际成本时为止。该方法依据利润和成本之间的关系确定推销人员数量，使得销售经理能够评估不同规模的销售队伍对销售和成本的影响，但较为复杂，难以准确测定成本函数与利润函数。

3. 划分销售区域

区域范围是对一个推销人员工作领域的界定，常常表现为一定的地理区域，但实际上是该地理区域内的所有客户。

如上所述，推销队伍的规模决定了推销努力的总量，而推销努力的总量又直接制约了从潜在客户处获得定单的多少。推销努力的有效运用，要求建立销售区域范围，把每个推销人员分配到一个特定的地区范围，由其负责该区域内所有客户，保证每个客户都有相应的推销人员为其服务，并且要完全地覆盖整个区域，拓展该领域内的潜在客户。

【案例】

设计销售区域范围

哈考特大学出版社的地区经理约翰·凯里讨论了在设计有效的销售区域范围时考虑的重要因素：

我们的每位销售人员要为由所分配的客户和地理区域构成的销售范围负责。设计有效的销售区域范围是一项困难而又重要的工作。我们的目标是确保每个区域范围都能有理想的客户覆盖，并且为每位销售人员提供公平的成功机会。这是一个艰难的平衡工作。当建立销售区域范围时，我们要考虑许多不同的因素。这些因素包括地理、客户的数量和分布、客户的规模和销售潜力，以及每个销售代表的特征等。我们整合对这些因素的分析，使得所设计的销售区域范围能够最大限度地满足我们目标的需求。

(三) 推销队伍模式

在设计一个公司推销队伍模式时，需要遵循前述推销队伍设计的思路，在综合考虑的基础上进行优化整合。主要的推销队伍模式有：

1. 地域型

地域型推销队伍模式是把销售人员分配到一个地理区域，并且在该区域内开展面向所有客户的全部推销活动，参见图 10-3。这是一种除了在地域上专业化外，没有其他专业分工，推销努力上不重复，是一种最常见的销售队伍类型。

2. 产品型

产品型推销队伍模型就是按产品或产品线分配销售人员，实行产品专业化，参见图 10-4。依据不同产品设置相对独立的销售队伍，对那些有许多不同的产品线或产品线之间关联性不大的公司来说，是一种最为有效的覆盖其产品的途径。产品型的推销队伍模式可以使推销人员成为该产品类别中的专家，有利于更好地满足客户专门化的需求，便于监控某一产品的营销，但会导致地理位置上的重合、推销成本的增加。

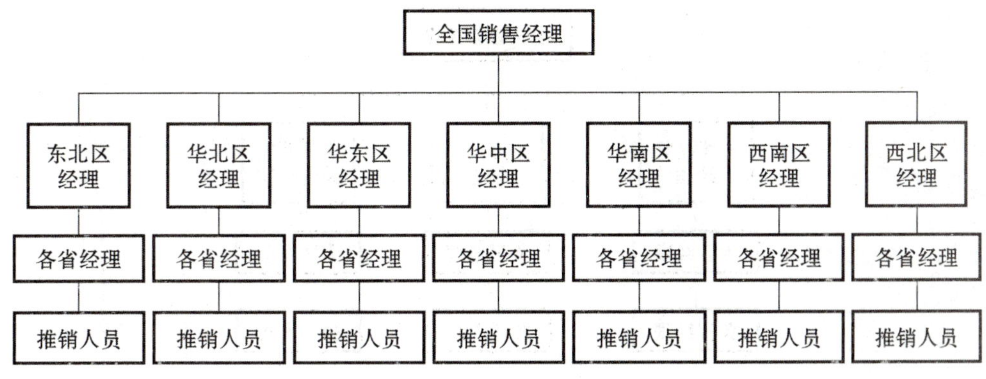

图 10-3　地域型推销队伍

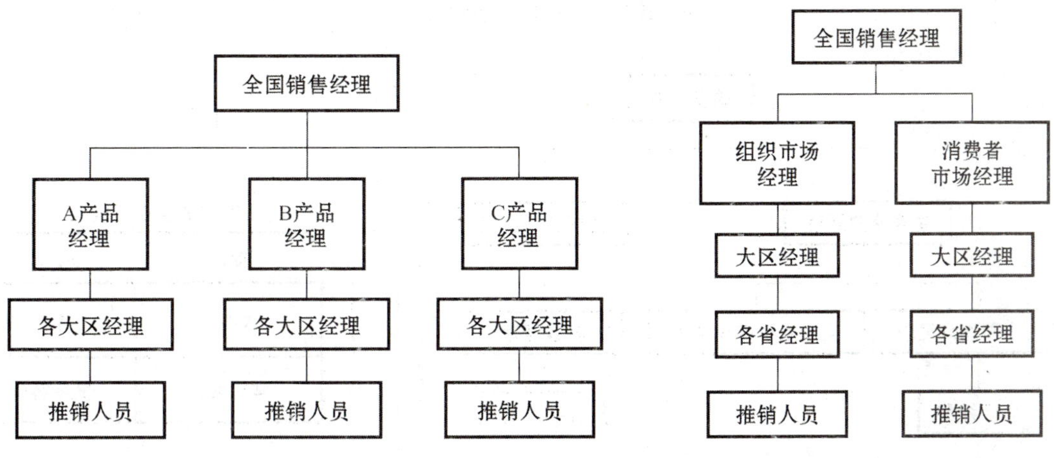

图 10-4　产品型推销队伍

图 10-5　市场型推销队伍

3. 市场型

市场型推销队伍模型按照顾客需求来分配和确定，有些推销人员专门为某一类特定的顾客服务，参见图 10-5。市场型推销队伍模式的目标是让销售人员理解顾客如何购买和使用公司的产品，如何与之适应，去更好地满足他们的需求。市场型推销队伍分配到每位客户上的推销力量不会重复，更好地满足不同细分市场客户的需求，但会导致同一地区可能有多个推销人员，影响推销的效率，同时按市场来管理也较为困难。

4. 职能型

职能型推销队伍模式是依据推销活动的具体任务来组建和安排销售人员，参见图 10-6。推销活动涉及很多方面，有许多事情要做，当推销职能需要不同的专业人员来完成时，适合于采用职能型组织结构。职能型销售组织有利于发挥推销人员的特长，但可能导致成本的增加，同时增大管理的难度。

5. 客户型

客户型推销队伍模式是指按客户的规模和复杂性为基础来配置推销人员的组织形式，参见图 10-7。主要客户对一些公司非常重要，因为他们的需求量占公司销售总量的比重较大，需要给予特别的关注，故专门设立这样的销售队伍负责对他们的服务。

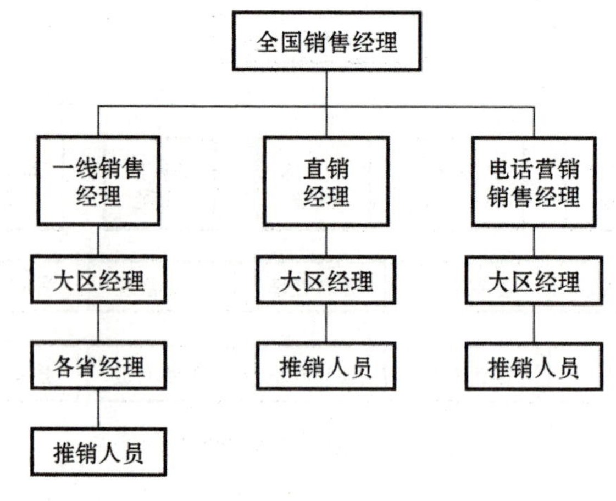

图 10-6 职能型推销队伍

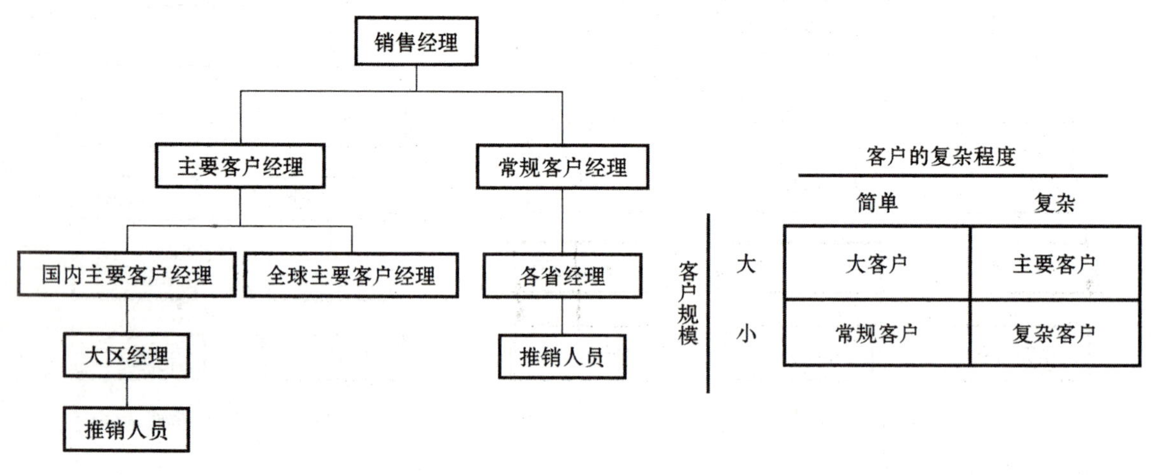

图 10-7 客户型推销队伍

图 10-8 主要客户的识别

大客户并不一定符合主要客户的条件。通常主要客户应该有足够的规模和复杂结构，以确保赢得销售组织的特别关注，可用图 10-8 所示的分析方法来识别主要客户，然后为主要客户组建销售队伍，配备专门的销售经理，经理把主要客户分配给推销人员，负责其相应的服务工作，满足其需求。

【案例】

组织的主要客户

哈考特大学出版社的地区经理约翰·凯里就服务主要客户讲述了一种有趣的方法：

哈考特大学出版社以大型和复杂的大学为主要客户。这些大学需要我们予以特别关注。我们的销售组织结构整合了产品专业化和职能专业化，以满足每个大学的特殊需求。我们为每个主要的大学派去两位销售代表。一位代表负责社会科学和人类学的教科书推销，另一位代表则负责商业和理工科的教科书推销。此外，为每位主要客户还配备了一位地区销售顾问。

这位顾问帮助销售代表制订计划和实现销售业绩，以及提供完善的售后服务。我的工作就是协调每位主要客户的销售代表与顾客之间的关系。

事实上，推销队伍的设计并没有统一的模式，也没有一个最佳的方法，应在分析推销情形的基础上，结合产品、市场、客户及地理区域来考虑。各种推销队伍的特点总结，见表 10-2。

表 10-2　各种推销队伍的特点

类　型	优　　点	缺　　点
地域型	成本低 没有地理位置的重合 较小的管理层次	有限的专业化 在重视产品或重点客户方面缺乏管理控制
产品型	销售人员在产品属性和应用方面成为专家 对分配给产品的推销努力进行控制	高成本 地理位置上的重合 客户重合
市场型	销售人员对顾客独特需求有较好的理解 管理层能控制不同市场上的推销努力	高成本
职能型	高效完成推销活动	地理位置上的重合 客户重合 需要协调

二、推销人员的甄选

推销人员的甄选是销售经理的主要职责之一，也关系到一个企业的销售成败。良好的推销业绩，来自一支高素质的销售队伍，因而选拔和组建销售队伍是推销工作的基础。推销人员的甄选一般包括图 10-9 所示的三个程序。

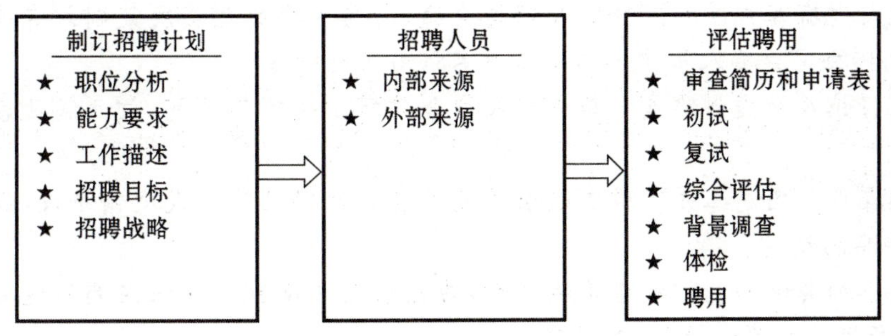

图 10-9　推销人员的甄选程序

(一) 制订招聘计划

1. 职位分析

为了有效地甄选和聘用人员，销售经理必须对招聘的岗位有全面的了解和认识，以便指导、确认或调整推销岗位。例如，推销任务同时包含寻找新客户和维持现有客户吗？推销人员负责回收应收账款还是完成信息收集整理工作？通过职位分析，对推销人员应做出的行为进行定义，找出该领域成功的关键因素。

2. 能力要求

职位分析确定了推销人员的工作领域，而能力要求则界定完成这些工作所必须具备的条件，如技能、知识、个性特征及职业条件等。通常销售工作要求包括经验、教育程度、人际关系、倾听艺术、推销意愿、自我激励及独立工作等方面的能力。很明显，不同的销售工作对推销能力的要求也不相同。

3. 工作描述

职位描述由销售经理与人力资源经理共同完成，它是对某一推销工作的书面概括。通过对工作的描述，可以使推销人员明确责任，避免角色模糊，也可以方便新雇员尽快熟悉工作，明确努力的目标和方向。

【案例】

沙因(Schein)药品公司的职位描述

职位名称：公司客户经理

部门：销售部

上司：地区销售经理

职位功能/目的：

通过成功地与现有客户订立合同和项目，保证产品供应，不断提高和增强沙因公司的销售基础，最大限度地与现有客户做生意。在沙因公司与现有客户之间建立不断的联系以保证产品的销售。交易的类型包括但不限于仓储链、非仓储链地区批发商、购买群体、长期客户、药店和受管理的客户。

主要的活动/目标：

(1) 在沙因公司的指导方针下最大限度地增加生意的机会，并利用这些机会销售沙因公司的产品，有效地进行买卖的协商并订立双赢的合同。

(2) 通过与现有客户进行频繁的接触与沟通，与其主要的购买决策制订者建立并发展关系。建立与包括公司主要人员在内的与客户不断沟通的网络。

(3) 按照营销人员提出的或是与营销人员合作提出的项目计划，订立满足客户需求的双赢合同。

(4) 在预算限度内建立并实施创造性的增加价值的项目计划或促销手段，保证合同产品及其他核心产品的销售。

(5) 通过参加会议和制订战略实施计划，在销售领域及销售队伍内部传达客户项目计划和合同，确保产品的利用和销售，渡过难关。

(6) 关注当前的产业变化和趋势，深入调查未来能给企业带来最大潜在收益的需求。

(7) 分析并说明所有与现有客户有关的销售、营销和财务信息，制订并实施具体的与地区销售和营销组织整体计划一致的客户商务计划。

(8) 建立有效的沟通，为客户解决问题，促进内部团队长期合作和有效的客户关系的发展。

(9) 保持和提高可识别的及全部公司客户经理的收益。

职位能力要求：

公司客户经理的职位要求大学学历和至少两年成功的药品销售或销售管理的经验。在职者必须完全了解沙因公司的产品及竞争产品，药品的销售及最终影响购买决策的外部作用力，客户组织的目标、政策和组织结构；能识别出其中主要的决策者并与他们合作制订双赢的项目计划。公司客户经理还必须掌握营销技巧和合同的合法性知识，完全了解多种来源的市场、赔偿政策和公共保健的政策，并具备谈判能力。

计算机水平、口头表达与写作能力、谈判能力对公司客户经理的成功也很重要，遇到障碍时要表现出解决问题的能力，能参与变革，并有较强的劝导他人购买的能力。

解决问题的能力：

在职者必须有较强的分析能力，能够对数据和情况进行分析，熟悉各种客户组织结构及其政策规则，发现问题并确定优先解决的顺序，采取适当的解决办法满足长短期目标的要求。公司客户经理必须明白解决问题需要判断力和创造力，并能认识到问题带来的影响和挑战。问题、机会和解决办法应是以客户为导向的，需要高度的创造力和实践力，能在法律规定和公司政策允许的范围内解决问题。

4. 招聘目标

在设计招聘目标时，要明确具体，具有可操作性。推销人员的数量和类型要符合当前和未来发展的需求，要保证销售队伍的效率，要有合理的评价体系。

5. 招聘战略

即考虑招聘的范围和时间进度安排。具体包括招聘时间、工作描述、可能来源、应聘者接受或拒绝的时限等。

(二) 招聘人员

推销人员的来源主要有两条途径：

1. 企业内部选拔

企业内部从事其他岗位工作的雇员熟悉企业的情况，了解企业的政策，知道企业经营的产品，具有外部人员所不具备的优势，销售经理不应该忽视这一有效来源。

2. 企业外部招募

除从企业内部发掘推销人才外，还需要从更大范围的企业外部寻觅推销人员。一个企业的推销队伍需要创造力，也需要吸纳新鲜“血液”，以增强组织的活力。外部来源主要有：

(1) 招聘广告。

(2) 大专院校。

(3) 职业中介机构。

(4) 招聘会。

(5) 网上招聘。

(三) 评估招聘

1. 初选

从应聘者的简历和申请表开始进行初选，把不符合基本要求和条件的应聘者从中剔除，以节约时间和经费。在分析简历时，销售经理要分析应聘者是否符合职位能力的要求，申请者的职业经历及变更工作的频率。统一制作的申请表具有相同的格式，便于对大量的应聘者进行比较，而从手写的申请表可考察出应聘者工作的细心程度等。

2. 面试

虽然面试不能准确预测应聘者将来的推销是否成功，但有助于找到适合于从事推销工作的人，因而面试的目的是深入掌握应聘者的情况。销售经理在面试过程中一定要客观，不要对应聘者的容貌、个性等有偏见。面试可采用到大专院校直接与毕业生见面的形式，也可通过电话询问的方式，或计算机辅助面试等。

3. 考试

为了克服主观因素对应聘者的影响，必要时也可采用面试加书面考试的形式选拔推销人员。考试主要应测试应聘者的潜力、才能、个性和人际关系等，注重应聘者的分析与解决实际问题的能力，避免让应聘者猜答案，不要完全以考试结果作为是否录用的标准。

4. 综合评估

通过上述关卡后，专门的评估小组会对符合条件、达到要求的应聘者的表现作出综合的评估，以决定是否录用。评估可采用小组讨论等形式进行。

5. 背景调查

背景调查就是对综合评估合格的应聘者进行与工作相关的信息的调查核实。如应聘者的工作经历、介绍人与应聘者的关系、介绍人的公正性、应聘者信息资料的真实性等。

6. 体检

为员工统一购买保险的公司，一般对新来的雇员都要进行体检，以发现雇员在身体上是否存在阻碍工作绩效的隐患。

7. 聘用

应聘者顺利通过以上考核程序后，销售经理就要向合格应聘者发放书面通知，确定其上班时间。应聘者上岗后，销售经理应用其长处，最大限度地发挥其潜能。

【案例】

你准备好销售面试了吗?

在对销售人员进行选拔时，面试是最重要的程序之一。当一个公司采用一系列的面试时，第一步便是将一些不合格的候选人排除掉——这些候选人要么不成熟，要么缺乏热情，要么仪容不整。接下来的面试就是将应聘人员逐一与工作需要的条件进行对照。在休利特·帕卡德(Hewlett Packard)公司，候选人要进行6次面试，每次面试的主持人都会不同。在史密斯·克兰(Smith Kline)公司，分组面试方法的使用，使得候选人无法从上一轮面试中知道下一轮面试的正确答案。

面试的形式因公司或者主持人的不同而不同。下面是一些面试时需要准备和应付的常见问题和要求：

- 自我介绍。
- 按你的理解描述销售过程。
- 你最近所读的有关销售或个人发展方面的书是什么?
- 你最大的优势是什么?你最大的缺点是什么?
- 你曾在工作中碰到的最棘手的问题是什么?你是怎样处理的?
- 你认为目前/以前的雇主怎么样?

- 你对你最后一个雇主的最大贡献是什么？
- 向我推销这支铅笔(烟灰缸、掌上电脑或灯泡)。
- 我为什么要雇用你？

有些招聘人员还会要求你完成一些测试以检测你的书面沟通技能，或“数字”处理能力。这是从事专业销售所必备的两项重要技能。

三、推销人员的训练

推销人员对顾客的需求必须要有清醒的认识，需要不断地学习新的满足顾客需求的方法。不论是新人还是老手，都必须不断地“充电”，学习新的知识。销售培训是为了使推销人员树立正确的态度，获得有关推销工作的理念、技能，从而改善推销绩效的努力。

推销培训过程包含以下五个步骤，见图 10-10。

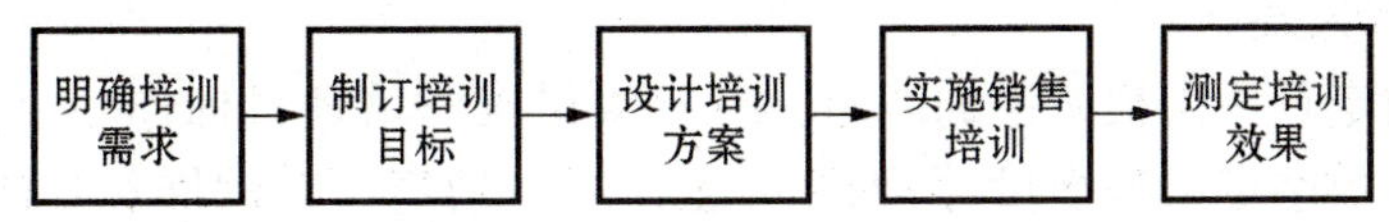

图 10-10 推销培训的步骤

(一) 明确培训需求

明确培训需求是训练与绩效有关的技能、态度、洞察力及推销成功的前提，因而确定的任何一个需要培训的主题内容，都应有助于推销人员提高其推销绩效。

销售培训的内容随着时间和公司的变化而变化，主要有：

(1) 销售技巧。

(2) 产品知识。

(3) 顾客知识。

(4) 竞争知识。

(5) 时间与区域管理知识。

(二) 制订培训目标

多数公司把销售培训的目标锁定在增加销售额、利润和提高效率上，但事实上销售培训不完全局限于此，通常培训目标包括：

(1) 帮助推销人员成为好的销售主管。

(2) 指导新手熟悉推销工作。

(3) 改进有关产品、公司、竞争者及推销技能方面的知识。

(4) 提高访问率，稳定销售队伍。

(5) 转变对销售工作的认识和态度。

(6) 降低推销成本。

(7) 培养适合于推销事业的个性品格。

(8) 获取反馈信息。

(9) 提高对某个特定的产品或某类顾客的销售。

(三) 设计培训方案

培训方案是针对某个特定培训目标所拟订的具体培训行动计划。包括培训目标、培训内容、受训范围、培训时间、培训地点、培训师资、培训方法及经费预算等。

培训目标、内容前已介绍，这里不再重复。受训范围主要指从地域及推销业务性质确定参加培训的人员，有时为了不影响正常的业务开展，可以采取分期参加培训的方式进行。培训时间、地点、师资要与培训目标及内容共同结合而定。对于新聘用的推销人员，主要是培训推销的基础知识，宜采用固定时间、场所的教师统一授课制；而对于原有推销人员提高推销技能或改进推销方法等，宜邀请专家采用个别培训指导方式，或两者的结合。培训方法主要有课堂培训、在岗培训、角色模拟及经验交流等。经费预算是指对某个特定培训目标所作的经费筹措及开支项目计划等，力争用较少的投入取得较好的培训效果。

(四) 实施销售培训

在完成前几步的基础上，销售培训的实施是水到渠成的事情。但整个实施过程中销售经理要监控培训的整个进程，了解受训人员学习的意愿和方法，保证培训目标的顺利实现。

(五) 测定培训效果

培训效果的测定是一个很棘手的问题。有时候很难对培训目标作一个明确的陈述，即使陈述清楚也难以用数字定量地衡量，因为不可能分辨出销售业绩的增长是因为培训的原因还是其他某个方面原因变化的结果，推销业绩的好坏受很多因素的制约和影响。

尽管如此，我们还是需要对销售培训进行评估，以了解培训的价值。一般可采用培训前后基础知识的测试、培训后顾客对推销人员服务及态度的评价变化情况、培训前后推销人员销售业绩的变动情况等来了解销售培训效果。把培训与销售业绩画等号是牵强附会的，但越来越多的公司还是以此为假定：有效的销售培训要能促成销售的增长。

四、推销人员的激励

(一) 奖酬系统管理

所谓奖酬系统管理是指选择和运用组织奖酬，以指导推销人员的行为朝着组织的目标努力。组织提供的奖酬可分为物质性奖励和非物质性奖励两大类。物质性奖励是对可接受的业绩或努力的回报，主要是指推销人员的薪酬，也包括晋升、成就感、个人发展机会、认可及安全感。非物质性奖励是指与销售人员的工作状况和福利状况有关的因素，例如，给销售人员一定程度的自主权，可以自己安排推销工作的时间和方式；提供信息反馈，促进改善销售业绩；给推销人员购买医疗保险等。

(二) 激励推销人员的原则

销售经理应该认识到，他们所做的任何事情都可能影响到推销人员的行为。用人方式、奖励政策、培训、沟通风格及管理方式等，会改变或影响推销人员的预期努力，管理层必须用好相关的政策制度，最大限度地调动推销人员的工作积极性。

激励推销人员的主要原则是：

(1) 吸纳那些个人动机、工作要求与公司可以开支的报酬相匹配的人员从事推销工作。

(2) 鼓励和奖励销售人员时，应尽可能地把个人需求融合到激励方案中去。

(3) 给销售人员提供技能培训，并提供足够的信息，以利于其完成销售工作。

(4) 把个人工作设计与再创造作为激励的工具。

(5) 通过建立销售人员的自尊来增加对销售人员的激励力量，如以正强化来表示赞同，业绩不理想时提出建设性意见。

(6) 努力找出工作中存在的潜在问题，在问题暴露之前解决之。

(三) 激励推销人员的方式

1. *物质激励*

物质激励是指对作出优异推销业绩的销售人员给予晋级、奖金、奖品和额外报酬等实际利益，以调动所有销售人员的积极性的刺激手段。在所有的激励中，物质激励对销售人员的刺激作用最为强烈，也是销售经理最为常用的激励方式。但在使用时，往往要与其他激励方式配合使用。

2. *精神激励*

精神激励是指对作出优异推销业绩的销售人员给予表扬、颁发奖状、奖旗或授予荣誉称号等非物质刺激的方式，以此来激发推销人员的进取心。对大多数推销人员来说，物质激励是基本需要，精神激励是高层次的需要，而且也是必不可少的，特别是对于那些接受过正规教育的年轻人。销售经理应深入了解每个销售人员的实际需要，不仅要满足他们物质生活上的需求，解除他们的后顾之忧，更要帮助他们实现其理想、成就、荣誉、自尊及自我价值等。如安排成绩突出的推销人员与公司董事长见面、共进午餐、授予“冠军推销员”称号、出席新闻发布会等。

3. *目标激励*

目标激励是指为销售人员确定的、通过自身努力能够实现的目标。目标是用来激励推销人员努力进取的动力，主要的目标有销售额、毛利额、访问数、新客户数、访问费用及货款回收率等。

4. *环境激励*

环境激励是指企业创造一种良好的工作氛围，使推销人员能心情愉快地开展工作。企业要创造良好的工作条件，减少推销人员因为担心失业而形成的不安全感；企业还应为推销人员配备必要的通信设施，以方便销售工作的开展；销售经理应真诚地关心推销人员的成长，帮助他们取得良好的业绩，认同他们在推销事业上所取得的成就，并不时地予以肯定。

五、推销绩效的评估

(一) 推销绩效评估的目标

推销绩效评估的基本目的是确定各销售人员的工作表现，并把评价结果作为销售管理的依据。具体评估目标包括：

(1) 保证物质奖励、非物质奖励与推销人员的实际绩效相匹配。

(2) 确认可以提升哪个推销人员。

(3) 确认可以辞退哪个推销人员及其辞退理由。

(4) 确定各个销售人员及整个销售队伍的具体培训需求。

(5) 为有效的人力资源管理提供信息支持。

(6) 确定适用于将来招聘及挑选销售人员的标准。

(7) 为销售人员的未来工作提供建议。

(8) 激励销售人员。

(9) 帮助销售人员确立职业目标。

(10) 提高销售人员的业绩。

(二) 推销绩效评估的标准

1. 推销绩效的测定角度

推销绩效的评估可站在不同的角度进行测定,主要有两种:一是基于产出的角度,另一种是基于行为的角度。基于产出的角度是指对那些不受销售经理监督和指导的推销人员的行为结果的客观测量,而基于行为的角度则是指在销售经理对推销人员的直接监控指导下对其行为特性的主观评价。表 10-3 说明了这两种测定的差别。

表 10-3 不同推销绩效测定的比较

基于产出的角度	基于行为的角度
对销售人员的监督很少	对销售人员有大量的监督
对销售人员的指导很少	对销售人员有高水平的管理性指导
对结果进行直接的、客观的测量	对销售人员的特征、行为和战略的测定带有主观性

大多数的企业都倾向于采用基于推销结果来评价推销人员的绩效,但并不排斥基于行为测定绩效的重要性。更加有效的方法是在重视推销结果的基础上,考察一些行为指标,综合全面地评定推销人员的实际绩效。

2. 结果标准

(1) 销售额,具体包括:完成销售额,上年销售额,销售定额与销售额之比,销售额增长率,产品或产品线销售额,按顾客类型划分的销售额,新客户销售量,销售额与潜在市场容量之比,每个订单的销售额和每次访问的销售额。

(2) 市场份额,具体包括:实现的市场份额和每个定额下的市场份额。

(3) 客户,具体包括:新客户数量,客户丢失数量,购买全部产品线的客户数量,支付超期的客户数量和客户流失率。

以推销结果作为推销绩效的标准时,可能并没有完全反映出一个推销人员的实际能力,因为每个区域的市场状况是有差异的。

3. 行为标准

(1) 销售访问,具体包括:顾客访问次数,每周访问次数,计划访问次数,对每个客户的访问次数,每次访问的平均使用时间,计划外的访问次数和计划访问与非计划访问的比率。

(2) 辅助行为,具体包括:已上交的所要求报告的数目,工作天数,推销时间与非推销时间之比,培训次数,顾客抱怨次数,正式演讲次数,退货率,服务访问次数,提出建议次数和对潜在客户的信函或电话访问次数。

行为方面的标准重点是测定每个销售人员具体做了什么,不仅应该包括短期的销售行为,还应包括顾客满意度、提供信息等长期行为。

(三) 推销绩效评估的方法

1. 360 度反馈法

360 度反馈法即是广泛收集各方面的信息,以此来评价推销人员绩效的方法。360 度反馈法实际上要求信息资料的收集有综合性、代表性,主要包括销售经理、内部顾客、外部顾客、推销团队成员及推销人员自身,然后根据各方面的评价意见计算出推销人员的加权综合绩效得分,见图 10-11。

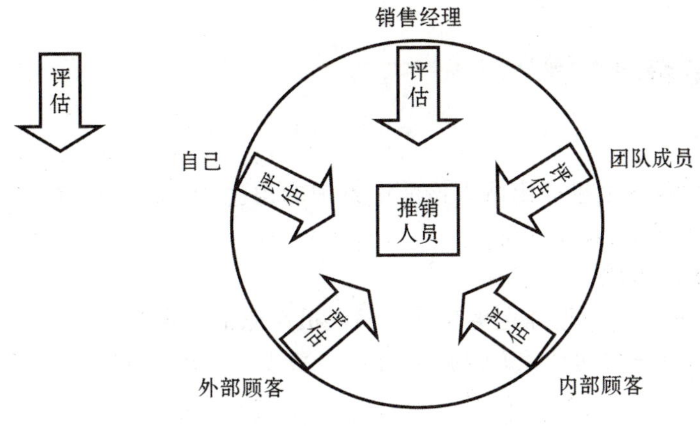

图 10-11　360 度反馈法

采用 360 度反馈法有助于更好地了解顾客的需求，探测成功的障碍，预测需求的发展，促进共同参与，减少评估偏见，提高工作绩效。但实际运用时，仍要注意控制偏见的产生，确保评估的客观公正性。

2. 绩效管理法

绩效管理法就是销售经理与销售人员共同设计销售目标，根据反馈进行审核，并最终给予奖励的评价方法。在这种评价体系中，推销人员自己设计发展计划，并自我履行责任，对自身负责；销售经理扮演合作者的角色，提供及时准确的信息反馈和指导，关注什么因素影响推销业绩，如何来实施控制，从而引导推销人员沿着既定的方向努力。绩效管理的最终目的在于寻找新的更好满足顾客的方法，以使得整个企业的绩效得到提升。

(四) 推销绩效信息的应用

通过不同的方法和标准对推销人员绩效的评价，为推销管理提供了重要的信息。推销绩效信息的应用具体包括：

(1) 销售经理运用推销绩效信息提高个体销售人员、销售团队及整个销售组织的绩效水平。

(2) 推销绩效信息可被用来确定每个推销人员下期的绝对和相对指标。

(3) 推销绩效信息为销售经理提供了奖励发放、酬劳确定及职位晋升的依据。

(4) 推销绩效信息用来确定潜在的问题，发现推销业绩低的区域及其原因，从而促使推销人员改善推销业绩。

总之，推销绩效信息主要是用于销售管理者确定绩效目标，寻找问题原因，确定解决办法，提升未来绩效。

工作回顾

(1) 推销队伍设计需要综合考虑的因素。

(2) 推销组织的模式。

(3) 推销人员的甄选过程。

(4) 奖酬系统的管理以及绩效评估。

工作实施步骤

(一) 工作要求

将同学分成两组,每组推举出两人扮演情景中的角色,模拟这种情景中的销售经理和推销人员。然后围绕以下问题展开讨论。

(二) 工作实施的步骤

下面是某公司的销售经理陈先生与其下属人员小张的一次对话:

陈经理:小张,再一次同你谈话真是太好了。距上一次我们谈话好像已经一年了,是吗?

小张:是的。

陈经理:今天的谈话主要是对你过去一年的业绩进行评估。

小张:那好啊。

陈经理:我首先要祝贺你取得令人赞赏的业绩,你可能已经知道自己的销售量了。当然,我一直没有机会同你一起进行推销。不过,在我们的非正式讨论中,你大可不必紧张,随便一点。

小张:谢谢你的夸奖。

陈经理:我们感觉或许你的销售数量还能再高一点。对此,我们多少有点失望。

小张:我很抱歉。我认为我已尽了自己最大的努力。有什么办法能让我的销售量提高吗?

陈经理:当然,比如平时尽量多拜访客户。

小张:我平均每天有6～8次拜访活动,我认为这也是你们所希望的。在计算机销售行业中,更多的拜访活动未必会扩大销售量。你知道,大多数客户是不需要这种设备的。

陈经理:或许你应该改进你促进交易的方法。当你想要有所突破时,自信是最重要的。

小张:我认为,只用销售量来衡量销售业绩是不公平的。

陈经理:可能吧,但那是比较容易测定的方法,也是相对较为公正的方法。

小张:也许是吧,但总觉得有些不公平。在计算机行业,平均5～6年要进行更新,你不可能希望在短期内有许多重复性的销售。不过,在这段时间内,你仍然要进行推销访问,特别是已安装了竞争者系统设置的用户。你需要对自己的用户进行服务拜访,并且在他们需要增添设备时去看望他们。否则,他们的家中可能已有另一个推销员了。

陈经理:你说得有些道理,但是,销售量是最低要求,而且是评价推销人员所必需的。

问题一:陈经理的管理方法是否合适?还可以怎样做这件事?

问题二:销售量是评价推销人员的唯一标准吗?如果不是,还有哪些重要的评价标准?

问题三:你认为对这种推销职位应采用何种奖酬制度?

思考与训练

(1) 设计推销队伍时应考虑哪些因素?

(2) 推销队伍决策包括哪些主要内容?

(3) 推销队伍模式有哪些?分别适合于什么情形?

(4) 怎样选拔和录用推销人员?

(5) 什么叫奖酬系统管理? 物质激励与非物质激励为何对推销人员都很重要?

(6) 怎样对推销人员实施激励?

(7) 怎样对推销人员的个人绩效进行评估?

参考文献

[1] 李亨章，王志华. 推销原理与技巧[M]. 上海：立信会计出版社，2010.

[2] 赵欣然，王霖琳. 推销原理与技巧[M]. 北京：北京大学出版社，2011.

[3] 安贺新. 推销与谈判技巧[M]. 北京：中国人民大学出版社，2010.

[4] 白云华，赵雪梅. 推销技术[M]. 北京：清华大学出版社，北京交通大学出版社，2010.

[5] 黄本新，钟向忠. 现代汽车营销[M]. 广东：暨南大学出版社，2010.

[6] 范小青，刘斯康. 汽车营销实务[M]. 北京：电子工业出版社，2011.

[7] 王. 梅，常兴华. 汽车营销实物[M]. 北京：北京理工大学出版社，2010.

[8] 罗. 静，单晓峰. 汽车销售技法[M]. 广州：华南理工大学出版社，2012.

[9] 李津津. 汽车营销技术[M]. 北京：中国铁道出版社，2010.

[10] 陈永革. 汽车市场营销[M]. 北京：高等教育出版社，2008.

[11] 董原. 商务谈判与推销技巧[M]. 广东：中山大学出版社，2009.

[12] 李先国. 现代推销理论与实务[M]. 北京：首都经济贸易大学出版社，2008.

[13] 吴健安等. 现代推销学(第二版)[M]. 大连：东北财经大学出版社，2006.

[14] 韩伟，现代推销学[M]. 北京：科学出版社，2004.

[15] 柳思维. 现代推销学[M]. 北京：中国商业出版社，2009.

[16] 黄恒学. 现代高级推销理论与技术[M]. 北京：北京大学出版社，2005.

[17] 冯华亚，潘金龙. 推销技巧与实战[M]. 北京：清华大学出版社，2008.

[18] 董原. 商务谈判与推销技巧[M]. 广州：中山大学出版社，2009.

[19] 吴海东. 推销策略与艺术[M]. 重庆：重庆出版社，2008.

[20] 徐育斐. 商品推销技巧[M]. 北京：中国商业出版社，2008.

[21] 王海滋，赵霞. 销售管理[M]. 武汉：武汉理工大学出版社，2008.

[22] 董亚辉. 推销技术[M]. 北京：对外经济贸易大学出版社，2008.